INTRODUÇÃO GERAL ÀS ESCRITURAS

Dados Internacionais de Catalogação na Publicação (CIP)
(Câmara Brasileira do Livro, SP, Brasil)

Priotto, Michelangelo
  Introdução geral às Escrituras / Michelangelo Priotto ; tradução Frei Ary E. Pintarelli. – Petrópolis, RJ : Vozes, 2019. – (Introdução aos Estudos Bíblicos)

  Título original: Il libro della Parola – Introduzione alla Scrittura.
  ISBN 978-85-326-6093-0

  1. Bíblia – Estudo 2. Bíblia – História 3. Bíblia – Teologia 4. Cristianismo 5. Israel – História I. Título. II. Série.

19-24676   CDD-220.6

Índices para catálogo sistemático:
1. Bíblia : Teologia 220.6

Iolanda Rodrigues Biode – Bibliotecária – CRB-8/10014

INTRODUÇÃO GERAL ÀS ESCRITURAS

MICHELANGELO PRIOTTO

INTRODUÇÃO AOS ESTUDOS BÍBLICOS

Tradução de Frei Ary E. Pintarelli, ofm

Petrópolis

© 2016 Editrice ELLEDICI

Título do original em italiano: *Il libro della Parola – Introduzione alla Scrtitura*

Direitos de publicação em língua portuguesa – Brasil:
2019, Editora Vozes Ltda.
Rua Frei Luís, 100
25689-900 Petrópolis, RJ
www.vozes.com.br
Brasil

Todos os direitos reservados. Nenhuma parte desta obra poderá ser reproduzida ou transmitida por qualquer forma e/ou quaisquer meios (eletrônico ou mecânico, incluindo fotocópia e gravação) ou arquivada em qualquer sistema ou banco de dados sem permissão escrita da editora.

CONSELHO EDITORIAL

Diretor
Gilberto Gonçalves Garcia

Editores
Aline dos Santos Carneiro
Edrian Josué Pasini
Marilac Loraine Oleniki
Welder Lancieri Marchini

Conselheiros
Francisco Morás
Ludovico Garmus
Teobaldo Heidemann
Volney J. Berkenbrock

Secretário executivo
João Batista Kreuch

Editoração: Leonardo A.R.T. dos Santos
Diagramação: Sheilandre Desenv. Gráfico
Revisão gráfica: Nilton Braz da Rocha / Nivaldo S. Menezes
Capa: WM design

ISBN 978-85-326-6093-0 (Brasil)
ISBN 978-88-01-04712-7 (Itália)

Editado conforme o novo acordo ortográfico.

Este livro foi composto e impresso pela Editora Vozes Ltda.

Sumário

Apresentação da coleção original italiana – Manuais de introdução à Escritura, 7

Prefácio, 11

I – Um livro divino, 13

Introdução, 15

1 Um Deus que fala, 17

2 A autoridade normativa da Escritura, 30

3 O significado teológico do cânon, 45

4 A inspiração, 66

5 A hermenêutica, 101

Bibliografia comentada, 120

II – Um livro humano, 125

Introdução, 127

1 O texto da Bíblia, 129

2 A crítica textual, 140

3 A formação literária do Livro, 146

4 O grande código, 163

5 O contexto literário da Bíblia, 179

6 A geografia da terra da Bíblia, 194

7 O contexto histórico da Bíblia, 222

Bibliografia comentada, 275

III – A mensagem da Bíblia, 291

Premissa, 293

1 Deus se põe à busca do homem, 294

2 Da ilusão da terra a uma comunidade de fé, 296

3 O sentido da criação e da existência, 298

4 Interpelação e promessa, 300

5 Jesus, o revelador de Deus, 301

6 Anúncio e vida cristã modelada sobre Cristo, 303

7 Vem, Senhor Jesus!, 304

Epílogo, 305

Bibliografia comentada, 307

Índice, 315

Apresentação da coleção original italiana
Manuais de introdução à Escritura

Em continuação ideal com *Il Messaggio della Salvezza* [A mensagem da salvação] e *Logos* [Logos], coleções que marcaram a divulgação e a formação bíblica nos estudos teológicos italianos depois do Concílio Vaticano II, em 2010 um grupo de biblistas decidiu, de comum acordo com a Editora Elledici, proceder à elaboração de um novo projeto. Nasce assim esta série de volumes, intitulada *Graphé – Manuais de Introdução à Escritura*. O vocábulo grego *"graphé"* indica, como termo técnico, aquilo que chamamos a "Escritura": com efeito, no Novo Testamento é comumente empregado, junto com o plural *"graphái"* [Escrituras], para indicar a coleção dos livros sagrados da tradição hebraica, aceitos também pela comunidade cristã e integrados com as novas obras dos apóstolos, centradas sobre Jesus Cristo. Além do título, evocativo do ambiente das origens cristãs, o subtítulo esclarece de que se trata.

O objetivo visado pelo projeto é o de propor um curso completo de estudos bíblicos básicos, fornecendo manuais úteis para os cursos bíblicos nas faculdades de teologia, nos seminários e demais institutos. Não se trata, portanto, de pesquisas novas sobre assuntos particulares, mas do enquadramento global da matéria, proposto de maneira séria e acadêmica aos estudantes que iniciam o estudo da Sagrada Escritura. Faltam também ensaios de exegese específica, porque estes são deixados à iniciativa particular dos docentes, que, assim, dentro da lição frontal, podem inserir os aprofundamentos sobre a base introdutória oferecida por estes volumes.

Os autores dos vários volumes são biblistas italianos, comprometidos há anos no ensino da específica disciplina que apresentam: por isso, podem mais facilmente dirigir-se de modo realista aos efetivos destinatários da obra e propor assim, de maneira orgânica, cursos já realizados e, portanto, efetivamente realizáveis nos atuais planos de estudo.

O plano da obra prevê dez volumes com a divisão da matéria segundo os habituais módulos acadêmicos. Determinam a moldura do conjunto o primeiro volume, dedicado à introdução geral, e o décimo, que oferecerá algumas linhas de teologia bíblica. Dos outros volumes, quatro tratam dos livros do Antigo Testamento (Pentateuco, Livros Históricos, Livros Sapienciais e Poéticos, Livros Proféticos) e quatro introduzem o Novo Testamento (Evangelhos sinóticos e Atos dos Apóstolos, cartas de Paulo, literatura paulina e cartas católicas, literatura joanina).

Cada volume procura apresentar de maneira clara o quadro global de referência para as várias seções bíblicas, propondo o estado atual da pesquisa. De maneira geral, as componentes constantes de cada tomo são: a introdução geral aos problemas da seção, depois a introdução a cada livro segundo a sucessão considerada escolasticamente mais útil e, por fim, o tratado dos temas teológicos importantes, mais ou menos transversais às várias obras do setor.

A articulação das introduções aos diversos livros varia necessariamente segundo o tipo de volume; mas um elemento é constante e constitui a parte mais original desta coleção: trata-se de um *guia à leitura*, no qual o autor acompanha o leitor através de todo o texto, mostrando suas articulações, seus problemas e seus desenvolvimentos. Longe de ser um simples resumo, constitui uma concreta introdução ao conteúdo e aos problemas de todo o livro, com a possibilidade de apresentar o conjunto do texto literário para fazer que o estudante capte a maneira em que o texto se desenvolve.

O estilo dos textos é intencionalmente simples e claro na exposição, sem períodos demasiadamente longos e complexos, com um uso moderado de termos técnicos e raros, explicados e motivados caso por caso. As palavras em língua original, hebraica e grega, são propostas sempre em transliteração e o recurso a elas é limitado ao estritamente indispensável: a transliteração e a acentuação dos termos gregos e hebraicos respondem unicamente à exigência de legibilidade para aqueles que não conhecem adequadamente tais línguas, sem contudo comprometer o reconhecimento dos termos para os competentes. Onde, por necessidade, se usarem termos estrangeiros, sobretudo alemães, oferece-se a tradução; da mesma forma, as notas de rodapé são muitíssimo limitadas e usadas só para oferecer o indispensável documento daquilo que é afirmado no texto. Para facilitar a leitura, o conteúdo é organizado em parágrafos não excessivamente longos e é marcado por numerosos pequenos títulos que ajudam a seguir a argumentação.

Em cada volume estão presentes algumas seções de bibliografia comentada, onde se apresenta – sem as indevidas exigências de exaustividade – o que é disponível no mercado atual sobre o tema tratado. Durante o tratado, porém, as referências bibliográficas são o mais possível limitadas a algum envio significativo ou circunscrito, não presente na bibliografia posterior.

Há milênios, a Escritura é testemunha do encontro entre a Palavra de Deus viva e gerações de crentes que nesses livros encontraram motivos e alimento para sua caminhada. Esta coleção quer pôr-se hoje a serviço desse encontro sempre renovado e renovável. Aos que hoje, no século XXI, pretendem pôr-se à escuta daquele que, através desses testemunhos escritos, continua a se manifestar, estes volumes querem oferecer os conhecimentos (históricos, literários, teológicos) adequados para fazê-lo. E, ao mesmo tempo, são dirigidos também a quem não considera a inspiração mais alta, para que possam experimentar o valor dos testemunhos fiéis que a Bíblia contém e confrontá-los com as perguntas e as opções de seu pessoal itinerário de vida.

Claudio Doglio
Germano Galvagno
Michelangelo Priotto

Prefácio

A Bíblia é um livro que veio se formando pouco a pouco, durante séculos de história, e que foi recebido por duas comunidades de crentes, a hebraica e depois a cristã, como palavra revelada de Deus; portanto, se, por um lado, sua formação histórica comporta um processo semelhante àquele que subjaz à formação de qualquer outro livro (autor/autores, ambiente histórico, geográfico, cultural e literário, transmissão textual etc.), mesmo com características particulares, por outro lado, reivindica uma qualidade divina, isto é, a de ser Palavra de Deus e, por isso, intérprete confiável da condição humana e da história.

Essa qualidade divina não se acrescenta como algo externo, modificando um estatuto precedentemente humano, mas emerge do interior, como qualidade própria do livro, sem cancelar ou desnaturar sua natureza humana[1]. Portanto, a Bíblia possui um estatuto que é ao mesmo tempo antropológico e teológico, um livro humano capaz de ser lido por qualquer pessoa, mas também um livro capaz de introduzir o fiel no diálogo com Deus. Na esteira da tradição patrística-medieval, que contempla toda a Escritura em analogia ao corpo de carne assumido pelo Logos, podemos entender a Bíblia na sua forma de escritura teândrica, como implicação e ao mesmo tempo como explicação do Logos. Enquanto implicação, o Logos assume até o fundo a historicidade, primeiro de uma escritura humana e, depois, da própria humanidade de Jesus, oferecendo assim às testemunhas diretas, mas também, através do Livro, a cada futuro leitor ou ouvinte, o dom do encontro e da comunhão com Ele; enquanto explicação, a "encarnação" do Logos numa palavra humana e depois na humanidade de Jesus consente anunciar ao mundo

---

1. Cf. esp. VIGNOLO, R. La forma teandrica della Sacra Scrittura. *Studia Patavina*, 41, 1994, p. 413-437.

inteiro a "boa notícia" do evento histórico-salvífico que culmina em Jesus. Os dois âmbitos, teológico e antropológico, são distintos, para prevenir concepções grosseiras e fundamentalistas; ao mesmo tempo, porém, estão unidos, porque a íntima ação do Espírito faz da palavra humana o sinal da Palavra divina, e faz da humanidade de Jesus a própria imagem do Deus invisível (cf. Cl 1,15)[2].

Essa apresentação da Bíblia na sua forma teândrica não é uma ingerência dogmática ou um *a priori* confessional que acabaria com qualquer aproximação científica a ela, nem quer impor acriticamente à Bíblia uma qualidade divina, mas pretende simplesmente partir de um dado histórico incontestável: é de comunidades históricas crentes que recebemos esse livro e é enquanto livro de Deus e livro humano que ele nos foi transmitido. Será competência da análise seguinte explicar e fundamentar esse estatuto da Bíblia em vista de um acolhimento crítico e fiel dela; daí a primeira articulação deste volume em duas partes: "Um livro divino" e "Um livro humano". A opção de fazer preceder a reflexão sobre a qualidade divina da Bíblia é sugerida por uma dupla motivação: é enquanto "livro de Deus" que as comunidades crentes nos transmitiram esse livro; a apresentação em segunda instância da qualidade divina da Bíblia poderia induzir a pensar que se trate de algo exterior, acrescentado por motivos dogmáticos extrínsecos ou, de qualquer forma, não originariamente referentes ao livro.

Em todo o caso, não é possível aproximar-se da Bíblia de forma neutra; quem em nome de uma presumida objetividade apaga ou evita uma pré-compreensão de fé, na realidade a substitui por uma pré-compreensão ideológica; certamente, a pré-compreensão de fé deve ser sempre consciente e atenta, para não neutralizar a análise histórica. Numa primeira parte, pois, analisar-se-á a Bíblia enquanto "presumido" livro de Deus, para depois passar a uma segunda parte, à análise de sua formação histórica. Um epílogo esticará os fios de toda a pesquisa.

---

2. Sobre a analogia da Sagrada Escritura com o mistério do Verbo encarnado, cf. p. 48s.; 83s..

I

UM LIVRO DIVINO

Introdução

O itinerário desta primeira parte, dedicada a ilustrar a qualidade divina da Bíblia, é articulado em cinco capítulos, dispostos segundo um critério de progressiva aproximação ao tema. Parte-se da afirmação de um Deus que fala, isto é, que entra em diálogo com o homem. Não se trata de um *a priori* forçado, mas da constatação de comunidades históricas que professam a verdade de um Deus que fala; a intenção é mostrar o que significa tal afirmação e como pode acontecer esse diálogo entre Deus e o homem. É da aceitação dessa possibilidade que pode nascer um escrito que encerra a Palavra de Deus.

Um segundo capítulo é dedicado à análise da normatividade de alguns livros sagrados. Aqui também o ponto de partida é histórico, isto é, parte-se da constatação que existem comunidades que professam a fé na respeitabilidade normativa de alguns livros que contêm a Palavra de Deus; daqui o estudo do processo de formação de um cânon, com todas as questões a ele inerentes.

A formação de uma coleção de livros canônicos não é apenas um fato histórico, mas implica um significado teológico. Com efeito, é preciso responder à pergunta: Quem é habilitado a definir um livro como canônico? Quais são os critérios subjacentes a tal escolha? Com que critérios são dispostos segundo uma determinada ordem? O terceiro capítulo mostra, pois, a natureza teológica do cânon e de sua estrutura literária.

O capítulo seguinte é dedicado à ilustração da inspiração, isto é, responde à pergunta de fundo: Por que um livro é considerado normativo? Trata-se de refletir sobre a complexa relação entre autor divino e autor humano: Como é possível que um livro tenha como autor tanto Deus como um escritor humano? E como é possível que a qualidade divina de um livro contenha erros ou inexatidões? É o difícil problema da verdade bíblica.

Enfim, o último capítulo desta primeira parte responde à pergunta: Quem é habilitado a interpretar a Bíblia? De fato, embora apresentando-se de uma forma textual unitária, o livro não produz automaticamente uma unidade interpretativa, porque as aproximações e as interpretações variam segundo os sujeitos e os tempos.

Nos tratados clássicos entrava também o tema do texto; mas é preferível enfrentar o assunto na segunda parte, isto é, na pesquisa sobre a qualidade humana do livro, porque se trata de um tema histórico, isto é, como o texto bíblico foi transmitido pelos manuscritos que possuímos e que critérios se usam para determinar o texto o mais fielmente possível.

1
Um Deus que fala

No credo niceno-constantinopolitano, a Igreja professa crer num Deus que é Espírito e que "falou pelos profetas". A expressão final remete para o solene *incipit* da Carta aos Hebreus:

> Muitas vezes e de modos diversos Deus falou antigamente a nossos pais pelos profetas. Agora, nos últimos dias, falou-nos pelo Filho, que constituiu herdeiro de tudo, por quem criou também o mundo (1,1-2).

O centro e, consequentemente, o peso teológico de toda a frase é constituído pela expressão "falou [*elálesen*] pelo Filho" e, em particular pelo verbo "falou", que, retomando em sentido absoluto o precedente particípio "que havia falado" [*lalésas*], define todo o processo revelador de Deus com a categoria do falar. O uso absoluto do verbo, sem especificar seu objeto, evidencia a revelação como relação e comunicação interpessoal; isto é, ela não é a comunicação de uma mensagem abstrata ou de uma doutrina, mas a instauração de uma relação pessoal com o homem. Essa relação atinge o ápice com a encarnação do Filho, a Palavra por excelência (Jo 1,14). Portanto, o Deus bíblico é um Deus que fala.

Uma Palavra criadora e salvífica

O valor simbólico da palavra é imenso, enquanto ela não é somente uma capacidade entre as outras, mas a capacidade que define o homem enquanto tal. M. Heidegger escreve: "O homem não seria homem se não lhe fosse concedido falar, de dizer: 'é' – ininterruptamente, por qualquer motivo, em referência a cada coisa, de várias formas, o mais das vezes calando. Enquanto a linguagem concede isso, o ser do homem apoia-se sobre a linguagem. Portanto, desde o início estamos na linguagem e com a linguagem"[3].

As mais importantes funções da linguagem são três: a informação, a expressão e o apelo[4]. Se a primeira aparece como a mais evidente, sobretudo na civilização midiática moderna, não é, porém, a mais importante, porque a comunicação de dados, de notícias e de conhecimentos técnicos está certamente na base do progresso tecnológico, mas não necessariamente do progresso humano. Isso acontece somente quando a palavra consente que o homem expresse sua interioridade, aquilo que ele é, vive e sente, entrando assim na vida íntima do outro e tornando-se comunhão; sem uma palavra que expressa e interpela, o homem não sai de sua solidão existencial; graças a ela, porém, consegue construir uma comunhão, que se torna amizade e amor.

A primeira palavra que Deus pronuncia é a da criação; de fato, antes mesmo do livro bíblico, existe o livro cósmico: "Os céus narram a glória de Deus, e o firmamento proclama a obra de suas mãos. Um dia a outro dia transmite a mensagem, uma noite a outra noite comunica a notícia" (Sl 19,2-3). Diversamente daquilo que é descrito nos antigos mitos orientais, na narração bíblica a criação acontece somente através da palavra divina, sem nenhuma luta ou esforço. Deus cria através de sua palavra na serena soberania de sua ação gratuita; e é exatamente sua palavra que mantém unido todo o universo, porque se Ele a retira, a criação recai no caos original: "Se escondes a tua face, eles se perturbam; se retiras o teu alento, perecem e voltam ao seu pó. Envias teu espírito, eles são criados, e assim Tu renovas a face da terra" (Sl 104,29-30).

Particularmente solene é a palavra divina que precede a criação do homem, graças àquele plural que vê Deus parar e quase consultar sua corte para comunicar-lhe seu projeto: "Façamos o ser humano à nossa imagem e segundo nossa semelhança, para que domine sobre os peixes do mar, as aves do céu, os animais domésticos, todos os animais selvagens e todos os répteis que rastejam sobre a terra" (Gn 1,26). Aqui a palavra precede o homem e, precedendo-o, caracteriza-o na sua unicidade, isto é, no seu ser imagem de

---

[3]. HEIDEGGER, M. *In cammino verso il linguaggio*. Milão: Mursia, 1999 [orig. alemão: 1959], p. 189.

[4]. MANNUCCI, V. *Bibbia come Parola di Dio* – Introduzione generale alla Sacra Scrittura. Bréscia: Queriniana, 1981, p. 14-20.

Deus. Depois, um pouco adiante, pela primeira vez, Deus dirige sua palavra a um ser: não mais simplesmente "Deus disse", mas "Deus disse-*lhes*". Assim, a palavra divina se oferece como diálogo, interpelação e convite à comunhão; um diálogo que percorrerá toda a revelação divina, até a estupenda palavra final: "Sim, eu venho em breve!" (Ap 22,20).

Embora a estrutura da narração da criação de Gn 1,1-2 se baseie sobre o ciclo semanal, a expressão "Deus disse" volta dez vezes (Gn 1,3.6.9. 11.14.20.24.26.28.29). Trata-se de um fato significativo, porque relembra o decálogo, isto é, as "dez palavras" (Ex 34,28; Dt 4,13; 10,4) com as quais Deus criou Israel como seu povo no Sinai. E se no Sinai as dez palavras pronunciadas por Deus estipulam uma aliança com o povo de Israel, antes ainda, as dez palavras pronunciadas durante a criação estipulam uma aliança com toda a humanidade. Portanto, não só uma palavra informativa, mas criadora de comunhão.

Uma Palavra de comunhão

É profundo e misterioso o significado desta palavra que Deus dirige ao homem. Ela revela, sobretudo, quem é Deus; de fato, não se trata de uma doutrina ou da manifestação de um programa, mas da revelação do ser íntimo de Deus, como aparece, por exemplo, na admirável resposta de Deus à oração de Moisés, que pede para mostrar-lhe sua glória, isto é, ver o seu rosto:

> Senhor, Senhor! Deus compassivo e clemente, lento para a cólera, rico em amor e fidelidade. Ele conserva a bondade por mil gerações e perdoa culpas, rebeldias e pecados, mas não deixa ninguém impune, castigando a culpa dos pais nos filhos e netos até a terceira e quarta geração (Ex 34,6-7).

Aqui Deus não revela simplesmente um nome, mas um amor que atravessa os séculos da história até a milésima geração e que perdoa toda a culpa, toda a transgressão e todo o pecado. Se o homem, mesmo que fosse Moisés, não pode contemplar diretamente o rosto de Deus, pode, porém, experimentar o amor misericordioso, que perdoa e protege.

Consequentemente, a revelação de Deus é um apelo ao homem e precisamente um apelo ao seu "coração", isto é, àquilo que para a Bíblia constitui o centro da liberdade e da decisão do homem; com efeito, se a Palavra não é uma revelação abstrata ou um complexo de verdades conceituais, mas a manifestação do próprio "coração" de Deus, isso significa que ela deve ser sobretudo ouvida; daqui o primeiro mandamento: *sh⁰má⁰ Yisra'él* ("ouve, Israel": Dt 6,4). Em primeiro lugar ela pede assentimento, obediência e amor; isso corresponde à própria identidade do homem, que – segundo a incisiva expressão de Rufino – é *anima capax Dei* (PL 21,352); é exatamente enquanto "capaz de Deus" que o homem não só pode conhecer a Deus, mas também e sobretudo tornar-se seu parceiro dialógico. Graças a essa abertura dialógica do homem para Deus, a revelação qualifica-se sobretudo como uma oferta de relação de amor, que exige da parte do homem uma opção existencial radical tal que lhe garanta sentido e coerência. Nessa perspectiva, a verdade da palavra divina não se caracteriza tanto como correspondência conceitual a uma doutrina abstrata, mas antes como realização existencial da vocação do homem a ele manifestada precisamente no dom de uma Palavra revelada.

Os profetas mediadores da Palavra

A afirmação de Deus que fala ao homem deve ser esclarecida, seja em referência à identidade desses profetas, seja em resposta à pergunta legítima, ou antes obrigatória, de *como* Ele possa falar ao homem. O texto inicial de Hb 1,1, de conformidade com o uso escriturístico (cf., p. ex., Lc 24,25.27; At 3,18.21.24; 10,43; 13,27; Rm 1,2; Ef 3,5; 1Pd 1,10), entende o termo "profetas" no sentido amplo de mensageiros enviados de Deus. Assim como o mensageiro por excelência é o profeta, esta última categoria é assumida em sentido analógico para cada portador da revelação divina: patriarcas, legisladores, juízes, reis, escribas e sábios.

Essa pluralidade e riqueza da figura profética destaca ainda mais o dado fundamental da identidade humana dos mediadores da revelação divina. Sobre isso, é particularmente significativa a introdução do decálogo[5], a Palavra por excelência da teofania sinaítica, como a encontramos em Ex 19,25–20,1, que literalmente soa: "Moisés desceu para junto do povo e lhes falou. Deus pronunciou todas as palavras que seguem..." Indubitavelmente, o teor geral de 19,25b e a afirmação solene de 20,1 suscitam a pergunta sobre a identidade do sujeito que pronuncia as palavras do decálogo (Deus ou Moisés?) e, consequentemente, sobre a identidade do interlocutor (Moisés ou o povo?). Segundo o contexto precedente, Moisés conduziu o povo aos pés do monte

---

5. Cf. PRIOTTO, M. *Esodo*. Milão: Paoline, 2014, p. 376-377 [I libri biblici – Primo Testamento, 2].

(Ex 19,17), conversa com Deus (19,19), sobe ao cume do monte onde desceu YHWH (19,20), recebe dele ulteriores instruções sobre a santificação do povo e a necessidade de ele se manter a uma devida distância, inclusive os sacerdotes (19,21-24), enfim, desce do monte para o povo (19,25a). É evidente que o sujeito de *wayyó'mer 'alehém* ("disse-lhes": 19,25b) é Moisés e o interlocutor é o povo. O conteúdo não é especificado; poderia ser o que foi dito por Deus em 19,22.24; mas se assim fosse, não se vê porque o redator teria omitido um simples complemento objeto, sem contar o fato que a intenção das precedentes instruções de Deus é mais de ordem prática do que cognoscitiva. A ausência do complemento objeto está, por isso, em função daquilo que segue, com a intenção de destacar dois dados: a locução de Deus e o conteúdo de sua fala, isto é, o decálogo. A expressão de Ex 20,1 não está em contradição com a expressão de 20,25b, mas constitui sua afirmação complementar e decisiva. Aqui, trata-se da primeira manifestação teofânica de YHWH ao povo, que, depois de se ter purificado, aproxima-se do sopé do monte e participa da manifestação divina não apenas vendo seus sinais naturais, mas ouvindo a palavra de YHWH; esta é proclamada diretamente a Moisés, o único que pode subir ao cume do monte, e por ele transmitida ao povo; o conteúdo desta palavra é o decálogo, que o redator traz em 20,2-17 e que assim revela-se ser Palavra de Deus e também palavra de Moisés[6]. Daqui a presença de dois sujeitos locutores: Moisés e Deus[7]; afinal, o decálogo é inseparavelmente uma palavra divina e humana, porque brota do encontro e diálogo entre YHWH e Moisés na presença do povo (19,9.19)[8].

Essa mediação profética atinge o ápice na pessoa de Jesus, Palavra original junto a Deus e ela própria Deus (Jo 1,1) e Palavra encarnada no homem de Nazaré (Jo 1,14), ouvida, vista, contemplada e tocada com a mão pelas

---

6. Um indício literário poderia ser constituído por dois verbos distintos: em Ex 20,1 Deus pronuncia [*waydabbér*] as palavras do decálogo, enquanto em Ex 19,25b Moisés [as] diz [*wayyómer*] ao povo.

7. Encontramos esse traço na passagem paralela de Deuteronômio, onde Moisés antes recorda que YHWH falou ao povo face a face (Dt 5,4), para acrescentar logo depois que ele estava entre YHWH e o povo para referir-lhe a palavra de YHWH (Dt 5,5).

8. Uma confirmação aparece nas hesitações da narração a propósito daquele que escreve os mandamentos sobre as tábuas de pedra. Se a tradição é unânime em afirmar que a primeira edição pertence ao dedo de Deus (Ex 31,18; 32,16; Dt 10,10), é, porém, hesitante sobre a segunda edição; com efeito, em Ex 34,1 se anuncia que o próprio YHWH escreverá sobre as novas tábuas de pedra, mas depois será Moisés que escreve as dez palavras (34,27-28).

testemunhas oculares de sua missão (1Jo 1,1-4). Então, Jesus é o último e definitivo profeta que recolhe e leva a cumprimento a revelação do Pai. Assim, nesse admirável plano aparecem "a bondade [*he chrestótes*] de Deus, salvador nosso, e seu amor pelos homens [*he filanthropía*]" (Tt 3,4). Os dois termos "bondade" e "amor pelos homens", que no ambiente helenista resumem as qualidades ideais do rei generoso e benéfica à luz da própria divindade, manifestam, pois, a admirável "condescendência" de um Deus que se inclina para falar aos homens, assumindo sua linguagem, conferindo à linguagem sua verdade última e entrando em comunhão com eles graças à obra do seu próprio Filho. Se essa mediação humana exprime o sentido profundo da encarnação do Filho, designa também a qualidade da resposta de fé: ela não deve brotar de situações forçadas ou de autossugestões ou de presunções fáceis, mas da resposta livre e consciente de uma palavra pessoal, dialógica e misericordiosa.

As modalidades e o significado da mediação profética

Porém, exatamente esse destaque da identidade humana dos mediadores poderia insinuar a dúvida que a palavra divina por eles veiculada, na realidade, seja a projeção divina de uma palavra simplesmente humana por causa de uma necessidade inata do homem ou simplesmente de uma autossugestão sua. De fato, em nenhum evento histórico e em nenhum lugar, mesmo que fosse o da Bíblia, encontramos a Palavra de Deus diretamente; mas, como diz a supracitada afirmação de Hb 1,1, ela chega ao homem através da mediação dos profetas, isto é, de homens; se a revelação divina atinge o auge no profeta por excelência e definitivo que é Jesus, isso acontece graças à sua humanidade. Indubitavelmente, é somente no contexto de uma visão de fé que podemos afirmar o caráter divino da palavra profética e, todavia, a Escritura evidencia fortemente a coerência de uma tal afirmação a partir da própria vida do profeta até a recepção posterior de suas palavras e seu cumprimento histórico.

No início, aparece sobretudo a iniciativa absolutamente gratuita de Deus que se faz presente ao profeta. A expressão mais radical dessa iniciativa divina a encontramos expressa em Jr 1,4-5: "A palavra do Senhor me foi dirigida nestes termos: 'Antes mesmo de te formar no ventre materno, eu te conheci; antes que nascesses, eu te consagrei e te constituí profeta para as nações'". Se outras vezes o chamado divino é feito retornar ao seio materno (cf. Is 49,1.5; Lc 1,15; Gl 1,15), aqui Jeremias testemunha um chamado até anterior, onde a vocação não só precede, mas fundamenta o próprio dom da existência. Se Descartes fundamenta o ser do homem sobre sua autoconsciência cognoscitiva através do célebre dito *cogito, ergo sum* ["penso, por isso existo"], o profeta bíblico afirma, de maneira ainda mais profunda, *cogitor, ergo sum*, isto é, "sou (fui) pensado, portanto existo"; antes mesmo de ter sido concebido no seio materno, Jeremias reconhece ter sido já um pensamento de Deus[9].

O profeta descreve essa visita de Deus nos termos de uma experiência sensível, que ele exprime geralmente no sentido de uma audição de uma palavra divina, como aparece não só pelas expressões recorrentes: "assim diz o Senhor", "oráculo do Senhor", "foi-me dirigida esta palavra do Senhor", mas também por expressões mais ousadas, como: "Eis que ponho minhas palavras em tua boca" (Jr 1,9) ou "Abre a boca e come o que eu te dou" (Ez 2,8). Com frequência a experiência profética da palavra divina torna-se um diálogo amplo e articulado entre Deus e o profeta, tanto que ele pode ser qualificado como o interlocutor privilegiado de Deus, como o "tu" de YHWH. É evidente que o diálogo bíblico Deus-homem não pode ser a gravação material de um fato, como se Deus agisse como qualquer sujeito humano, dotado de visibilidade e de voz; nem se pode imaginar o profeta como um simples transmissor de uma mensagem já verbalizada, como aparece evidente pela vivacidade desse diálogo entre Deus e o homem. As acima-lembradas, são claramente metáforas, isto é, um dispositivo literário através do qual o narrador dá voz ao encontro Deus-homem; não é uma invenção sua, mas o meio de expressar literariamente a profunda experiência de Deus por parte do profeta. Não existe nada de miraculoso – mostram-no, em particular, as frequentes objeções e os vivos lamentos que caracterizam o diálogo vocacional –, mas a serena consciência que de fato Deus dirige sua palavra ao profeta, envolvendo-o em sumo grau. Para além das expressões literárias, o profeta sabe que sua palavra tem origem em um falar divino ouvido e fielmente transmitido[10].

---

9. Cf. RUDOLPH, W. *Jeremia*. Tübingen: J.C.B. Mohr/Paul Siebeck, 1968, p. 5 [Handbuch zum Alten Testament, 12].

10. BOVATI, P. & BASTA, P. *"Ci ha parlato per mezzo dei profeti"* – Ermeneutica biblica. Cinisello Balsamo/Roma: San Paolo/GBP, 2012, p. 60.

Algumas vezes, a palavra que Deus dirige ao profeta assume o caráter de visão; trata-se de uma visão do próprio Deus (Is 6,1; Ez 1,26-28), ou melhor, de um sinal de sua presença, como, por exemplo, a orla de seu manto (Is 6,1), os serafins (Is 6,2-3), o carro de glória (Ez 1,4-25), a suas costas (Ex 33,23); ou de um sinal de sua ação iminente, como o ramo de amendoeira e a panela fervente de Jr 1,11-13 ou o cesto de frutas maduras de Am 8,1. Com frequência, porém, a visão tem um sentido mais amplo, tanto que qualifica todo o livro profético, como aparece pelos títulos dos livros de Isaías, Abdias e Naum, onde tudo aquilo que segue é considerado visão: palavras, fatos, a própria vida do profeta; isso significa que a mensagem que o profeta recebe de Deus é a visão da realidade enquanto vista por Deus. A expressão "a palavra que vi" evidencia a experiência espiritual do profeta investido do Espírito de Deus; ele está tão cheio da presença de Deus e do modo de ver de Deus que sua mensagem se torna visão, isto é, uma realidade que aparece com clareza e, consequentemente, uma mensagem a ser anunciada.

Por fim, muitas vezes a palavra divina refere-se a um acontecimento passado ou futuro. Não se trata tanto da revelação de um acontecimento futuro – isso acontece algumas vezes, mas em geral com características muito genéricas –, mas da qualificação divina de um evento; por exemplo, nas palavras a Moisés, YHWH qualifica a iminente libertação do êxodo como uma obra salvífica (cf. Ex 3,7-8).

A constituição *Dei Verbum* do Concílio Vaticano II afirma-o claramente:
> Este plano de revelação se concretiza através de *acontecimentos e palavras intimamente conexos entre si,* de forma que as obras realizadas por Deus na história da salvação manifestam e corroboram os ensinamentos e as realidades significadas pelas palavras. Estas, por sua vez, proclamam as obras e elucidam o mistério nelas contido (n. 2).

Trata-se de uma aquisição importante da teologia profética, porque assim se compreende que a revelação não pode ser circunscrita às afirmações verbais, mas se estende a toda a história salvífica, onde os eventos tornam-se revelação somente enquanto interpretados pela relativa Palavra e onde, por sua vez, a Palavra recebe sua consistência factual pelos eventos a ela conexos. Tudo isso corresponde à riqueza semântica do termo hebraico *dabár*, que, de fato, designa "palavra" e ao mesmo tempo "evento".

Concluindo, além da complexidade do evento profético, trata-se sempre da experiência de uma palavra que Deus faz chegar ao profeta com o compromisso de comunicá-la ao povo, como transparece plasticamente pela expressão simbólica de depor as palavras divinas na boca de Jeremias: "Eis que ponho minhas palavras na tua boca" (Jr 1,9).

A tradição da Palavra

Enquanto *homo loquens*, o ser humano é também *homo tradens*; isto é, o dom da palavra se alarga também no tempo, tornando-se mensagem entre as gerações ou, segundo a incisiva expressão de M. Heidegger, "existência transmitida". Desse modo, a palavra transmitida torna-se tradição e oferece ao homem não só maiores conhecimentos e competências práticas, mas também uma autocompreensão mais rica. Isso é particularmente significativo na religião bíblica, onde a tradição não é apenas um dado de fato, mas também um imperativo, como recorda o salmo:

> O que ouvimos e aprendemos,
> o que os pais nos contaram,
> não o ocultaremos aos seus descendentes,
> mas o transmitiremos à geração seguinte:
> os feitos gloriosos do Senhor,
> seu poder e as maravilhas que fez.
> Ele fixou uma regra em Jacó,
> estabeleceu uma lei em Israel.
> Mandou a nossos pais
> que as ensinassem aos filhos,
> para que a geração seguinte as aprendesse;
> e os filhos que haviam de nascer,
> quando crescidos, as transmitissem aos próprios filhos,
> para que pusessem em Deus sua confiança
> e não esquecessem os feitos de Deus,
> mas guardassem seus mandamentos (Sl 78,3-7).

Portanto, a Palavra de Deus revelada ao profeta é conservada pela tradição oral e permite sua extensão no tempo e no espaço, tornando-se um elemento estrutural irrenunciável; de fato, ela não cessa com o advento da tradição escrita, mas se torna o necessário elemento interpretativo. A tradição judaica sempre reivindicou a importância teológica da tradição oral, como aparece no conhecidíssimo início do tratado mishnaico *Pirqè Avót* (Capítulos dos Pais): "Moisés recebeu a Torá no Sinai e a transmitiu a Josué; e Josué aos anciãos; e os anciãos aos profetas; e os profetas a transmitiram aos homens da Grande Congregação" (1,1). Sobre o significado do verbo "recebeu" os *Avót de-Rábbi Natán* (B,1) comentam: "Não da boca de um anjo nem da boca de um serafim, mas da boca do rei dos reis, o Santo, bendito seja Ele". E sobre o termo Torá, o rabi Jonas explica: "Tanto a Torá que foi posta por escrito quanto a Torá que está na boca, porque a Torá já foi dada junto com suas interpretações". Portanto, não existem duas Torás, mas uma única Torá, constituída do escrito e de sua interpretação.

Também o Novo Testamento revela a mesma dinâmica; de fato, Jesus não deixa escrito algum, mas com sua palavra e sua ação e, em particular, com sua morte e ressurreição, dá origem a uma tradição essencialmente oral (cf. 1Cor 15,1-2). Se os escritos aparecem muito cedo, graças sobretudo às cartas que Paulo envia às comunidades, nos primeiros decênios, porém, a tradição sobre Jesus é propriamente uma tradição oral, caracterizada pelo anúncio e pela celebração litúrgica; sua codificação por escrito não só não eliminará esse caráter, mas o exaltará enquanto elemento indispensável para sua correta interpretação.

A Palavra torna-se Escritura

Como acenado acima, o processo de transmissão da Palavra comporta que, a um certo ponto, ela foi posta por escrito. Remetendo a descrição da formação histórica dos dois testamentos para um parágrafo posterior, é importante destacar o significado do aparecimento do escrito[11]. Esse processo, especialmente para o Antigo Testamento, é longo e complexo, porque exige a harmonização entre uma pluralidade de tradições orais e de escritos precedentes não sempre coerentes entre si, até uma redação final fiel e, ao mesmo tempo, inovadora. Além da complexidade dessa problemática, dois exemplos ajudar-nos-ão a compreender o significado teológico desse ato de pôr por escrito a Palavra revelada: o de Moisés e o de Jeremias.

---

11. Cf. esp. BOVATI, P. & BASTA, P. *"Ci ha parlato per mezzo dei profeti"* – Ermeneutica biblica. Op. cit., p. 138-177. • SONNET, J.-P. "Elementi per una teoria narrativa dell'ispirazione nella Bibbia ebraica". In: DUBOVSKI, P. & SONNET, J.-P. (orgs.). *Ogni Scrittura è inspirata* – Nuove prospettive sull'ispirazione biblica. Cinisello Balsamo/Roma: San Paolo/GBP, 2013, p. 177-183.

No Pentateuco, a escritura aparece com Moisés, a quem YHWH pede que escreva um memorial após a vitória contra Amalec: "Escreve isto para memorial num livro e comunica a Josué" (Ex 17,14). Trata-se de uma palavra escrita que deve ser posta nas orelhas de Josué, que, assim, se torna o primeiro ouvinte da Palavra e o modelo de todo o futuro leitor e ouvinte, ao qual o Moisés escriba, e, depois dele, todo o futuro ministro da Palavra, confia à orelha do coração o escrito sagrado. Todavia, o momento mais significativo da missão escriturária de Moisés é constituído pela cena da estipulação da aliança sinaítica:

> Moisés escreveu *todas* as palavras de YHWH. Levantando-se na manhã seguinte, ergueu ao pé da montanha um altar e doze colunas sagradas, segundo as doze tribos de Israel. Mandou alguns jovens israelitas oferecerem holocaustos e imolarem touros como sacrifícios de comunhão a YHWH. Moisés pegou a metade do sangue, colocou-o em vasilhas e derramou a outra metade sobre o altar. Pegou depois o livro da aliança e o leu em voz alta ao povo, que respondeu: "Faremos tudo o que YHWH falou e obedeceremos" (Ex 24,4-7).

Aqui não se trata apenas de *todas* as palavras de YHWH, isto é, da revelação sinaítica, mas também de um contexto excepcional, o da estipulação da aliança entre YHWH e Israel, onde o livro constitui um elemento fundamental e, certamente, não secundário. A especificação "todas" já prefigura aquela que será a Torá de Israel; aqui Moisés aparece como o primeiro escriba e, de fato, suas ações, apesar da concisão do relato, são exatamente aquelas que caracterizam o ofício dos escribas: em primeiro lugar ele transmite ao povo *todas* as palavras de YHWH, testemunhando assim a fidelidade dessa entrega escrita e, implicitamente, também o ensinamento que ela comporta; depois, na presença do povo, Moisés toma e lê, isto é, interpreta esse Livro da Lei, porque é nele que já estão contidas e disponíveis as palavras de YHWH. A resposta do povo à leitura do livro da aliança ("Faremos tudo o que YHWH falou e obedeceremos") retoma a precedente ("Faremos tudo o que YHWH nos disse": Ex 24,3), destacando a conformidade entre comunicação oral e comunicação escrita. Isso significa que não existe discordância entre a palavra oral de Deus e aquela escrita e, positivamente, o reconhecimento do estatuto teológico do livro, isto é, a afirmação da autoridade da Palavra de Deus como escritura. O povo, por sua vez, comprometendo-se a "fazer e a ouvir", não só reconhece e aceita a mediação de Moisés (Ex 20,19), mas se compromete a reconhecer e a aceitar a mediação permanente que é o livro da aliança. A atenção da teologia contemporânea ao envolvimento ativo do leitor/ouvinte no processo da recepção da Escritura encontra aqui seu fundamento escriturístico.

Enfim, o Livro do Deuteronômio descreve um Moisés que reformula para uma nova geração a Torá recebida no Sinai; com efeito, o *código deuteronômico* (Dt 12–26) apresenta-se como uma reinterpretação do *código da aliança* (Ex 20,22–23,29) para a geração que está para entrar na terra prometida. Portanto, o Moisés deuteronômico aparece novamente como a figura exemplar do escriba, que reformula, reinterpreta e atualiza a Palavra de Deus segundo as exigências da história, mas em absoluta fidelidade ao espírito da lei sinaítica; desse modo, na figura de Moisés deuteronômico canoniza-se o processo redacional do Pentateuco, caracterizado exatamente pelos acréscimos que renovam e interpretam. Do ponto de vista histórico, da parte dos escribas, trata-se de uma retroprojeção; mas, agindo assim, reveste-se de autoridade profética sua atividade de leitura e de interpretação da Escritura; não se trata de um falso historiador, mas da afirmação que o processo revelador não se limita a tempos e lugares do passado profético, mas continua numa Escritura viva e ativa no seio da comunidade fiel. Os escribas encarregados da transmissão e interpretação da Escritura são, por isso, *Moses-like*, na medida em que agem na esteira do grande mestre, entrando assim no processo da revelação.

O segundo exemplo é constituído pelo fato de serem postas por escrito as palavras reveladas a Jeremias, exemplo particularmente significativo porque revela um processo articulado e, mais ainda, num período, o do exílio, durante o qual a formação da literatura bíblica é particularmente intensa. O processo de codificação escrita articula-se em três momentos. Impedido de entrar no tempo e de falar, o profeta dita ao escriba Baruc todas as palavras que o Senhor lhe havia dito (Jr 35,4-5); o autor é sempre Jeremias, mas com o suporte essencial de Baruc; a fidelidade do escrito é evidenciada pela repetida expressão *"todas* as palavras" (36,2.4.13.18) e pela mesma finalidade, isto é, a conversão do povo (36,7). Como segundo momento, segue a leitura do rolo (36,8-26); o primeiro leitor é o próprio Baruc, que depois de tê-lo lido pessoalmente e ter atestado sua fidelidade, o lê ao povo e aos chefes. Depois o rolo é lido por Judi na presença do rei e por ele queimado: a intenção é destruir a Palavra. Por fim, um terceiro momento (36,27-32) descreve a reescrita do rolo por parte de Baruc, sob ditado de Jeremias, onde se afirma não só a fidelidade ao primeiro rolo, mas também seu enriquecimento de novas palavras; os acréscimos não constituem uma alteração da mensagem, mas uma fidelidade criativa devida à circunstância da rejeição.

Embora a redação dos livros bíblicos seja complexa e, em geral, envolta no silêncio, os exemplos acima citados permitem compreender os dados essenciais do processo de revelação. Primeiramente, ele interessa não só ao profeta, mas também a todos aqueles que, de maneira diversa e segundo diferentes modalidades, tornam possível no tempo e no espaço o acolhimento, a conservação, o aprofundamento, a defesa e a atualização da palavra revelada. Com isso, é preciso alargar o conceito de autor, estendendo-o à obra escondida, mas indispensável, dos escribas; de fato, eles não são meros copistas, mas participam ativamente do carisma profético, acolhendo e conservando a palavra do profeta, mas também defendendo-a dos ataques perseguidores, aprofundando-a e atualizando-a nas novas circunstâncias históricas. É graças à obra desses escribas fiéis que a Palavra revelada, superando o limite do espaço e do tempo, chega a todo o povo de Deus da história. Trata-se de um dado não apenas histórico, mas teológico, que terá importantes consequências na definição da inspiração e da canonicidade do Livro Sagrado.

O que se disse, mostra como se passa da Palavra anunciada ao profeta para a Palavra escrita. A presença de escritos onde são recolhidas as palavras proféticas não corresponde ainda automaticamente à Escritura, como a possuímos hoje; com efeito, trata-se de um processo muito longo e complexo, que será ilustrado no capítulo relativo à formação literária do livro da Bíblia. Para o momento, basta afirmar que a Palavra profética dada aos poucos por Deus no curso da revelação torna-se tradição escrita, que depois será recolhida em um único livro, que nós conhecemos como Sagrada Escritura ou Bíblia, constituído de duas partes: o Antigo e o Novo testamentos.

2

A autoridade normativa da Escritura

Terminologia

Na linguagem bíblico-teológica, a autoridade normativa da Escritura é definida pelo termo "cânon". Etimologicamente, o termo "cânon" deriva do grego *kanón*, que em Paulo significa "norma" (cf. 2Cor 10,13.15.16; Gl 6,16); daí, desde o século II, o significado de "norma da fé". A partir do século IV, o adjetivo "canônico" é aplicado aos livros bíblicos (cf. Concílio de Laodiceia de 360 d.C.), enquanto o termo "cânon" inicia a ser utilizado na Igreja latina no sentido de catálogo dos livros bíblicos reconhecidos (cf. *Enchiridion Biblicum* [doravante, EB], 16-20). Portanto, o termo "cânon" aplicado à Bíblia significa primeiramente norma de fé e em sentido derivado o elenco dos livros bíblicos, que contêm essa norma de fé.

A determinação dos livros canônicos não aconteceu de maneira fácil e automática, mas exigiu uma longa caminhada e, por vezes, difícil; a terminologia é variada. Alguns livros foram reconhecidos normativos desde o início (p. ex., os cinco livros do Pentateuco ou os Evangelhos); daí a denominação de "protocanônicos" para os livros bíblicos sempre e sem discussão reconhecidos como normativos. Ao invés, são denominados "deuterocanônicos" os livros bíblicos cuja canonicidade foi objeto de contestação e reconhecida mais tarde. Os livros deuterocanônicos do Antigo Testamento são sete: Tobias, Judite, Baruc, Sabedoria, Eclesiástico, 1-2 Macabeus; a eles acrescentam-se alguns seções escritas em grego do Livro de Daniel (3,24-90; 13–14) e do Livro de Ester (1,1a-r; 3,13a-g; 4,17a-z; 5,1a-f.2a-b; 8,12a-x; 10,3a-k). Os livros deuterocanônicos do Novo Testamento são Hebreus, Tiago, 2 Pedro, 2-3 João, Apocalipse e as perícopes de Mc 16,9-20 e Jo 7,53–8,11[12].

A tradição antiga e recente das Igrejas ortodoxas denomina os livros canônicos de *homologúmena*, isto é, unanimemente reconhecidos, e os livros deuterocanônicos *antilegómena*, isto é, contestados, ou *amfiballómena*, isto é, discutidos. Essa denominação é mais apropriada, mas o uso corrente privilegiou a primeira. Aparece ainda o termo: "apócrifo", cujo significado, porém, sofreu notáveis variações. Etimologicamente significa "oculto, secreto, escondido"; por isso, inicialmente designava os livros ocultos de uma seita; depois, o termo indica um livro de origem duvidosa e, portanto, contestado; daí ter assumido o significado de livro herético. No contexto particular da canonicidade bíblica são chamados apócrifos os livros não canônicos, que, porém, não são necessariamente heréticos, mas simplesmente livros que não entraram no cânon das Escrituras; nesse sentido, os protestantes chamam "apócrifos" os livros deuterocanônicos. Enfim, aparece a denominação "pseudepígrafos", que literalmente significa "escritos falsos", porque seus autores atribuem o livro a um personagem famoso do passado: um expediente literário muito comum na Antiguidade e presente também no âmbito bíblico. Os protestantes chamam "pseudepígrafos" os nossos apócrifos; por extensão, são assim chamados os livros que florescem no âmbito hebraico entre o século III a.C. e o fim do século I d.C. e que assumem uma forma literária semelhante à forma dos livros bíblicos.

A consciência canônica na Escritura

A formação dos livros bíblicos, como se viu acima, está fortemente ligada à vida das comunidades crentes. Se na origem existe uma experiência excepcional da Palavra divina, ligada à pessoa do profeta, sua transmissão, seu enriquecimento e sua codificação necessitam de uma longa caminhada,

---

12. A respeito do cânon tradicional do NT, houve muita discussão no início da Reforma: Lutero e outros reformadores alemães rejeitaram as cartas de Tiago, de Judas, a Carta aos Hebreus e o Apocalipse; outras Igrejas reformadas, embora não os rejeitassem, consideraram os deuterocanônicos do NT como livros "de segunda classe"; outras Igrejas ainda não puseram em discussão o cânon do NT. No século XVII, os próprios luteranos voltaram ao cânon tradicional do NT. No protestantismo hodierno, os deuterocanônicos do AT continuam a ser excluídos do cânon, embora comecem a ser mais apreciados e lidos, e a ser trazidos no fim da Bíblia; os deuterocanônicos do NT, porém, são aceitos e trazidos na ordem tradicional.

estreitamente unida à comunidade crente, que reconhece a autoridade e a normatividade dessa Palavra. Esse reconhecimento nunca é um fato automático, porque, como atestam os relatos de vocação, o profeta percebe antes uma profunda resistência através de objeções, interrogações, pedidos de sinais; depois, pouco a pouco, aceita a Palavra com docilidade e obediência, testemunhando-a a seguir aos discípulos, que se tornam os portadores e as testemunhas diante da comunidade. Nasce, assim, uma consciência canônica que é o pressuposto fundamental da existência da Escritura enquanto tal e também da posterior interrogação teológica sobre seu estatuto. Os testemunhos bíblicos dessa consciência canônica, embora fragmentários, são preciosos, porque inerentes ao processo formativo da própria Escritura e abraçam tanto o Antigo Testamento quanto o Novo Testamento. Recordamos alguns desses testemunhos, parando depois, em particular, sobre o testemunho da Segunda Carta de Pedro.

O relato de Ex 24,1-11 atesta claramente que a ratificação da aliança sinaítica aconteceu precisamente "através de todas estas cláusulas" (Ex 24,8); em continuidade com a teofania das *dez palavras* (Ex 20,1-17) e do *código da aliança* (Ex 20,18–23,33), essa Palavra, transcrita por Moisés num livro, agora é aceita e reconhecida em toda a sua autoridade e normatividade pela solene proclamação do povo: "Faremos tudo o que YHWH falou e obedeceremos" (Ex 24,7). Assim, em Dt 31,9-14.24-29 a lei de Deus escrita por Moisés, exatamente por força de sua autoridade e normatividade, é conservada na Arca da Aliança e publicamente proclamada de sete em sete anos diante da comunidade. O reencontro do Livro da Lei durante os trabalhos de restauração do Templo sob Josias (2Rs 22,1–23,3), para a comunidade torna-se um imperativo, que se expressa tanto no pedido de perdão pelas transgressões quanto na renovação de uma aliança fundamentada sobre a Lei apenas reencontrada. A reconstrução da comunidade pós-exílica é baseada numa solene liturgia guiada por Esdras, na qual é lido, comentado e aceito com um consenso unânime o Livro da Lei de Moisés (Ne 8). Também a palavra profética escrita é aceita e conservada como normativa enquanto Palavra de Deus (Is 8,16; Jr 36). Enfim, o prólogo do Eclesiástico testemunha uma consciência normativa estendida já a toda a Escritura hebraica em suas três articulações de Lei, Profetas e Escritos. O Novo Testamento, por sua vez, não só testemunha o apelo à autoridade das Escrituras hebraicas (cf. p. ex., Mt 21,42; Rm 1,2), mas oferece também sua autêntica interpretação à luz da obra de Jesus (cf. Lc 24,27-32) e da pregação apostólica (cf. Mt 28,19-20). Depois, essa consciência canônica se estende sobretudo à palavra e à obra de Jesus. No prólogo ao seu Evangelho, Lucas não só testemunha a existência de escritos sobre "a história do que aconteceu entre nós, assim como nos transmitiram os que, desde o princípio, foram testemunhas oculares e ministros da Palavra" (Lc 1,1-2), mas com seu escrito oferece também o próprio testemunho para que Teófilo possa dar-se conta da "firmeza da doutrina em que foste instruído (Lc 1,4): claramente faz-se referência ao valor normativo da tradição apostólica. Assim, a dupla conclusão do Evangelho de João reflete a profunda consciência canônica de um escrito capaz de fundamentar a verdade da fé em Jesus e a vida divina que dele brota (Jo 20,31; 21,24).

Uma testemunha privilegiada dessa consciência canônica é constituída pela Segunda Carta de Pedro[13], provavelmente o último escrito do Novo Testamento. A importância desse escrito não é devida tanto à sua pretensa origem petrina, mas antes à intenção canônica na sua dimensão de fechamento; de fato, o escrito pretende pôr-se como o último escrito apostólico, depois do qual não deve seguir nenhum outro escrito. O gênero literário é o testamentário: Pedro sabe que está para morrer (2Pd 1,13-15), por isso, a carta será seu último escrito e já não será preciso esperar outras cartas do apóstolo. O autor não só destaca o fechamento do *corpus* petrino, mas também de todos os escritos apostólicos; fala como se fosse o último apóstolo vivo numa geração já pós-apostólica (2Pd 3,2); realmente, refere-se aos apóstolos como a uma realidade coletiva já desaparecida. Essa característica do discurso de adeus aproxima 2 Pedro ao Deuteronômio. Também ele é um testamento através do qual se fecha a Torá. Em ambos os escritos aflora a teologia da lembrança e emerge a importância da figura de Moisés (cf. Dt 6,4-5; 7,18; 8,2.18; 9,7.27; 15,15; 16,3.12; 24,9.18.20.22; 25,17; 32,7; 2Pd 1,9.12.13.15; 3,1.2.5.8). No Deuteronômio, ele não é só o destinatário da revelação, mas também aquele que a fecha, aquele que garante o laço de fidelidade entre a revelação e sua transmissão, aquele que conduz da revelação para o cânon, aquele que convida a não acrescentar mais nada, mas a repetir e a atualizar a mensagem em todas as gerações. Ora, em 2 Pedro reproduz-se o mesmo modelo, graças sobretudo à recordação da transfiguração

---

13. Cf. esp. ALETTI, J.-N. "La seconde épître de Pierre et le canon du Nouveau Testament". In: THEOBALD, C. (org.). *Le canon des Écritures* – Études historiques, exégétiques et systématiques. Paris: Cerf, 1990, p. 239-253 [LD, 140].

(2Pd 1,16-18), onde os três apóstolos não são os destinatários diretos, como nos sinóticos, da palavra do Pai, mas unicamente as testemunhas da origem divina da voz ("E esta voz, que veio do céu, nós a ouvimos": 1,18). Brota aqui sua competência para anunciar a parusia do Filho e sua filiação divina. Com isso fica clara a intenção do autor de evidenciar a perfeita correspondência entre a missão dos apóstolos e sua qualificação para essa tarefa.

Também a pseudepigrafia associa o Deuteronômio e 2 Pedro: como o Moisés deuteronômico é a recapitulação figurativa do longo processo de formulação e reformulação das leis de Israel – de fato, os redatores do Deuteronômio, para dar autoridade profética à sua releitura, utilizam a voz de Moisés, fazendo-o seu porta-voz pseudepigráfico – assim é o Pedro da segunda carta; seu paradoxo nasce exatamente do fato que a pseudepigrafia, que poderia comportar a proliferação dos escritos apostólicos, é utilizada para bloquear a própria literatura pseudepigráfica. Com efeito, dizendo ser Pedro, apóstolo de Jesus Cristo, e de já estar prestes a morrer, apresentando sua carta como um testamento e lembrando que a geração apostólica já desapareceu, nosso autor faz um ato de fechamento; escreve como apóstolo para dizer, entre outras coisas, que não haverá mais escritos apostólicos. 2 Pedro reflete, pois, uma intenção canônica.

Por fim, com a afirmação de 1,19, o autor da 2 Pedro alarga o horizonte a todo o Antigo Testamento: "Assim demos maior crédito ainda à palavra dos profetas, a quem fazeis muito bem em atender como a uma lâmpada que resplandece na escuridão..." A experiência da transfiguração não apenas qualifica os apóstolos como testemunhas oculares da grandeza de Cristo, mas qualifica também o testemunho do Antigo Testamento como profecia; se o Moisés deuteronômico remete ao Pedro da segunda carta, este último, por sua vez, remete ao Antigo Testamento, fazendo dos apóstolos as testemunhas qualificadas da palavra profética veterotestamentária realizada em Cristo e reconhecendo a ela sua mais alta autoridade.

É evidente que a Bíblia não faz uma reflexão explícita e sistemática sobre a própria canonicidade; mas, não obstante seu fragmentarismo, os dados bíblicos acima citados refletem uma comum e profunda consciência canônica, isto é, a de uma Escritura portadora da Palavra de Deus e, portanto, digna de fé e de obediência. É uma Palavra viva e dinâmica, que emerge em toda a sua autoridade especialmente nos momentos de crise, como o exílio da Babilônia ou a primeira época pós-apostólica, quando é urgente reafirmar ou redescobrir a identidade religiosa da comunidade crente. Chega-se a isso recorrendo à autoridade da tradição profética, relida e aprofundada à luz das novas situações históricas, sempre, porém, na fidelidade ao espírito original dos pais fundadores: Moisés, os profetas, Jesus.

A formação do cânon bíblico

Antes de delinear o significado teológico do cânon bíblico, convém percorrer as etapas que historicamente levaram à determinação dos vários livros bíblicos e à sua composição num único livro, a Bíblia. As etapas desse processo são três: a formação do cânon do Antigo Testamento, a formação do cânon do Novo Testamento e a união dos dois cânones numa única Escritura.

A formação do cânon do Antigo Testamento

No seio do judaísmo, um dos primeiros atestados da existência de uma "Bíblia", isto é, de uma coleção de livros sagrados, aparece no prólogo do Eclesiásticos (138 a.C.); ali se mencionam a Lei, os Profetas e um terceiro grupo ainda não bem definido ("os outros livros", "os livros que seguem") que corresponde, provavelmente, aos Escritos. A versão dos LXX oferece certamente um princípio de seleção, mas num quadro aberto, como é demonstrado pela presença dos sete livros deuterocanônicos (Tb, Jt, Br, Sb, Eclo, 1-2Mc) e dos acréscimos gregos aos livros de Daniel e de Ester; de fato, trata-se de uma tradução ocorrida no curso de dois ou três séculos, atestado só por códices cristãos, com divergências sobre a presença de determinados livros[14].

Também a biblioteca de Qumran, mesmo atestando um princípio de seleção, não comporta um cânon fechado, mas mais propriamente o testemunho de uma praxe exegética e litúrgica. Seja como for, embora num quadro fragmentário, falta o Livro de Ester; são, porém, conhecidos alguns livros deuterocanônicos, como a Carta de Jeremias (Br 6), Tobias e Eclesiástico; por fim, estão presentes também livros apócrifos, como Jubileus, Henoc e os Testamentos dos Doze Patriarcas, além, naturalmente, dos textos próprios da comunidade.

Também o testemunho do Novo Testamento, embora importante, não faz referência a um cânon preciso e refere-se essencialmente à Lei e aos Pro-

---

14. P. ex., enquanto o Códice Vaticano não contém 1-2 Macabeus, o Códice Sinaítico traz 1 e 4 Macabeus e o Códice Alexandrino traz os quatro, 1-2-3-4 Macabeus.

fetas; sobre os Escritos, em Lc 24,44, ao lado da Lei e dos Profetas, sobressai a menção dos Salmos, que corresponde provavelmente ao terceiro grupo dos Escritos. Dos deuterocanônicos são citados Eclesiástico, Sabedoria, 1-2 Macabeus, Tobias, aos quais se acrescentam alguns livros populares como os Salmos de Salomão, 1-2 Esdras, 4 Macabeus, a Assunção de Moisés e Henoc.

Um primeiro testemunho explícito sobre o cânon bíblico aparece no escritor hebreu Flávio Josefo (37-107 d.C.), em sua obra *Contra Apionem*: "Não existe entre nós uma infinidade de livros discutidos e contraditórios, mas apenas vinte e dois, que abraçam a história de todos os tempos e que são justamente considerados como divinos" (1,8). Se para os cinco livros de Moisés trata-se evidentemente do Pentateuco, para os treze livros dos Profetas e os quatro Livros dos Hinos não há especificação alguma; todavia, pelas indicações presentes nos outros escritos de Flávio Josefo, o elenco pode facilmente ser deduzido: os treze livros dos profetas correspondem a Josué, Juízes + Rute, 1-2 Samuel, 1-2 Reis, Isaías, Jeremias + Lamentações, Ezequiel, os doze profetas menores, Jó, Ester, Daniel, Esdras-Neemias, 1-2 Crônicas; e os quatro Livros dos Hinos correspondem a Salmos, Provérbios, Cântico dos Cânticos, Eclesiastes. Trata-se de vinte e dois livros, correspondentes às letras do alfabeto hebraico: uma cifra altamente simbólica para definir a plenitude da revelação. Pouco mais tarde, o apócrifo 4Esd 14,18-47 elenca vinte e quatro livros sagrados dos hebreus; trata-se da mesma lista de Flávio Josefo, porque Rute e Lamentações são computados à parte.

Com a destruição do Templo em 70 d.C. e o consequente desaparecimento da liturgia sacrifical, o judaísmo palestinense configura-se sempre mais como uma religião do Livro, sobretudo, graças à contribuição da corrente farisaica, que, pondo ao centro o Livro, salva o judaísmo, tornando-se sua expressão mais significativa[15]; daí os esforços para definir com exatidão as componentes do Livro Sagrado. As discussões concentram-se especialmente sobre o terceiro grupo dos Escritos, em particular sobre a canonicidade de

---

15. A componente farisaica, embora sendo a mais importante, não é a única; basta recordar a corrente essênia, a corrente saduceia e o grupo samaritano. Sobre o cânon essênio já se falou acima, a propósito da biblioteca de Qumran; os saduceus, por sua vez, consideravam canônicos somente os cinco livros do Pentateuco, contendo eles tudo aquilo que os interessava, isto é, todas as leis relativas ao culto do Templo. Os samaritanos separam-se do judaísmo de Jerusalém desde o séc. II a.C. e reconhecem como única Escritura o Pentateuco, porque diversamente dos outros livros bíblicos nunca fala de Jerusalém, permitindo assim a legitimação de Garizim como único lugar sagrado.

Eclesiastes e do Cântico dos Cânticos, como demonstram as discussões de Jâmnia; também a ordem dos livros é ainda flexível. Trata-se, porém, de um debate que interessa a um círculo restrito de especialistas, porque, na realidade, esses livros são largamente difundidos e aceitos pelos fiéis. Embora na ausência de um pronunciamento oficial sobre uma definição propriamente dita de cânon, pode-se afirmar que, com o início do século III d.C., o judaísmo já definiu o próprio cânon, como atesta a afirmação do Talmude (cf. *Baba batra*, 14b-15a).

Da parte cristã, o acolhimento e o reconhecimento dos livros daquele que já é chamado de Antigo Testamento passa através da mediação da LXX; com efeito, o cristianismo se desenvolve muito cedo, prevalentemente no mundo de língua grega e, por isso, foi natural da parte da Igreja o uso da Bíblia grega, que, como se viu acima, contém também os assim chamados livros deuterocanônicos e alguns acréscimos a Daniel e a Ester. Com isso é promovido um cânon mais longo em relação ao da tradição de língua hebraica. Todavia, as razões dessa opção não são simplesmente de ordem linguística, porque a aceitação desses livros permite aos cristãos ligar melhor o Antigo Testamento ao Novo Testamento; a aceitação de livros como Tobias, Judite e 1-2 Macabeus cria uma ponte narrativa entre a história de Israel e o nascimento de Jesus; a recepção de livros recentes, como o Eclesiástico e a Sabedoria, permite afirmar que a revelação não terminara com a reforma de Esdras; por sua vez, a presença de livros escritos originalmente em grego, como 2 Macabeus, Sabedoria e os acréscimos a Daniel e Ester, consentem que o cristianismo primitivo saia do mundo restrito de língua hebraica para o mundo helenista e pagão.

Na realidade, a aceitação desses livros deuterocanônicos não foi pacífica e imediata, como mostra um debate que se prolonga até quase o século VIII. Se, no Oriente, Orígenes, Atanásio e Cirilo de Jerusalém optam pelo cânon breve dos hebreus, no Ocidente, Agostinho defende valorosamente o cânon longo, contra um Jerônimo convicto defensor da *veritas hebraica*. Se, no Oriente, o Concílio de Laodiceia, na Frígia (360), defende o cânon breve, no Ocidente, os Concílios de Hipona (393) e de Cartago (397 e 419) e a Carta de Inocêncio I a Exupério de Tolosa (405) defendem o cânon longo; mas ainda em 692, o Concílio Quinissexto, em Trullo, testemunha uma certa ambiguidade, ratificando ao mesmo tempo os diversos cânones do Concílio de Laodiceia e de Cartago. Somente o Concílio de Florença (1442) e, depois, o de Trento (1546) dissiparam qualquer dúvida, enumerando e definindo solenemente o cânon longo.

Ao aceitar as Escrituras hebraicas, a Igreja primitiva não só aceita os livros deuterocanônicos, mas opta por uma estrutura nova no elenco dos livros; de fato, dissocia os assim chamados Livros Históricos (Js, Jt, 1-2Sm, 1-2Rs) dos Livros Proféticos e coloca estes últimos no fim do Antigo Testamento, acentuando assim seu caráter de profecia cristológica e de introdução ao evento Jesus. Veremos que o mesmo vale para a nova denominação de "Antigo Testamento", expressão que pressupõe necessariamente o Novo Testamento.

A formação do cânon do Novo Testamento

Também para o Novo Testamento o processo de formação do cânon é longo e complexo. Embora no tempo da atividade de Jesus o cânon da Escritura hebraica não estivesse ainda definido em todo o seu rigor, sua autoridade era indiscutida, como aparece nas expressões "a Lei e os profetas" (Mt 5,17; 7,12; 22,40), "a Lei de Moisés, os profetas e os salmos" (Lc 24,44), "a Escritura" (Mc 12,10; Jo 2,22; At 1,16; Rm 11,2; Gl 3,8; 1Tm 5,18; Tg 2,8; 1Pd 2,6), "as Escrituras" (Mt 21,42; Mc 14,49; Lc 24,27; At 17,2; 1Cor 15,3-4; 2Pd 3,16), as Sagradas Escrituras" (Rm 1,2), "está escrito" (Mt 2,5; Mc 1,2; Lc 2,3; At 13,33; Rm 1,17; 1Cor 1,19; 2Cor 9,9; Gl 3,10; 1Pd 1,6). Mas essa autoridade da Escritura hebraica está intimamente conexa com a autoridade da palavra de Jesus; de fato, no seu ministério, Ele oferece uma palavra que se coloca como o próprio cumprimento da Escritura (Mt 5,17), radicalizando-a (Mt 5,21-28) e, ao mesmo tempo, relativizando-a (Mc 10,2-9); essa autoridade das palavras de Jesus aparece particularmente em Paulo (1Cor 7,10-11; 9,14; 11,23-25; 1Ts 4,15; At 20,35). A palavra de Jesus, porém, não é uma palavra autoritária que se acrescenta à precedente da tradição hebraica, mas forma com ela um todo único, definindo-a como autoridade definitiva.

O conhecimento da palavra de Jesus nas comunidades cristãs primitivas, porém, passa pelo anúncio, pela interpretação e pelo testemunho dos apóstolos, de Paulo e de seus estreitos colaboradores. Enquanto testemunhas do Ressuscitado, eles são os verdadeiros depositários da palavra de Jesus e os intérpretes fiéis; daí a importância de sua palavra. Dessa forma, antes mesmo de se constituírem escritos, emerge uma Palavra oral, o querigma apostólico, cuja indiscutível e última autoridade faz referência à própria pessoa de Jesus vivo e operante em sua Igreja. É unicamente essa Palavra que fundamenta e constitui a comunidade cristã e é unicamente essa Palavra que preside a formação do Novo Testamento, embora sua articulação histórica seja lenta, complexa e, com frequência, já não plenamente atingível.

O primeiro grupo dos escritos é constituído pelas cartas paulinas; trata-se de cartas destinadas a várias comunidades, mas também às comunidades de toda uma região (2Cor 1,1; Gl 1,2) ou cartas que deviam ser lidas a outras comunidades (1Ts 5,27; Cl 4,16). Isso implica a necessidade de conservá-las e recolhê-las, como aparece em 2Pd 3,15-16. Por volta da metade do século II d.C., Marcião conhece um grupo de dez cartas (Rm, 1-2 Cor; Gl; Ef; Fl; Cl; 1-2Ts; Fm), onde faltam ainda as três cartas pastorais (1-2Tm; Tt); pouco depois, pelo fim do século II, o célebre *Fragmento Muratoriano*, que provavelmente representa a tradição da Igreja de Roma, recenseia treze cartas paulinas, com a exclusão da Carta aos Hebreus; a aceitação desta última é mais penosa no Ocidente, onde se imporá mais tarde graças à autoridade de Hilário de Poitiers, de Jerônimo e de Agostinho, enquanto no Oriente aparece desde o século III ao lado das outras cartas paulinas, seja em Clemente de Alexandria, seja em Orígenes.

Por volta da metade do século II, aparece o testemunho de um segundo grupo de escritos, constituído pelos quatro Evangelhos (Mateus, Marcos, Lucas, João), escritos na segunda metade do século I d.C. Justino os cita com o nome de "memórias dos apóstolos", atestando sua leitura, ao lado dos escritos proféticos do Antigo Testamento, na liturgia eucarística[16]. Seu uso litúrgico ao lado das Escrituras hebraicas manifesta sua importância e autoridade.

Essas duas primeiras coleções de escritos constituem o núcleo original do Novo Testamento e testemunham a comum tradição apostólica da palavra de Jesus. Entre o século II e o III, a eles se acrescentam os Atos dos Apóstolos, cuja autoridade é claramente reconhecida, porque ilustram admiravelmente a continuidade entre a obra de Jesus e a da Igreja.

As sete cartas restantes (Tg; 1-2Pd; 1-2-3Jo; Jd), à parte 1 Pedro e 1 João, constituem o grupo mais instável da coleção neotestamentária. Com efeito, se a 1 Pedro é já conhecida por Policarpo de Esmirna, citada como petrina por Irineu e Tertuliano e comentada por Clemente de Alexandria e

---

16. *Apol*, 1,67 [PL 6,429].

Orígenes, e se, igualmente a 1 João é conhecida e aceita desde a metade do século II d.C., não é assim para as restantes cinco cartas. A 2 Pedro, sobretudo por causa de sua duvidosa atribuição a Pedro, será aceita somente no fim do século IV; igualmente a 2 e 3 João, atribuídas ao "presbítero", serão reconhecidas como canônicas somente no fim do século IV, como transparece da trigésima nona carta festiva de Atanásio (367), do Sínodo de Hipona (393) e do Sínodo de Cartago (397). A presença de citações de livros apócrifos (Henoc e a Assunção de Moisés) provoca alguma dificuldade na aceitação da Carta de Judas; todavia, ela é já atestada pelo *Fragmento Muratoriano* e é considerada canônica pela maior parte das Igrejas desde o início do século III.

Enfim, o Apocalipse. Se as Igrejas ocidentais o aceitam e o comentam, nas Igrejas orientais ele encontra notáveis dificuldades para ser aceito como canônico, sobretudo por causa do aparente apoio à heresia montanista e do milenarismo, e de seu forte caráter profético; nas Igrejas da Síria, da Capadócia e da Palestina esta desconfiança se prolonga ao menos até por volta dos séculos V-VI.

Concluindo, pode-se afirmar que já no fim do século II emerge um forte núcleo canônico constituído pelos quatro Evangelhos, pelos Atos dos Apóstolos, pelas treze cartas paulinas, pela 1 Pedro e pela 1 João: vinte livros sobre os futuros vinte e sete; esse núcleo é particularmente significativo se tivermos presente a diversidade e a amplidão das Igrejas cristãs. No fim do século IV, não obstante resíduas flutuações, acrescentam-se ao precedente núcleo os remanescentes sete livros, para formar, assim, aquilo que nós conhecemos como cânon neotestamentário. A mais antiga atestação é constituída pela trigésima nona carta festiva de Atanásio (367), onde são elencados os vinte e sete livros do Novo Testamento. A partir da segunda metade do século V o consenso é unânime, e isso até o século XVI, quando Lutero e outros reformadores alemães rejeitaram Tiago, Judas, Hebreus e Apocalipse; essa opção, todavia, não foi partilhada pelas outras Igrejas reformadas; o próprios luteranos, um século depois, voltarão ao cânon tradicional.

Dois testamentos e um livro único: a Bíblia

Como se viu acima, indubitavelmente o Novo Testamento reconhece a autoridade divina das Escrituras hebraicas. Quando as cita, escreve: "Deus disse" (2Cor 6,16) ou "O Espírito Santo disse" (Hb 3,7), e isso também quando Deus não é o locutor da passagem veterotestamentária (cf. At 13,37 que cita Sl 16,10). Referindo-se à Palavra de Deus, Hb 4,12 inclui as Escrituras junto com as palavras pronunciadas por Deus. Rm 3,2 caracteriza o Antigo Testamento como "os oráculos de Deus". Portanto, o Novo Testamento assume a Escritura hebraica como Palavra de Deus, mas claramente no novo horizonte cristológico; desse modo as citações neotestamentárias consagram as antigas Escrituras no seu valor profético, proclamando que sua verdade está nesse Novo Testamento, que está se formando a partir da tradição de Jesus.

Isso é confirmado pela própria designação de "Novo Testamento". A expressão é devida a um escritor cristão anônimo que, por volta do fim do século II d.C., assim designa o conjunto desses livros[17]; consequentemente, as Escrituras hebraicas são definidas como "Antigo Testamento". O termo "testamento" deriva do vocábulo latino *testamentum*, que, por sua vez, traduz o termo grego *diathéke* [aliança]. A expressão significa, pois, "nova aliança" e se refere à promessa de Jr 31,31: "Virão dias – oráculo do Senhor – em que firmarei com a casa de Israel e a casa de Judá *uma aliança nova*". A designação dos vinte e sete livros da segunda parte da Bíblia cristã como "Novo Testamento" atesta, por isso, o cumprimento da profecia de Jr 31,31-34 estipulada pelo sangue de Cristo (Lc 22,20; 2Cor 3,6).

Assim, assistimos à formação de dois cânones bíblicos diferentes, o hebraico e o cristão (mesmo com as várias diferenças entre as Igrejas). Os fatores que causam a formação de um cânon hebraico são múltiplos: após a destruição do Templo em 70 d.C., e, portanto, após cessar a liturgia legítima, a religião hebraica torna-se sempre mais uma religião do Livro, com a consequente necessidade de uma Escritura normativa e imutável. As disputas entre os fariseus e as seitas judaicas de tendência apocalíptica levaram indubitavelmente para a fixação do cânon. Também a formação do Novo Testamento cristão, que, é verdade, retomava as antigas Escrituras, mas em sentido cristológico, determinou a necessidade de uma clara diferenciação. Enfim, a assunção da parte cristã da LXX, com a consequente admissão dos livros deuterocanônicos, levou o judaísmo a limitar a canonicidade aos livros bíblicos escritos em hebraico.

Também a Igreja cristã nascente sente a necessidade de distinguir-se da comunidade judaica, porque o reconhecimento das Escrituras hebraicas

---

17. Cf. EUSÉBIO DE CESAREIA. *História eclesiástica*, V, 16. 3.

passa já através da interpretação cristológica, e por isso, ao centro das Escrituras não está mais a Torá de Moisés, mas o Evangelho de Jesus. As controvérsias com as correntes heréticas e a necessidade de superar o caráter apenas local de alguns livros aceleram a necessidade de um cânon fixo de todas as Escrituras, processo tecnicamente facilitado, a partir do século IV d.C., pelas novas capacidades de produzir códices capazes de conter uma coleção tão ampla de escritos como a bíblica.

As decisões magisteriais sobre o cânon

Nem todas as comunidades que possuem a Escritura como livro fundador definiram o que é canônico. A comunidade hebraica, por exemplo, nunca definiu o próprio cânon, mesmo conservando tradições, manuscritos e textos de certa forma "canonizados", graças sobretudo à obra dos massoretas[18]. Quanto às comunidades cristãs, a situação dos primeiros séculos permanece fluida. Como se disse acima, no Oriente, o Concílio de Laodiceia (360) defende o cânon restrito hebraico; no Ocidente, os concílios africanos de Hipona (393), de Cartago I e II (397; 419) e a Carta do Papa Inocêncio I a Exupério de Tolosa (405) assumem o cânon completo; mas no Oriente, o Concílio Quinissexto (ou Concílio de Trullo, 692) testemunha ainda uma certa ambiguidade, aproximando os cânones diferentes do Concílio de Laodiceia e de Cartago.

Em todo o caso, trata-se de concílios regionais. De fato, a primeira intervenção em nível universal acontece na Igreja Católica com o Concílio de Florença (1441), onde, no "Decreto para os Jacobitas", é enumerado o cânon longo: não se trata, porém, de uma definição solene, mas de uma profissão de fé no cânon bíblico. Só com o Concílio de Trento, em resposta à opção do cânon hebraico por parte de Lutero, no "Decreto sobre as Sagradas Escrituras" (1546) é definido solenemente *semel pro semper* o cânon longo:

> São reconhecidos os livros sagrados e as tradições apostólicas... Para evitar dúvidas sobre os livros reconhecidos por este Concílio, ele julgou oportuno acrescentar ao presente decreto o elenco dos livros sagrados, para que ninguém possa duvidar quais sejam os que são reconhecidos como sagrados pelo mesmo Concílio.

---

18. Cf. p. 132.

Eles são os seguintes: do Antigo Testamento, os cinco de Moisés, os quatro dos Reis, os dois dos Paralipômenos; o primeiro de Esdras e o segundo, dito de Neemias; Tobias, Judite, Ester, Jó; o Saltério de Davi de 150 salmos; Provérbios, Eclesiastes, Cântico dos Cânticos, Sabedoria, Eclesiástico; Isaías, Jeremias com Baruc, Ezequiel, Daniel; os doze profetas menores, ou seja: Oseias, Joel, Amós, Abdias, Jonas, Miqueias, Naum, Habacuc, Sofonias, Ageu, Zacarias e Malaquias; o primeiro e o segundo dos Macabeus.

Do Novo Testamento, os quatro Evangelhos: segundo Mateus, Marcos, Lucas e João; os Atos dos Apóstolos, escritos pelo evangelista Lucas; catorze cartas do Apóstolo Paulo: aos Romanos, duas aos Coríntios, aos Gálatas, aos Efésios, aos Filipenses, aos Colossenses, duas aos Tessalonicenses, duas a Timóteo, a Tito, a Filêmon, aos Hebreus; duas do Apóstolo Pedro, três ao Apóstolo João, uma do Apóstolo Tiago, uma do Apóstolo Judas e o Apocalipse do Apóstolo João.

Se alguém não aceitar como sagrados e canônicos esses livros, em sua integridade e com todas as suas partes, como se costuma lê-los na Igreja Católica e como se encontram na antiga edição da Vulgata latina e conscientemente desprezar as mencionadas tradições: seja anátema (EB, 60).

Esse ato dogmático diferencia claramente a Igreja Católica do judaísmo e das outras Igrejas cristãs, porque foi a única a fazê-lo. Se as Igrejas protestantes optam pelo cânon breve hebraico, as Igrejas ortodoxas, embora formalmente reconheçam o cânon longo, individualmente diferenciam-se ainda, porque algumas têm somente os livros protocanônicos, enquanto outras incluem também 3 Esdras e 3 Macabeus[19]. O Concílio de Trento, porém, não se limita a fornecer um elenco, mas oferece também dois critérios sobre os quais fundamenta sua solene declaração: a leitura litúrgica dos livros sagrados na Igreja e sua presença na antiga versão latina da *Vulgata*. O primeiro critério é o mais importante, porque faz referência à Tradição litúrgica da Igreja, isto é, à verdade de uma Palavra que foi rezada e celebrada constantemente na liturgia. O segundo critério é mais prático; ele não entende dogma-

---

19. Ainda mais diversificada é a posição da Igreja copta, que aceita os livros dos Jubileus e de Henoc; da Igreja siríaca, que acrescenta os Salmos 151-155; e da Igreja armênia, que inclui o *Testamento dos Doze Patriarcas*.

tizar a *Vulgata* ou ignorar o problema da forma linguística do texto original[20], mas simplesmente indicar aos fiéis um texto onde podiam encontrar com segurança e verdade a presença da Escritura.

Os posteriores concílios do Vaticano I e II retomam a afirmação do Concílio de Trento, acentuando a motivação da inspiração: os livros são sagrados e canônicos porque inspirados.

---

20. Sobre a Vulgata, cf. p. 138s.; sobre a forma linguística, cf. p. 63-65.

3

O significado teológico do cânon

A descrição do processo histórico pelo qual se forma o cânon bíblico não esgota a pergunta sobre seu significado e sobre a forma que ele assumiu nas várias comunidades[21]; de fato, desperta muitas interrogações: Qual o cânon verdadeiro? Quais foram os critérios que influenciaram sua formação? Por que alguns livros foram aceitos e outros não? É mais crível o cânon breve ou o longo? Quem tem a autoridade de fixar com exatidão os limites, já que o cânon comporta uma forma fixa e precisa? (cf. Dt 4,2; Ap 22,18-19).

Do precedente *excursus* histórico apareceu o vínculo estreitíssimo que existe entre cânon e comunidade crente; com efeito, é ela o protagonista desse processo, já que através de um longo percurso teológico e histórico reconhece e define a Palavra à qual ela se submete. Esse fato não deve causar admiração; afinal, é o discípulo que reconhece a verdade e a autoridade do testemunho originário do profeta e a transmite para que outros ainda possam julgar sua verdade. Portanto, a Igreja não cria o cânon, mas o reconhece; consequentemente, é a diversidade das Igrejas que produz a diversidade dos cânones.

Vimos que o cânon das Escrituras é constituído de dois corpos, o Antigo Testamento e o Novo Testamento, em relação aos quais a ação da Igreja não é a mesma; afinal, ela aceita o primeiro como uma herança, em nome do valor profético que ele possui em relação ao evento de Cristo; o segundo, porém, é por ela constituído na época apostólica e reconhecido como Escritura que continua e, sobretudo, completa definitivamente o Antigo Testamento.

---

21. Cf. esp. SESBOÜÉ, B. "Essai de théologie systématique sur le canon des Écritures". In: THEOBALD, C. (org.). *Le canon des Écritures*. Op. cit., p. 523-539.

Por um lado, a existência de um cânon das Escrituras hebraicas serve de modelo para a constituição eclesial de um novo cânon; por outro, a atividade original expressa pela Igreja para constituir um novo *corpus* testemunha o evento fundador do qual ela vive e muda a sua aproximação às Escrituras antigas, que, afinal, não serão mais aceitas na ótica da fé judaica, mas a partir da fé em Jesus.

O cânon das Escrituras: o sentido de um fato

Enquanto norma, o cânon comporta uma autoridade que a ponha e um sujeito que a receba; não são os livros da Escritura que se autorizam sozinhos como cânon: a lista dos livros canônicos não é escriturística. O livro escriturístico nasce no contexto de um processo revelador que vai do profeta ao discípulo e, enfim, à comunidade crente. Exatamente porque ali reconhece a Palavra de Deus, a Igreja põe a Bíblia nas mãos do crente. Portanto, por parte da Igreja, a canonização é um ato de reconhecimento e de obediência da fé; esse reconhecimento comporta tanto a transcendência absoluta de Deus em relação à Igreja quanto a própria identidade da Igreja, que se constitui precisamente reconhecendo e aceitando a Palavra de Deus atestada na Escritura. Nessa perspectiva, a Igreja é sobretudo o sujeito que obedece a autoridade; seu ato se define, em primeiro lugar, como um receber. Ora, não se pode receber senão aquilo que já existe; nesse sentido, as Escrituras constituem uma realidade precedente, fruto da iniciativa admirável e gratuita de Deus. Mas, segundo uma mediação que pertence à lógica da encarnação da Palavra, o ato de receber próprio da Igreja torna-se necessariamente também um ato de autoridade, enquanto é ela que autoriza o cânon das Escrituras, isto é, decide aquilo que pertence a estas e aquilo que, ao contrário, lhe é estranho. Existe, pois, um paradoxo: o ato do sujeito que se submete na obediência e na humildade ao cânon das Escrituras é, ao mesmo tempo, um ato de autoridade.

Esse ato de obediência e de autoridade acontece na pregação apostólica; essa pregação é constitutiva da Igreja, porque ela só existe na medida em que as Escrituras se tornam e permanecem o objeto de sua pregação. Indubitavelmente, esta dualidade de um ato único (obediência/recepção e ato de autoridade) remete para a estrutura ministerial da Igreja: de um lado, ela se submete à Palavra revelada das Escrituras, de outro, através de seu magistério a oferece ao povo de Deus para conservá-lo na obediência da fé. Todavia, o ato eclesial de determinação do cânon não é um ato automático e fácil, nem uma decisão que segue imediatamente à recepção, mas um ato difuso no tempo e no espaço, caracterizado pela lentidão dos processos históricos; quando as listas do cânon começam a aparecer na Igreja antiga e, depois, nos concílios, trata-se sempre de confirmações daquilo que já era conhecido e reconhecido.

A determinação do cânon aconteceu, pois, numa comunidade crente; isso significa que não pode existir Escritura senão numa tradição viva, que preside sua composição e, depois, sua transmissão, quer dizer, sua canonização e interpretação. O cânon das Escrituras é, pois, um fato de tradição. Por sua natureza está no coração da relação entre Escritura e Igreja: a Igreja produz o cânon através de sua fidelidade ao evento que a fundamenta, de maneira tal que ele se torna a norma dessa mesma fidelidade. Sem Igreja não acontece Escritura, nem Igreja sem Escritura. Trata-se de uma estrutura permanente na vida da Igreja, afinal, a decisão sobre o cânon é o primeiro ato de interpretação da Escritura, ao qual seguem todos os atos de interpretação, que são sempre atos de obediência e de autoridade: o fundamento de toda autoridade na Igreja é a necessidade de manter a Igreja na obediência da fé.

O cânon das Escrituras é uma regra de fé; de fato, o critério com o qual foi determinado reflete a autocompreensão que a Igreja tem de si mesma. Essa mesma fé expressou-se nos "símbolos", que foram, também estes, regras de fé e, portanto, cânones, mesmo não sendo Palavra de Deus. De fato, existe uma relação profunda entre cânon e símbolo de fé: o símbolo resume a fé no seu sentido; o cânon aceita a totalidade dos testemunhos autênticos dessa mesma fé. Símbolo e cânon são inseparáveis: o primeiro é o ato de interpretação primordial do segundo, referência obrigatória para qualquer interpretação futura; o segundo encontra no primeiro a própria unidade de sentido, imanente à própria diversidade. O símbolo é, pois, a regra de leitura das Escrituras; sem o cânon, o símbolo corre o risco de esgotar-se numa fórmula vazia; sem o símbolo, o cânon corre o risco de servir de justificação para qualquer doutrina.

Quais são os critérios que presidiram o reconhecimento dos livros sagrados? O cânon das Escrituras hebraicas, como se apresentava na tradição da LXX, teve um papel evidente para a determinação do Antigo Testamento por parte da Igreja primitiva. Para o Novo Testamento, podemos reconhecer três critérios principais:

a) o critério do testemunho original, que se torna necessariamente critério temporal; trata-se de livros escritos na época apostólica, isto é, na época da geração das testemunhas do evento fundador;

b) o critério eclesial: trata-se de livros aceitos em determinadas Igrejas, especialmente por seu uso litúrgico, e progressivamente reconhecidos por todas as Igrejas; são os livros dos quais a Igreja vive e, graças aos quais, exprime a própria fé;

c) o critério cristológico: a Igreja reconheceu os escritos que apresentavam uma imagem de Cristo conforme o querigma apostólico.

Essa Igreja que reconhece os livros sagrados é uma Igreja dotada de uma estrutura ministerial, isto é, trata-se de comunidades presididas por bispos. É significativo, afinal, que o tempo em que a Igreja está reconhecendo e definindo o cânon é também o tempo em que se está dando a estrutura do episcopado. Ora, a verdade dessa estrutura ministerial não é a de uma autoridade que se ergue acima da Escritura – afinal, a Igreja não pode ser superior à Escritura –, mas a de uma autoridade que se exprime num ato de obediência e de submissão à autoridade única da Escritura. Isso significa reconhecer que as Igrejas que se referiram definitivamente às Escrituras tinham consciência de que essas Escrituras fundamentavam o ministério de seu episcopado.

Por fim, o cânon constitui um ato tanto de fechamento quanto de abertura. O cânon é, sobretudo, um ato de inclusão, embora longo e, por vezes, cansativo; isto é, ele inclui todo o testemunho profético-apostólico, excluindo ao mesmo tempo tudo aquilo que é heterodoxo ou simplesmente não é essencial ao conteúdo da revelação. Esse ato de fechamento introduz também uma pausa temporal entre uma época normativa, na qual a revelação é ainda aberta a novas aquisições, e uma época na qual a relação da comunidade crente com o evento da revelação passa já através da mediação objetiva do cânon das Escrituras. Essa pausa temporal para a Bíblia hebraica aconteceu no início do século III d.C.; para a Bíblia cristã coincide com a passagem da época apostólica para a época pós-apostólica.

Mas esse ato de fechamento é também um ato de abertura. Com efeito, o cânon não é simplesmente um documento que codifica o conteúdo da revelação, mas uma Palavra viva, oferecida à comunidade para que possa interpretá-la, aprofundá-la e atualizá-la nas novas circunstâncias históricas que ela vive. Esse ato do fechamento canônico só pode realizar-se com fatos acontecidos; isto é, não pode ser estritamente contemporâneo ao fechamento efetivo da época normativa. Afinal, por exemplo, a plena consciência da normatividade da época apostólica aconteceu quando a geração apostólica já havia desaparecido.

Por fim, o ato de fechamento do cânon é a constituição de um "corpo escriturístico"; é o novo corpo dado ao Verbo de Deus. Trata-se de uma metáfora significativa, porque se esse corpo escriturístico remete necessariamente para a realidade do corpo de Cristo, está também indissoluvelmente ligado ao corpo da Igreja, que, por sua vez, vive tanto do corpo das Escrituras quanto do corpo eucarístico.

Natureza e estrutura do cânon

A aceitação das Escrituras hebraicas por parte da Igreja constitui um fato teologicamente muito relevante e primordial (cf. Lc 24,44-45; 1Cor 15,3-4). Como a Sinagoga se definiu em relação a um *corpus* de Escrituras, assim a Igreja definiu-se em relação não só às Escrituras hebraicas, mas também às novas Escrituras. Estas últimas, embora pertencendo ao mesmo cânon, são, todavia, distintas das precedentes por um corte não só cronológico. O Novo Testamento, com efeito, tem uma autoridade maior em relação ao Antigo Testamento enquanto atesta a revelação última e definitiva de Deus em Jesus Cristo. Estes dois elementos, a aceitação do Antigo Testamento como profecia do Novo Testamento e a compreensão do Novo Testamento como realização do Antigo Testamento, constituem uma afirmação de sentido e um princípio hermenêutico. Essa dupla estruturação do cânon com uma particular sucessão dos eventos e das palavras tem uma valência não só literária e redacional, mas também teológica, porque exprime a unidade e a coerência do plano salvífico de Deus. Portanto, deve-se distinguir (não separar!) duas formas do Livro Sagrado: a hebraica e a cristã[22]. De fato, não se trata sim-

---

22. Cf. SKA, J.-L. *Introduzione alla lettura del Pentateuco* – Chiavi per l'interpretazione dei primi cinque libri della Bibbia. Roma: Dehoniane, 1998, esp. p. 19-26. • BARBAGLIA, S. "La rilevanza ermeneutica delle disposizioni canoniche dei testi delle sacre Scritture, Metodo ed esemplificazioni". In: BARBAGLIA, S. (org.). *Il testo biblico in tensione tra fissità canonica e mobilità storica* – Atti dell'XI Convegno di Studi Veterotestamentari (Torreglia, 6-8 Settembre 1999), p. 185-268 [Ricerche Storico-Bibliche, 13]. • ZENGER, E. *Introduzione all'Antico Testamento*. Bréscia: Queriniana, 2005 [orig. alemão 2004], p. 27-45. • SEGALLA, G. *Teolo-*

plesmente de afirmar que a Igreja primitiva acrescentou o Novo Testamento à Bíblia hebraica, mas que existiram dois processos de formação, que, no século II, levaram à constituição da Escritura hebraica e da Escritura cristã. Pondo de lado o lento emergir dos respectivos cânones, a disposição dos livros bíblicos do Antigo Testamento tem nas duas comunidades de fé uma relevância não simplesmente literária, mas teológica, e por isso não se pode confundir Bíblia hebraica e Antigo Testamento cristão. Daí a necessidade de considerar distintamente a Bíblia hebraica e a cristã.

A Bíblia hebraica

A estrutura tripartite

A Bíblia hebraica toma também o nome de *Tanak*, acrônimo composto com as letras iniciais das três grandes unidades que a constituem: *Torá* (Lei), *N^{e}bi'im* (Profetas) e *K^{e}tubím* (Escritos). Essa estrutura tripartite corresponde *grosso modo* a um critério cronológico, isto é, à ordem em que os livros passaram a fazer parte da Escritura; ainda mais, porém, corresponde a um critério teológico.

Primeiramente, a articulação evidencia uma importância teológica decrescente; de fato, a Torá representa o escrito mais importante, o fundamento sobre o qual se apoia toda a fé hebraica; seguem os *N^{e}bi'ím*, os escritos da Profecia, que constituem o primeiro comentário à Lei; acrescentam-se, enfim, os *K^{e}tubím*, que têm um cunho mais pessoal e devocional, e representam em parte a resposta de Israel ao dom da Torá. Portanto, o centro da Escritura hebraica é constituído pela Torá, coração da revelação divina a Israel e testemunho do pacto da aliança que YHWH contrai com esse povo. Ela é guardada na Arca da Aliança (cf. Ex 25,16.21; 40,20; Dt 31,24-27), no centro do santuário, e, na época pós-exílica, no centro da sinagoga. A Torá fecha-se no fim do Deuteronômio com a morte de Moisés, o maior profeta que jamais existiu (Dt 34,10); depois disso não se pode mais acrescentar ou tirar palavra alguma. Os escritos proféticos (*N^{e}bi'ím*), por sua vez, representam a instância crítica sobre a fidelidade de Israel à Torá depois da entrada na terra prometida; eles não acrescentam nenhuma nova lei, mas atualizam a Torá na nova condição histórica de Israel e, sobretudo, denunciam sua

---

gia del Nuovo Testamento – Tra memoria escatologica di Gesù e promessa del futuro regno di Dio. Leumann: Elledici, 2006, esp. p. 565-575 [Logos, 8/2].

constante infidelidade. Enfim, os Escritos oferecem uma meditação e uma sabedoria graças à qual cada crente pode viver a comunhão com Deus na oração cotidiana dos Salmos e, sobretudo, nas variadas ocupações da vida.

Essa estrutura teológica reflete, aliás, a liturgia sinagogal de Israel, que é constituída antes de tudo por uma *lectio cursiva* da Torá segundo um ciclo trienal, à qual segue, à guisa de comentário, a leitura de um correspondente trecho profético. Também os Escritos, embora de maneira menos relevante, estão presentes nessa liturgia sinagogal, graças, sobretudo, à oração dos Salmos e à leitura das cinco *m^{e}ghillót* (são os cinco rolos de Rt, Ct, Ecl, Lm e Est) nas respectivas festas de Semanas, Páscoa, Cabanas, Memória da destruição do Templo, Purim.

Evidência teológico-literária

A estrutura teológica da Escritura hebraica é mais antiga do que a fixação do cânon, como atesta o neto de Ben Sira, que, por volta de 117 a.C. no prólogo à tradução da obra do avô, escreve que ele se dedicara à leitura "da Lei, dos Profetas e dos outros livros de nossos antepassados". A fixação do cânon confirma não só o elenco dos livros sagrados, mas sua articulação teológica dominada pela centralidade da Lei; testemunhas disso são precisos indícios literários.

A Torá

A Torá termina significativamente com estas palavras:
> Não voltou a surgir em Israel profeta semelhante a Moisés, com quem o Senhor tratasse face a face, nem quanto aos sinais e prodígios que o Senhor lhe mandou fazer no Egito, contra o Faraó e todos os seus ministros e o país inteiro, nem quanto à mão poderosa e a tantos e tão terríveis prodígios que ele fez à vista de todo Israel (Dt 34,10-12).

Essa conclusão afirma claramente a absoluta singularidade da Torá e do Profeta Moisés, e por isso não poderá haver outra Lei senão essa por todas as gerações futuras, nem outro profeta como ele; o evento da libertação do Êxodo torna-se assim o evento constitutivo de Israel e o evento fundante de toda a sua história. Portanto, a revelação dada a Moisés é superior a todas as outras revelações, e a Torá precede os Profetas e os Escritos.

Os Profetas

A unidade seguinte, a dos escritos proféticos, literariamente está conexa com a Torá. De fato, está incluída entre duas passagens que concernem precisamente ao tema da Lei: Js 1,1-8 e Ml 3,22-24. A primeira passagem une claramente a figura e a obra de Josué à figura e à obra de Moisés:

> Após a morte de Moisés, servo do Senhor, o Senhor disse a Josué, filho de Nun, ministro de Moisés: "Moisés, meu servo, morreu. Agora prepara-te para atravessar o Rio Jordão, tu e todo esse povo, rumo à terra que eu dou aos israelitas. Eu vos dei todo lugar em que pisar a sola de vossos pés, conforme prometi a Moisés: O vosso território irá desde o deserto e o Líbano até o grande rio, o Rio Eufrates, toda a terra dos hititas, e até o Mar Mediterrâneo, no sol poente. Ninguém te poderá resistir enquanto viveres; como estive com Moisés, assim estarei contigo; nunca te deixarei nem de abandonarei. Sê forte e corajoso, pois tu farás esse povo herdar a terra que prometi dar a seus pais. Apenas sê forte e muito corajoso para cuidares de agir conforme toda a Lei que Moisés, meu servo, te ordenou; não te desvies nem para a direita nem para a esquerda, a fim de que tenhas êxito por onde quer que andes. Que este Livro da Lei jamais se afaste da tua boca; medita nele dia e noite, para que tenhas cuidado de agir conforme tudo quanto nele está escrito, porque desse modo farás prosperar teu caminho e terás êxito" (Js 1,1-8).

Trata-se de uma passagem importante, porque Josué é descrito como o sucessor de Moisés e, portanto, o continuador de sua obra; de fato, a ele é confiada a tarefa de ouvir fielmente a Lei, sem desviar "nem para a direita nem para a esquerda" e agir de acordo com ela. Todavia, enquanto Moisés é qualificado como "servo do Senhor", Josué recebe simplesmente o título de "servo de Moisés"; isso significa que, embora sendo seu sucessor, não equivale a Moisés, porque sua missão não será a de receber a Lei, mas a de testemunhá-la. Com efeito, é significativo que, para a "conquista" da terra, Josué não receba armas, mas a Lei. Sua tarefa parece mais a de um monge dedicado à *lectio divina*, do que a de um guerreiro. A redação pós-exílica da passagem destaca a necessidade de uma conquista da terra não marcada pelas armas (projeto falido), antes, porém, caracterizada pelo testemunho da Lei; a uma monarquia tentada continuamente pela ideologia faraônica é contraposta e indicada à comunidade pós-exílica uma "reconquista" da terra com as armas da fidelidade e do testemunho da Lei. Com isso, o redator dos escritos proféticos diz como o leitor deve ler e interpretar a história seguinte.

A seção dos Profetas termina com uma passagem igualmente significativa:
> Lembrai-vos da Lei de Moisés, meu servo, a quem eu prescrevi no Horeb leis e preceitos para todo Israel. Vou enviar-vos o Profeta Elias antes que chegue o dia do Senhor, grande e terrível. Ele fará voltar o coração dos pais para os filhos e o coração dos filhos para os pais, para que eu não venha ferir o país com o extermínio (Ml 3,22-24).

O significado e a importância dos escritos proféticos nascem do fato de eles serem a "memória" da Torá, isto é, a profecia tem a finalidade de atualizar a Lei e mantê-la viva na memória de Israel. A menção de Elias recorda a figura de Moisés; afinal, ele é considerado como um "segundo Moisés", porque, como Moisés, ele subiu ao Monte Horeb (1Rs 19) e encontrou Deus na caverna (1Rs 19,13; Ex 34,21)[23].

Os Escritos

Também os Escritos oferecem um significativo gancho com as duas partes precedentes e uma inclusão caracterizada ainda pela menção da Lei. Eles se abrem com um salmo baseado na Lei:
> Feliz aquele que não anda em companhia dos ímpios,
> não se detém no caminho dos pecadores
> nem se assenta na reunião dos zombadores,
> mas na lei do Senhor se compraz
> e recita sua lei dia e noite!
> Ele é como árvore
> plantada à beira da água corrente:
> produz fruto a seu tempo
> e sua folhagem não murcha;
> tudo o que ele fez prospera (Sl 1,1-3)

Se a introdução aos Livros Proféticos convida, através de Josué, o povo à observância da Lei, aqui se passa ao plano pessoal; é o indivíduo fiel que deve testemunhar a própria fé com a observância fiel da Lei, distinguin-

---

23. São exatamente Moisés e Elias que aparecem a Jesus no Tabor como representantes da Lei e dos Profetas (cf. Mt 9,30 e textos paralelos).

do-se assim do ímpio, caracterizado pela violação da Lei. Trata-se da Lei de YHWH [*torát YHWH*]; ela deverá guiar não só a oração dos Salmos, mas também a meditação dos Escritos.

Por sua vez, também a conclusão dos Escritos é significativa:
> No primeiro ano de Ciro, rei da Pérsia, cumpriu-se a palavra do Senhor, proferida pela boca de Jeremias. O Senhor moveu o espírito de Ciro, rei da Pérsia, e este mandou proclamar em todo o império, também por escrito, o seguinte: "Assim fala Ciro, rei da Pérsia: O Senhor, Deus do céu, entregou-me todos os reinos da terra. Ele me encarregou de lhe construir um templo em Jerusalém, que fica em Judá. Quem de vós faz parte da totalidade de seu povo? Que o Senhor Deus esteja com ele! E que vá para lá" (2Cr 36,22-23).

A passagem não só fecha os Escritos, mas também toda a Bíblia hebraica. Em relação aos livros de Esdras e Neemias, a sucessão dos dois livros das Crônicas não espelha a ordem cronológica dos fatos; isso significa que a escolha foi intencional. Trata-se, antes de mais nada, de uma mensagem de esperança para o futuro, dirigida ao povo com o qual o Senhor firmou um pacto eterno: com efeito, a expressão "Quem de vós faz parte da totalidade de seu povo? Que o Senhor Deus esteja com ele" recorda a assim chamada fórmula do pacto (cf. Lv 26,44-45). É verdade que depois a destruição dos romanos em 70 d.C., a reconstrução do Templo não acontecerá mais, mas a promessa diz respeito sobretudo à garantida presença de Deus ao lado de seu povo. Agora, é exatamente a Torá que revela a aliança de Deus com Israel; e é ainda a Torá que revela o sentido último do êxodo, ao qual alude o verbo "subir" [*'lh*], isto é, o de um meta constituída não simplesmente pela terra, mas pela própria comunhão com Deus: "Vistes o que fiz aos egípcios, como vos levei sobre asas de águia e vos trouxe a mim [*'eláy*]" (Ex 19,4).

Conclusão

As passagens acima citadas definem claramente não só a estrutura literária da Bíblia hebraica, mas também e sobretudo uma estrutura teológica, onde emerge claramente a posição única da Torá, que assim se torna o centro de toda a Escritura. Essa Torá está intimamente ligada à pessoa de Moisés; não é por nada que ela é chamada também de "a Torá de Moisés". O papel desse profeta é único e excepcional, porque único e excepcional é seu carisma, o de testemunha da revelação: depois dele não existirá mais revelação alguma. É partindo dessa perspectiva que a Escritura hebraica não pode ser assemelhada ao Antigo Testamento cristão, embora o texto seja igual, excetuado o acréscimo dos textos deuterocanônicos.

Essa centralidade da Lei e de Moisés destaca também um segundo elemento não menos significativo: a subordinação da monarquia à Lei. As instituições de Israel, sobre as quais se fundamenta sua identidade, são pré-monárquicas e remontam à personalidade excepcional de Moisés e à sua obra de mediador da revelação divina. O Novo Testamento superará essa centralidade de Moisés em favor da centralidade de Jesus (cf. Jo 1,17); mas, então, será uma outra Escritura, a cristã. A afirmação dessa distinção não significa opor a Bíblia hebraica à cristã, mas reconhecer a especificidade da primeira; é somente na ótica cristã que a Escritura hebraica se torna "Antigo Testamento", isto é, continuação e cumprimento da Palavra precedente.

A Bíblia cristã

A Bíblia cristã está articulada em duas grandes unidades: Antigo Testamento e Novo Testamento. O primeiro retoma, mas de modo original, a Escritura hebraica; o segundo é novo e constitui o pleno cumprimento do primeiro. Nossa análise prescinde dos problemas relativos à formação histórica do cânon, já tratados acima, mas pretende analisar o significado teológico da Escritura cristã entendida como livro unitário; partiremos primeiramente da recepção da Escritura hebraica na nova perspectiva da revelação de Jesus, para analisar, depois, o significado teológico da disposição dos livros do Novo Testamento.

A recepção cristã da Escritura hebraica

A recepção cristã da Escritura hebraica passa através da Bíblia da LXX, que difere em relação à tripartição do *Tanak*[24], porque comporta uma estrutura quadripartida:

---

24. É possível, como sustentam alguns (cf., p. ex., DOHMEN, C. & STEMBERGER, G. *Hermeneutik der Jüdischen Bibel und des Alten Testaments*. Stuttgart, 1906, p. 152-154 [Kohlhammer Studienbücher Theologie, 1.2]), que a colocação final dos escritos proféticos dependa simplesmente de ter inserido na estrutura canônica tradicional, composta pela Torá e pelos Profetas, os Escritos, com o acréscimo de ulteriores livros (deuterocanônicos + alguns apócrifos); por isso, a perspectiva baseada sobre os Profetas poderia já ter estado presente no judaísmo antigo, independentemente do cristianismo. Aliás, já a ampliação da Torá com o acréscimo dos Profetas não fora aceita pela componente samaritana.

Pentateuco: Gênesis, Êxodo, Levítico, Números, Deuteronômio.

Livros Históricos: Josué, Juízes, Rute, 1-4 Reis (= 1-2 Samuel + 1-2 Reis), 1-2 Paralipômenos (= 1-2 Crônicas), Esdras I (apócrifo), Esdras II (= Esdras-Neemias), Ester (+ acréscimos deuterocanônicos), Judite, Tobias, 1-2 Macabeus (+ 3-4 Macabeus [Apócrifos]).

Livros Poéticos: Salmos, Odes (apócrifo), Provérbios de Salomão, Eclesiastes (= Qohelet), Cântico dos cânticos, Jó, Sabedoria de Salomão (= Sabedoria), Eclesiástico (= Sirácida), Salmos de Salomão (apócrifo).

Livros Proféticos: Gênesis, Êxodo, Levítico, Números, Deuteronômio; Josué, Juízes, Rute, 1-4 Reis (= 1-2 Samuel + 1-2 Reis), 1-2 Paralipômenos (= 1-2 Crônicas), Esdras I (apócrifo), Esdras II (Esdras-Neemias), Ester (+ acréscimos deuterocanônicos), Judite, Tobias, 1-2 Macabeus (= 3-4 Macabeus [apócrifos]); Salmos, Odes (apócrifo) Provérbios de Salomão, Eclesiastes (= Qohelet), Cântico dos Cânticos, Jó, Sabedoria de Salomão (= Sabedoria), Eclesiástico (= Sirácida), Salmos de Salomão (apócrifo); Oseias, Amós, Miqueias, Joel, Abdias, Jonas, Naum, Habacuc, Sofonias, Ageu, Zacarias, Malaquias, Isaías, Jeremias, Baruc (= Br 1-5), Ezequiel, Susana (= Dn 13), Daniel (1–12 + 3,24-90), Bel e o dragão (= Dn 14).

Essa estrutura, ao menos na recepção cristã, comporta um percurso teológico coerente. Na abertura aparece o Pentateuco, que representa a revelação primordial de Deus fundamentada sobre a criação e oferecida, através de Israel, a todos os homens; também o decálogo, embora dado imediatamente a Israel, tem um horizonte mais amplo, dirigido a todos os homens.

Segue uma segunda seção, os *Livros Históricos*, caracterizada pela história de Israel na terra prometida; ela ilustra a dificuldade de traduzir, na vida concreta de uma nação, os ditames da Lei; trata-se, certamente, de uma história particular, mas também de uma história-tipo, que mostra a enorme dificuldade de conciliar o Reino de Deus com o reino humano.

A terceira seção, os *Livros Poéticos*, é constituída pelos escritos sapienciais, onde o elogio à Sabedoria torna-se um urgente convite a cada fiel israelita a aceitá-la mediante uma escuta orante e reflexiva da Lei; o horizonte antropológico se estende a cada homem, como mostra a ausência de indicadores étnicos.

Enfim, segue uma quarta seção, os *Livros Proféticos*, constituída pelos profetas posteriores, que constitui não só uma vigorosa interpelação a Israel sobre sua conduta incoerente em relação à Lei, mas delineia também a visão de uma realização do mundo e da história. De fato, esses livros anunciam a esperança messiânica: da visão de Is 2,1-5, onde plasticamente todos os povos, após ter aceito a Palavra irradiada de Sião, saem em peregrinação escatológica para a cidade santa, para o anúncio da volta de Elias (Ml 3,23-24), que o Novo Testamento identificará com João Batista, o precursor de Jesus (cf. Lc 1,17; Mt 11,14; 17,12-13).

Essa disposição quadripartida dos livros bíblicos testemunha, pois, um esquema teológico que marca um desenvolvimento progressivo articulado sobre passado, presente e futuro: a revelação primordial feita a Israel, mas aberta a todos os homens; a história de Israel na terra prometida, caracterizada por incoerências e limites; uma proposta sapiencial dirigida a cada homem capaz de acolher a Sabedoria; enfim, a profecia, que de instância crítica sobre Israel torna-se sempre mais anúncio de um novo reino, cumprimento definitivo da Lei. Assim, chega-se às portas do Novo Testamento.

Esse complexo de livros que constituem a Escritura hebraica, recebe pelos cristãos a forma definitiva de "Antigo Testamento". Este título não só define unitariamente um amplo número de livros e três grandes unidades; mas, sobretudo, confere-lhes uma interpretação unitária; é à luz da obra de Jesus, cujo sacrifício na cruz constitui a nova e eterna aliança (cf. Lc 22,20; 1Cor 11,25), que as antigas promessas são realizadas (cf. 2Cor 1,20) e é somente a partir dele que as Escrituras hebraicas podem assumir o título de Antigo Testamento ("Mas, a inteligência deles permaneceu obscurecida. E, ainda hoje, quando leem o Antigo Testamento [*palaiás diathékes*], esse mesmo véu permanece cerrado, porque só em Cristo é que deve ser aberto" (2Cor 3,14)) e com isso seu pleno e definitivo significado.

Uma outra expressão do Novo Testamento define as Escrituras hebraicas como "Primeiro Testamento". De fato, o autor da Carta aos Hebreus, falando da nova aliança mediada por Cristo, escreve: "Ao dizer uma 'nova aliança' [*kainé*], [Deus] declara velha a primeira [*próte*]. Ora, aquilo que envelhece e se torna antiquado está a ponto de desaparecer" (Hb 8,13). Hoje, alguns exegetas, especialmente da área alemã, preferem usar esse adjetivo "primeira" [*próte*]; e chamar as Escrituras hebraicas de "Primeiro Testamento" para evidenciar sua precedência cronológica e também seu valor permanente. Com efeito, a comunidade cristã não rejeitou a antiga aliança, mas a uniu estreitamente à nova; é nesse sentido que o adjetivo "antigo" perde a acepção puramente negativa.

A estrutura do Novo Testamento

Também o Novo Testamento é articulado numa estrutura teológico-literária que reproduz a do Antigo Testamento; com efeito, é constituído de quatro unidades, correspondentes às quatro unidades do Antigo Testamento:

Fundamento:	Torá	Evangelhos
Passado:	Livros Históricos	Atos dos Apóstolos
Presente:	Livros Sapienciais	Cartas apostólicas
Futuro:	Livros Proféticos	Apocalipse

Os Evangelhos

É a coleção mais importante, o centro e o fundamento de toda a Bíblia cristã, que corresponde ao papel da Torá na Escritura hebraica. Em seu conjunto, os quatro Evangelhos formam o único Evangelho quadriforme "segundo Mateus", "segundo Marcos", "segundo Lucas" e "segundo João". O critério fundamental da unidade é constituído pela memória autêntica de Jesus, garantida pela memória apostólica; essa memória se exprime na leitura cristã em todas as comunidades onde a Palavra de Jesus é não só anunciada, mas celebrada a partir, sobretudo, da ceia eucarística.

Do ponto de vista literário, os quatro Evangelhos compartilham o gênero literário da *vita Jesu*, do nascimento (Mt e Lc) ou da pregação do Batista (Mc e Jo [prescindindo do prólogo] até a paixão, morte e ressurreição. É significativo que o ministério público de Jesus nos quatro Evangelhos inicie no Jordão, onde João Batista batiza, isto é, exatamente no lugar onde Moisés chegou e entregou a Torá ao povo. A conclusão da obra de Moisés é um olhar sobre a terra prometida, descrita em toda a sua extensão (Dt 34,1-3) e entregue a Israel para que ali realize uma existência pessoal e comunitária marcada pela Torá; projeto este incompleto e muitas vezes falimentar, como o demonstra a subsequente história bíblica. Jesus, novo Josué[25], desce ao Jordão e anuncia a chegada do "reino", sobretudo em sua pessoa e, depois, na comunidade que inicia a reunir. Realmente, com Ele o novo Israel, inclusive também o precedente Israel, pode entrar definitivamente na nova terra prometida (Mt 5,5). Assim, Jesus leva à realização a obra de Moisés (Jo 5,46),

---

25. Os dois termos se equivalem, sendo "Josué" a forma hebraica e "Jesus" a forma aramaica do nome.

a definitiva subida a Jerusalém (cf. 2Cr 36,23) e a reconstrução do novo Templo (Jo 2,10), onde serão reunidos todos os filhos de Deus dispersos (Jo 10,16; 11,51-52).

Os Atos dos Apóstolos

A segunda unidade neotestamentária é constituída pelos Atos dos Apóstolos. Historicamente, o livro é o segundo volume da obra de Lucas e a continuação do seu Evangelho; mas foi separado dele no momento em que os quatro Evangelhos foram reunidos numa única coleção, como discretamente indica o final de Jo 21,25, onde, com o uso dos termos "livros" e "mundo" e da primeira pessoa do singular (diferente da primeira do plural do v. 24), o anônimo redator aludiria à publicação da coleção dos quatro Evangelhos.

A colocação atual dos Atos confere um quadro histórico ao autor da coleção de cartas mais importante, isto é, a paulina, e também ao autor das duas cartas de Pedro; ao mesmo tempo, coloca num quadro eclesial mais amplo o conflito de Paulo com as autoridades de Jerusalém, depurando-o da carga emotiva que forçosamente as cartas comportam.

Paralelamente aos Livros Históricos do Antigo Testamento, os Atos descrevem a história das Igrejas primitivas no seu desenrolar até Roma; essa sua história, embora impregnada de dificuldades, não é ambígua e falimentar como a precedente, porque é guiada pelo Espírito de Jesus.

As Cartas Apostólicas

A unidade é articulada em dois blocos: o corpo das cartas paulinas e o corpo das cartas católicas. O primeiro é caracterizado pela unidade de autor, entendido tanto no sentido estreito de sua pessoa quanto no sentido lato da tradição que dele emana. Trata-se de escritos pertencentes todos ao gênero literário epistolar[26], cuja unidade teológica é constituída pela memória do querigma que o próprio Paulo recebeu (1Cor 15,1), meditou e desenvolveu. De fato, ele não transmite apenas notícias pessoais e circunstanciais, mas sobretudo o querigma de Jesus Cristo, morto e ressuscitado por nossa salvação, e as opções existenciais que a aceitação de tal querigma comportam. É essa memória querigmática de Jesus que constitui a profunda unidade teológica

---

26. Tb. Hb, que é antes uma homilia cristológica, foi adaptada em sua conclusão ao gênero epistolar.

das cartas paulinas e que deve plasmar as jovens comunidades cristãs; se os Atos descrevem o nascimento das comunidades cristãs, o querigma anunciado por Paulo apresenta-se como a verdadeira sabedoria que lhes confere a verdadeira identidade (cf. 1Cor 1–4).

O grupo das sete cartas católicas, assim chamadas porque não dirigidas a uma Igreja particular, mas a todas as Igrejas, testemunha aparentemente uma memória de Jesus mais tênue. Na realidade, o motivo teológico que acomuna essas cartas é sua atribuição aos apóstolos, considerados como as "colunas" da Igreja primitiva (Gl 2,9): Tiago (a Carta de Tiago, à qual deve-se unir a de Judas, porque ligado ao primeiro enquanto "irmão", Pedro (1-2Pd) e João (1-2-3Jo). Portanto, elas transmitem a memória querigmática de Jesus graças à sua autoridade (não necessariamente literária) apostólica; de fato, foram aceitas no cânon não como cartas individuais, mas como "cartas católicas". Essas cartas, como as paulinas, oferecem, pois, às jovens Igrejas o testemunho do querigma apostólico, que deve plasmá-las como comunidades cristãs.

O Apocalipse

Esse livro fecha não só o Novo Testamento, mas toda a Escritura cristã; de fato, Ap 21–22 liga-se a Gn 1–3, como testemunha a retomada do vocabulário[27]. Isso significa que o projeto inicial de Deus sobre o homem se realiza no futuro escatológico da Igreja, a nova Jerusalém, a esposa do Cordeiro degolado e glorificado junto com a comunidade que o testemunha. Assim, a promessa de Deus de habitar em meio a Israel (cf. Ex 6,7; 29,45-46; Lv 26,44-45) realiza-se agora definitivamente na Igreja; é nessa Jerusalém celeste que, com a encarnação de seu Filho, Deus ergueu sua tenda e pôs definitivamente sua morada (Ap 21,2-3).

Conclusão

Se o estudo do cânon havia descrito a progressiva e, por vezes, laboriosa inserção dos livros bíblicos no livro da Palavra, a presente reflexão mostrou que a Bíblia não é apenas um elenco de livros chegados até nós para reunir, um depois do outro, quase uma biblioteca, mas um livro cuja estrutura foi

---

27. Mais precisamente: "céu e terra" (Gn 1,1; Ap 21,1), "luz" (Gn 1,3; Ap 21,23-24; 22,5), "noite" (Gn 1,5; Ap 21,25; 22,5), "árvore da vida" (Gn 2,9; 3,22; Ap 22,2.14), "rio" (Gn 2,10-14; Ap 22,1-2).

pensada em função de uma teologia. Daí a necessidade de distinguir claramente a Bíblia hebraica da cristã, embora a primeira parte seja textualmente igual. De fato, viu-se que a Bíblia hebraica tem uma modulação teológica própria, centrada sobre a Torá de Moisés, da qual dependem tantos os Profetas como os Escritos. A Bíblia cristã, porém, desloca o centro sobre Jesus, o último revelador de Deus; por isso, se, por um lado, acentua a continuidade histórico-salvífica com a aliança precedente emprestando sua Escritura, por outro a interpreta à luz de Jesus. É assim que a Escritura hebraica se torna o Antigo Testamento, onde a colocação final dos escritos proféticos introduz a vinda do revelador final, e o Novo Testamento, em particular o grupo dos quatro Evangelhos, torna-se a nova e definitiva Torá: "Porque a Lei foi dada por meio de Moisés, a graça e a verdade vieram por Jesus Cristo" (Jo 1,17).

Essa distinção entre Escritura hebraica e Escritura cristã não significa contraposição recíproca, mas testemunha duas recepções eclesiais diversas, embora complementares, na espera que se cumpra o que escreve Paulo:

> A cegueira de uma parte de Israel só há de durar até que chegue à totalidade das nações. Então, todo Israel será salvo, como está escrito: "O Libertador virá de Sião para afastar de Jacó as impiedades. E esta será minha aliança com eles, quando apagar os seus pecados" (Rm 11,25-27).

Unidade e ordem hierárquica da Escritura

A diferente individuação do centro interpretativo depende certamente das várias comunidades que, a partir de suas opções de fé, elaboram uma particular estrutura do cânon bíblico, mas não só. Com efeito, também no seio de um cânon confessional e, portanto, no âmbito de um centro reconhecido produz-se uma hierarquia de textos. Todos os textos são igualmente canônicos, mas não todos têm a mesma importância, porque essa é a consequência da lei da encarnação da Palavra, que respeita os processos humanos de comunicação, com suas linhas históricas e progressivas. É compreensível, pois, que a tradição cristã tenha traçado percursos privilegiados no vasto mundo do escrito bíblico, e isso em base ao pressuposto da fé e ao da construção teológica. A primeira leitura cristã das Escrituras nasceu da necessidade de justificar as afirmações do credo e, por isso, foram privilegiados determinadas passagens e determinados livros.

Em nível da construção teológica, pois, é inevitável e também legítimo que num discurso interpretativo se privilegiem determinados textos em prejuízo de outros. É evidente, por exemplo, que os textos da Torá revistam-se de uma importância maior do que os textos sapienciais ou que os Evangelhos ocupem um lugar especial no Novo Testamento, já que constituem o principal testemunho relativo a Jesus; mas tudo isso deve acontecer somente e sempre no postulado da unidade de sentido do cânon das Escrituras. Se a Reforma protestante colocou no centro de sua leitura da Bíblia alguns textos considerados fundamentais, que, depois, acabam por impor-se a todo o resto (p. ex., a justificação do pecador em virtude da fé segundo Romanos), é também verdade que a Igreja Católica, embora jamais exclua alguma parte da revelação, tenha acentuado, sobretudo em polêmica com a Reforma, alguns textos em prejuízo de outros, igualmente autênticos (como, p. ex., uma teologia da hierarquia ou uma teologia dos sacramentos demasiadamente desligada do compromisso de fé, em base a textos como Mt 16,17-20; 1Tm 4,13-15; 5,17-25; 2Tm 1,6).

O cânon constitui sempre um todo. Por um lado, através da determinação do cânon, a Igreja estabelece a unidade deste último, por outro, em obediência e fidelidade ao Espírito, ela recebe e aceita a unidade interior que está na base de todos os livros que ela discerne. Um livro sem unidade não tem sentido algum; trata-se de um postulado de fé, rigorosamente solidário com a convicção que levou à fixação do cânon. No *Diálogo com Trifão*, Justino comenta admiravelmente:

> Se crês que podes levar a discussão por um beco sem saída, para fazer-me dizer que as Escrituras se contradizem mutuamente, enganas-te, porque jamais ousarei pensar isso, nem afirmá-lo; mas se alguém me objetar uma Escritura que parecesse tal e que incluísse alguma semelhança de contradição, assim como estou absolutamente persuadido que nenhuma Escritura contradiz uma outra, gostaria antes de confessar de eu mesmo não compreender seu sentido; e os que pensarem que aquelas Escrituras são contraditórias, esforçar-me-ei por persuadi-los que têm antes meu próprio sentimento (LXX, 2).

Se afirma a profunda convicção na unidade do cânon, o testemunho de Justino também demonstra que essa unidade nem sempre tem uma imediata percepção; de fato, essa unidade é sempre objeto de busca, fruto do esforço e da descoberta do crente. Definitivamente, essa unidade do cânon bíblico é um mistério, é uma unidade teologal, testemunho da unidade variada da Igreja e da unidade orgânica da fé. O postulado da unidade do cânon não pode, pois, de modo algum, funcionar como uma facilitação hermenêutica; ela deve ser buscada, incessantemente, através das várias mediações que são a vida litúrgica da Igreja, sua espiritualidade, sua ética, sua busca exegética e teológica; em todos esses campos, o postulado da unidade manifesta sua fecundidade. O cânon das Escrituras permanece para sempre como um campo no qual se esconde e revela o tesouro de Cristo; pode acontecer que uma passagem, até agora guardada materialmente no cânon, não tenha ainda expresso sua verdadeira luz ou que tenha sido sujeita a um certo "esquecimento". Pertence ao mistério das Escrituras ser portador de uma verdade sempre mais luminosa e incentivar com isso a Igreja a ser sempre estimulada pelo desejo de conhecer toda a face ainda escondida do Evangelho.

A forma canônica

A unidade teologal e misteriosa da Escritura não impede, e até solicita, as perguntas que surgem da análise da forma literária que ela assumiu durante os séculos de sua formação e conservação histórica, porque se é verdade que a unidade da Escritura é garantida pela ação misteriosa, mas real, do Espírito, é também verdade que isso acontece no seio de uma história humana com todos os condicionamentos a ela inerentes.

A primeira pergunta versa sobre a forma linguística: O texto canônico é somente aquele original? No tempo do Concílio de Trento, os reformadores pediram com insistência para voltar aos textos originais, fazendo-se promotores de versões a eles fiéis, como a *Lutherbibel* e a *King James Version*. Mas o Concílio de Trento não entrou na questão do texto original, e indicou simplesmente a *Vulgata* como um texto escriturístico confiável, reconhecendo-lhe não tanto um valor dogmático, mas antes uma autenticidade jurídica. Além disso, com referência à Bíblia, não só estamos na presença de versões nem sempre homogêneas, mas já nem possuímos ao menos o texto original, a não ser em atestações manuscritas posteriores; e até, algumas vezes, como no caso do Eclesiástico, possuímos textos diferentes e em línguas diversas, ligados a uma longa tradição textual.

A crítica textual, veremos, propõe-se escolher entre as várias possibilidades e as muitas variantes oferecidas pelas testemunhas do texto, a leitura hipoteticamente mais próxima do original; trata-se, porém, de uma ciência recente, com frequência baseada em pressupostos errados. Com efeito, a "tradição textual" não é simplesmente uma tradição manuscrita resultante do processo de cópia e de transcrição manuscrita, independentemente da mensagem contida no texto e também da dimensão material daquele que contém o texto (códice ou rolo; fragmento ou texto completo), mas é antes uma tradição atenta também e sobretudo à colocação de tal ação dentro de um contexto cultural, religioso, eclesial e de autoridade. Dizer "tradição textual" significa fazer referência ao lento processo de formação do texto bíblico, onde os acréscimos, as redações e as próprias variantes intencionais são devidas a opções interpretativas da comunidade.

Também as versões modernas da Bíblia são traduções interpretativas dos textos "originais"; de fato, as várias opções textuais não são homogêneas entre si. Assim a *Bibbia CEI* [tradução oficial da Conferência Episcopal Italiana] em vários pontos é diferente da *Bible de Jérusalem* ou da *Traduction Ecuménique de la Bible* ou da *New Revised Standard Version*, porque cada edição comporta inevitavelmente opções; e todavia a *Bibbia CEI* apresenta-se como oficial, isto é, autorizada, porque nela, como na *Vulgata*, está presente a Escritura.

Qual é o significado de tudo isso? Sobre isso, podem-se fazer algumas observações pontuais:

• A Igreja jamais canonizou uma só forma de texto, porque o texto bíblico, apesar de sua fidelidade absoluta à Palavra, nunca é separado da tradição viva de uma comunidade de fé, capaz, graças à ação do Espírito, de releituras, de novas interpretações e de constantes atualizações.

• Por isso, a forma textual é fluida, enquanto intervieram contínuas modificações em base a confissões de fé e a opções de Igrejas particulares.

• Com a fixação do cânon, as diversas Igrejas, explícita ou implicitamente, obviamente delimitaram o número e a ordem dos livros sagrados, aceitando, porém, no seu seio o progresso e o enriquecimento ocorrido no conhecimento textual (como no caso do Eclesiástico).

• A presença de textos diferentes transmitidos num mesmo cânon exige a necessidade de uma hermenêutica capaz de levar em conta essa pluralidade; a Igreja Católica, por sua vez, exatamente em função de sua autocompreensão de Igreja universal, sempre optou pelas formas longas, aceitando definitivamente só o texto final.

• Com referência ao problema do cânon longo e do cânon breve, pode-se considerá-los como dois círculos concêntricos, isto é, como duas coleções com o mesmo centro; o cânon longo inclui o breve e diferencia-se só porque constitui um seu desenvolvimento ulterior.

4

A inspiração

Canonização e inspiração

Vimos que as comunidades crentes, através de um longo e articulado processo, reconheceram a normatividade de determinados livros, agrupando-os num cânon preciso. Ora, além dos vários critérios, o fundamento último da normatividade dos livros bíblicos é a fé na sua inspiração; isto é, trata-se de livros fundamentados sobre a própria autoridade de Deus, manifestada através de seu Espírito. Em particular, o fundamento último da normatividade do Novo Testamento, inclusive o Antigo Testamento cristão, é a autoridade de Jesus Cristo expressa pelo dom do Espírito. Somente quando, sob a direção do Espírito, se reconhece essa autoridade cristológica, um escrito eclesialmente originário pode ser acolhido como canônico.

Canonização e inspiração, pois, são dois conceitos intimamente conexos entre si e isso por causa da circularidade existente entre Igreja e Escritura. Tomando o caso do Novo Testamento – fundamentalmente, porém, vale a mesma coisa para as Escrituras hebraicas – a Igreja cristã precede o Novo Testamento e é ela que o constrói em dois momentos historicamente sucessivos, mas teologicamente contemporâneos: primeiramente, escrevendo na época apostólica os textos que o compõem, depois, reconhecendo-lhes o caráter de Escritura, isto é, constituindo-os corpo canônico, revestido da mesma autoridade que as antigas Escrituras. Por outro lado, a Escritura precede a Igreja, porque o Novo Testamento foi escrito à luz do Antigo Testamento e, sobretudo, porque o Novo Testamento é o testemunho do evento Jesus, de quem ele deriva sua autoridade.

Assim os escritos apostólicos são julgados canônicos porque são reconhecidos como inspirados. A inspiração precede e fundamenta o cânon; mas eles são reconhecidos como inspirados pela Igreja, que tem a iniciativa de julgá-los canônicos. Desse modo, o cânon torna-se o critério prioritário da inspiração; o texto é lido como inspirado porque pertence ao cânon. Essa circularidade entre o que é recebido passivamente e o que é determinado ativamente é estrutural, feita de uma solidariedade originária e recíproca.

A ação do Espírito que permite à Igreja reconhecer num escrito e, depois, em todo o cânon a própria Palavra de Deus exprime-se inicialmente no contexto da vida de fé da Igreja, em particular na experiência de sua liturgia, onde a leitura da Escritura é selada pela confissão "Palavra de Deus" ou "Palavra do Senhor"[28]. Só num segundo momento, essa presença e ação do Espírito se torna objeto de uma reflexão teológica; é exatamente isso que agora queremos enfrentar, perguntando-nos como pode acontecer a encarnação da Palavra de Deus num livro.

O fundamento bíblico da inspiração

O Oriente Próximo antigo conhece um conceito amplo de inspiração, em parte compartilhado pelo próprio Israel. Com efeito, para esse mundo antigo é natural pressupor que determinados textos e artefatos sejam inspirados pela divindade, e por isso, o conceito de inspiração se insere no amplo mundo da comunicação com os deuses. Toda comunicação divina, quer inesperada quer provocada pela interrogação divinatória, é considerada uma revelação e norma, assumindo não só a forma do escrito canônico, mas também a da visão, de um objeto e até de um edifício.

No Antigo Testamento, a inspiração não se fundamenta no simples pressuposto da comunicação com os deuses, mas na fé em um Deus que fala e que, por isso, entra em comunicação com os homens, e isso através do seu Espírito [$ru^a ch$]. O termo faz pensar na criação do homem, quando Deus "soprou" em suas narinas o sopro de vida e ele se tornou um ser vivo (Gn 2,7); a inspiração permite, pois, ligar a Palavra de Deus com a vida; a de Deus não é uma palavra morta, mas viva graças exatamente ao Espírito.

---

28. PONTIFÍCIA COMISSÃO BÍBLICA. *Inspiração e verdade da Sagrada Escritura* – A Palavra que vem de Deus e fala de Deus para salvar o mundo. Cidade do Vaticano: Libreria Editrice Vaticana, 2014, n. 2, p. 2-3.

A ação desse Espírito é multiforme: investe os pastores do povo de Deus, guiando-os e assistindo-os em sua missão de juízes e de reis. Além de agir, o Espírito faz também falar: é a inspiração que anima os profetas ao discernimento da Palavra de Deus e ao seu anúncio. Consequentemente é ainda o mesmo Espírito que guia o acolhimento dessa Palavra nos discípulos, sua conservação, seu aprofundamento e, enfim, sua codificação por escrito. Assim, chegamos à inspiração propriamente escriturística e, por isso, todo o longo processo de redação dos escritos bíblicos é guiado pela ação do Espírito. A revelação articulada em palavras e eventos intimamente ligados entre si (DV 2) possui, pois, um caráter eminentemente pneumático, que não elimina o aspecto humano dessa transmissão, mas revela sua alma ao crente. É importante ler a inspiração propriamente escriturística nesse amplo contexto da ação do Espírito na história da salvação, sob pena de restringi-la a um horizonte muito restrito e altamente problemático. Essa ampla perspectiva permitirá, pois, delinear uma ulterior inspiração escriturística no tempo da Igreja.

Passando para o Novo Testamento, o testemunho da inspiração escriturística é particularmente significativo. O ponto de partida fundamental é a autoridade de Jesus, que, não só reconhece as Escrituras hebraicas, mas propõe a si mesmo como fonte da Palavra de Deus. Como os profetas, Ele não diz "Assim fala Deus", mas afirma: "Em verdade, eu vos digo" (cf. Mt 5,18.26; 6,2.5.16); e até, Ele mesmo é a Palavra de Deus encarnada (Jo 1,14). Depois de sua morte e ressurreição, os apóstolos anunciam sua palavra como Palavra de Deus (1Ts 2,13) e também seus escritos participam do caráter normativo da Palavra de Deus (2Ts 2,15) e são alinhados às Escrituras antigas (2Pd 3,14-16). Detemo-nos sobre um texto muito significativo, 2Tm 3,14-17, que confessa explicitamente a Escritura como obra do Espírito Santo[29]. Eis o texto estruturado:

        a) Tu, porém, permanece fiel aos que aprendeste e que te foi confiado,
        Considerando de quem o aprendeste.

---

29. Cf. esp. DE VIRGILIO, G. "2Tm 3,14-17: l'identità della Scrittura ispirata nella prospettiva teologica delle Lettere Pastorali". In: TÁBET, M. (org.). *La Sacra Scrittura anima della teologia* – Atti del IV Simposio internazionale della Facoltà di Teologia. Cidade do Vaticano, 1999, p. 208-247.

b) Desde a infância conheces as Sagradas Escrituras
que podem instruir-te
c) para a salvação pela fé em Cristo Jesus.
b') Toda Escritura é inspirada por Deus e útil
para ensinar, para repreender, para corrigir, para educar na justiça,
a') a fim de que o homem de Deus seja perfeito
e capacitado para toda boa obra.

A estrutura é concêntrica: (a) desde a primeira formação cristã (b) através do conhecimento e da instrução das Escrituras (c) Timóteo recebe a salvação pela fé em Cristo Jesus; (b') as Escrituras, de fato, são inspiradas e úteis para o ministério pastoral, (a') a fim de que o homem de Deus alcance a madura idoneidade para a própria missão. No centro (c) emerge o fundamento constitutivo, o centro de toda a Escritura: a salvação pela fé em Cristo Jesus. De fato, a passagem de um primeiro conhecimento a um conhecimento pleno e maduro da Escritura acontece graças ao encontro de fé com Jesus Cristo, do qual brota a salvação. Portanto, é só do evento de Jesus Cristo que toda a Escritura recebe cumprimento, por estar Ele no centro.

De que Escrituras se fala? No judaísmo helenista, a expressão "Sagradas Escrituras" designa as Escrituras hebraicas; ela passa para a Igreja antiga, onde, porém, são lidas e interpretadas em sentido cristológico. Portanto, aqui Paulo fala das Escrituras hebraicas; são as Escrituras que Timóteo conheceu de sua mãe (2Tm 3,15), que era uma "judia convertida" (At 16,1). Todavia, a expressão seguinte "toda a Escritura" poderia compreender também os escritos do Novo Testamento que, no tempo da redação da 2 Timóteo eram reconhecidos como "inspirados" e, por isso, faziam parte da Escritura, como testemunham em 1Tm 5,17-18 as duas citações unidas de Dt 25,4 ("Não atarás a boca do boi que debulha o trigo") e de Lc 10,7 ("O operário merece o seu salário") sob a mesma rubrica de "Escritura", e como atesta em 2Pd 3,15-17 a equiparação das cartas paulinas com "as outras Escrituras".

No contexto de nossa reflexão sobre a inspiração, o termo mais importante dessa passagem é a qualificação da Escritura como *theopneustós* (inspirada). Trata-se de um *hápax legómenon* no grego bíblico, constantemente interpretado em sentido passivo, tanto na grecidade helenista como nos padres gregos e latinos. Todavia, em ambiente protestante põe-se o acento também sobre o sentido ativo do termo (= inspirante), isto é, sobre a ação inspiradora do Espírito Santo no leitor. A interpretação passiva é filologicamente correta e do ponto de vista teológico acentua o resultado da ação divina na Escritura, que, assim, é assegurada na sua confiabilidade. E, todavia, ao lado dessa primeira e fundamental interpretação é preciso colocar também a acentuação ativa, isto é, a ação do Espírito no profeta que reconhece a Palavra e em todos aqueles que, reconhecendo-a, a acolhem, a transmitem e a testemunham na vida. Indubitavelmente, se a ação do Espírito parte de Deus e faz da Escritura a sua Palavra, é também verdade que o mesmo Espírito presente na Palavra parte dela, "inspirando" o leitor ou o ouvinte a reconhecê-la.

Tudo isso é confirmado pela estreita conexão do termo *theopneustós* [inspirada] com o adjeto seguinte *ofélimos* [útil] e a expressão dele dependente ("para ensinar, repreender, corrigir e educar na justiça"), que, portanto, continua e especifica a obra do Espírito. Por força de sua origem divina, a Escritura é dotada de poder em ordem à salvação (2Tm 3,15b) e se oferece, pois, como precioso instrumento para o ministério pastoral (2Tm 3,16). Enquanto em 2Tm 3,15b se evidencia a eficácia das Escrituras em referência à vida cristã em geral, em 2Tm 3,16 a perspectiva se restringe ao ministério do pastor. Os quatro verbos que descrevem a utilidade das Escrituras no ministério pastoral aparecem dispostos quiasticamente: "ensinar" e "educar na justiça" sublinham o papel formativo, enquanto os dois intermediários "repreender" e "corrigir" referem o papel apologético que cada pastor deve saber interpretar em relação ao erro.

Em síntese, mediante as instâncias emergentes pelos dois atributos que caracterizam a inspiração e a utilidade pastoral se chega à compreensão da Escritura em sua dupla realidade: mistério de Deus no Espírito e eficácia, graças ao mesmo Espírito, para a salvação do homem. A Palavra de Deus contida em toda a Escritura inspirada traz em si a possibilidade de ser ouvida compreensivelmente na fé e pela graça, sem com isso ser reduzida a palavra humana. A novidade da afirmação da inspiração e, mais em geral, a valência da Escritura no seio do *corpus* pastoral não pode ser circunscrita somente à indicação doutrinal, mas também deve ser completada mediante a assunção do caráter e da eficácia pastoral da Bíblia como Palavra de Deus.

Um segundo texto bíblico interessante é a passagem de 2Pd 1,20-21, cujo contexto já foi ilustrado acima[30]:

---

30. Cf. p. 33-35.

Antes de tudo deveis saber que nenhuma profecia da Escritura surge por interpretação própria, porque jamais uma profecia foi proferida por vontade humana, mas foi pelo impulso do Espírito Santo que homens falaram da parte de Deus.

Aqui, a propósito de seu caráter divino, o autor não faz distinção entre profecia escrita e profecia oral, porque ambas são fruto da ação do Espírito Santo. Com efeito, os profetas falam porque "movidos pelo Espírito Santo", isto é, não seguem o impulso de seu espírito, mas unicamente o divino. Deus fala por meio dos profetas exatamente porque eles são guiados interiormente pelo Espírito Santo, isto é, porque são inspirados.

Uma recepção inspirada dos textos inspirados

A precedente reflexão sobre o significado de *theopneustós* sugeriu a importância de não reduzir a ação do Espírito à codificação garantida de um escrito, mas de valorizar também sua ação sobre o sujeito que lê ou ouve a Palavra escrita. Nesse sentido, um destaque particular provém dos Livros Sapienciais do Antigo Testamento, especialmente do Livro dos Salmos. De fato, diferentemente da Torá e dos Livros Proféticos, os Livros Sapienciais parecem ser simplesmente o fruto da reflexão dos sábios; mas é exatamente nessa sua reflexão que se desenrola a ação do Espírito. Como o profeta reconhece e acolhe a Palavra, assim faz o sábio que acolhe e reinterpreta a Palavra de Deus que encontra na Torá; por isso, a sabedoria que ele ensina é também ela uma palavra na qual Deus se revela, uma Palavra revelada, isto é, portadora de uma revelação divina. Nesse contexto, é particularmente significativa a figura da Senhora Sabedoria, que exclama:

    Saí da boca do Altíssimo
    e como névoa recobri a terra...
    Então o Criador de todas as coisas me deu uma ordem,
    aquele que me criou fixou minha tenda
    e me disse: "Arma tua tenda em Jacó
    e tua herança esteja em Israel" (Eclo 24,3.8).

A Sabedoria, pois, revela a Palavra de Deus; saindo da boca do Altíssimo, sua palavra é inspirada, goza da mesma qualidade da Palavra de Deus. Como Moisés e os profetas, também o mestre da sabedoria fala de maneira autorizada e se faz mediador das palavras que vêm de Deus, e isso, graças à ação do Espírito que age nele. Aliás, o Eclesiástico reconhece explicitamente que a ação e o ensinamento da Sabedoria não é outra coisa senão a própria Torá: "Tudo isso é o livro da aliança do Deus Altíssimo, a Lei que Moisés nos prescreveu como herança para as assembleias de Jacó" (Eclo 24,23).

Uma menção particular merece o Livro dos Salmos, onde a recepção da Escritura é particularmente forte. De fato, eles não são simplesmente orações, mas orações "escritas", isto é, fixadas na escritura para serem doadas, além de seu autor, a cada crente; são palavras definitivas, nas quais todos podem reconhecer-se e podem reconhecer uma experiência particular de Deus; são palavras que são acolhidas pela comunidade crente de Israel e, depois, pela Igreja, como oração privilegiada que leva a Deus e, mais especificamente, como Palavra de Deus que se torna palavra de quem a reza. Quem reza os salmos fala a Deus, fazendo suas as próprias palavras de Deus; de fato, eles são a linguagem ensinada por Deus para que seu povo possa falar com Ele.

Uma criança não aprende a pronunciar suas primeiras palavras porque são inatas, mas porque antes foram pronunciadas por sua mãe e por seu pai; elas caíram no seu íntimo como algo familiar, tanto que se tornaram palavras próprias, que, pouco a pouco, começam a sair livremente de seu coração. O movimento se repete com novas palavras, com novas frases, sempre mais longas e complexas, até formarem os primeiros raciocínios. É difícil falar a uma criança, porque não sabemos o que quer ou o que pede; mas quando a criança aprende a linguagem materna, inicia uma compreensão e uma comunhão mais profunda com a mãe e com a comunidade a que pertence. Algo de análogo pode-se aplicar às orações dos salmos: de fato, eles são a linguagem ensinada por Deus para que Israel possa falar com Ele.

Certamente não falta ao homem um instinto que lhe permita responder, embora confusamente, a Deus e, nesse sentido, possuímos na literatura clássica do Oriente Médio antigo coleções de orações muito belas, sinal da saudade de Deus presente em cada criatura. Mas a particularidade dos salmos consiste no fato de terem sido ensinados por Deus; de fato, Ele ensina a Israel uma linguagem para que possa falar com Ele de maneira articulada, no contexto de todas as situações humanas, do lamento ao louvor. Deus ensina a Israel uma língua, para que, um dia, Ele possa ensinar aos outros povos essas orações e unir-se a eles numa única oração que suba com segurança até Ele.

Israel é esse filho primogênito de Deus (Ex 4,22); ele ouviu as palavras do Senhor e, lentamente, aprendeu a falar com Ele, entre incoerências e pecados, em situações diversas, de Moisés aos Profetas, até o exílio. Deus não ensinou a Israel da cátedra, abstratamente, entregando um livro, mas ensinou-lhe a rezar no vivo de uma história e no coração das experiências mais profundas; por isso, quando Israel reza, as palavras emergem espontâneas do coração, não como uma recitação, mas do vivo de uma experiência. As palavras "inspiradas", que o salmista recebe de Deus e também "empresta" a Ele, são palavras de ambos: são de Deus, porque provenientes da ação do Espírito; mas são também do orante, porque, graças à ação do mesmo Espírito, são por ele reconhecidas como tais e a Deus dirigidas. Assim, o conceito de inspiração se enriquece, porque inclui tanto a ação do Espírito que dá a Israel uma oração que é Palavra de Deus quanto a ação do Espírito que promove no orante tal reconhecimento e oração. Desse modo, o texto cresce com quem o lê, segundo a significativa expressão de Gregório Magno: *"Divina eloquia cum legente crescunt"*[31].

A relação entre Antigo Testamento e Novo Testamento

A dinamicidade da inspiração duplica-se na Bíblia cristã, na relação entre Antigo Testamento e Novo Testamento[32].Com efeito, o Espírito que falou em Davi (Mt 22,43), fala em Jesus (Mt 3,16; 17,5) e fala nos discípulos (Mt 10,20); todavia, parece que a distância entre os dois testamentos seja constituída de um abismo intransponível. Efetivamente, o problema da relação entre os dois testamentos não é redutível somente ao problema de Marcião[33], mas atravessa toda a caminhada da Igreja. Se de Ireneu a Tertuliano, de Orígenes a Clemente de Alexandria, todos rejeitam a concepção dualista de Marcião, considerando o Antigo Testamento parte integrante da Bíblia cristã, mas é preciso reconhecer que a crise marcionita da metade do século II d.C. não floresceu do nada e que continuou a insinuar-se na Igreja, como

---

31. GREGÓRIO MAGNO. *Homilias sobre Ezequiel*, 1,7.8.

32. Cf. GRILLI, M. *Quale rapporto tra i due Testamenti?* Riflessione critica sui modelli ermeneutici classici concernenti l'unità delle Scritture. Bolonha: EDB, 2007 [Epifania della parola, 35].

33. Por volta de 144 d.C., na base de uma teologia que distingue claramente o Deus do AT do Deus e Pai do Senhor Jesus Cristo, Marcião elabora um cânon que exclui inteiramente o AT e é composto de dez cartas paulinas e do Evangelho de Lucas.

plasticamente nos recordam as duas estátuas de um dos portais da Catedral de *Notre Dame* em Estrasburgo, das quais, uma representa uma sinagoga vendada, com a lança quebrada e as duas tábuas da Torá caindo de suas mãos, a outra, a Igreja, que caminha triunfante com a cruz numa mão e o cálice na outra.

As respostas à pergunta acerca do significado do Antigo Testamento como Palavra de Deus nem sempre encontraram uma formulação coerente. Se em nível teórico a heresia marcionita foi condenada, seu modelo de substituição da antiga aliança com a nova continuou a insinuar-se através dos séculos. Contrapondo o Evangelho à Lei, esvazia-se o significado do testemunho do Antigo Testamento em favor do testemunho do Novo Testamento e Israel perde as conotações de povo da aliança em favor da Igreja, verdadeiro e novo Israel. Outro caminho percorrido foi o de relativizar o Antigo Testamento, motivo pelo qual ele teria apenas a mera função de *præparatio evangelica*, ou de simples figura tipológica do Novo Testamento, e por isso, as figuras veterotestamentárias certamente encontram seu cumprimento no Novo Testamento; mas, com frequência, são também esvaziadas de conteúdo histórico-salvífico próprio. Assim, em ambas as interpretações, corre-se o risco de relativizar o valor próprio do Antigo Testamento e a perspectiva que ele oferece do mistério de Deus. Também a concepção do Antigo Testamento como "promessa" e do Novo Testamento como "cumprimento" poderia ser interpretada em sentido evolucionista, e assim "promessa" significaria insuficiência e imperfeição, enquanto "cumprimento" significaria perfeição e caráter definitivo; assim, o Antigo Testamento assumiria o caráter de uma introdução ao cristianismo ou de um evento em si incompleto, que espera sua definitiva realização e manifestação no Novo Testamento. Nesse sentido, foram muitas vezes interpretadas as palavras de Jesus: "Não penseis que vim abolir a Lei ou os Profetas. Não vim abolir, mas completar" (Mt 5,17). Um último modelo do qual se serviram para captar a relação entre Antigo Testamento e Novo Testamento, é o do desenvolvimento, representado principalmente pela categoria da "história salvífica", que considera a Bíblia como uma história aberta à futura realização. Também esse modelo se presta a diversas interpretações, conforme se interpretar o Antigo Testamento só como um gérmen que chega à sua plenitude no Novo Testamento, ou então, que se reconheça a ele uma plena dignidade teológica em relação ao Novo Testamento.

Nos últimos decênios, o tema da relação entre os dois testamentos voltou com força à cena graças a João Paulo II, que definiu a aliança de Deus com Israel como uma aliança "jamais revogada"[34]; conteúdos retomados por Bento XVI, onde sublinha a raiz hebraica do cristianismo: "Quem encontra Jesus encontra o hebraísmo"[35]. A isso acrescente-se sobretudo o documento da Pontifícia Comissão Bíblica *Il popolo ebraico e le sue Sacre Scritture nella Bibbia Cristiana* [O povo judeu e as suas Sagradas Escrituras na Bíblia cristã][36]. No prefácio desse documento, evidencia-se que Cristo é "a chave das Escrituras" (n. 8). Mas o que significa isso? Algo velho substituído pelo novo? Algo imperfeito que deve ser corrigido e aperfeiçoado? uma propedêutica a Cristo? Do ponto de vista histórico-evolucionista um anel a ser superado?

Para responder às solicitações pontifícias e às perguntas acima recordadas é sobretudo necessária uma reflexão sobre a aliança, isto é, sobre o próprio termo que define em âmbito cristão as duas coleções do Antigo e do Novo testamentos (em grego: *diathéke*, aliança). O Novo Testamento fala de mais alianças (Rm 9,4; Ef 2,12), mas se trata de intervenções de Deus profundamente conexas entre si, como sugere a expressão de Ef 2,12 "alianças da promessa"; trata-se, de fato, de alianças articuladas no tempo, mas todas fundamentadas sobre a indefectível promessa de Deus e sobre seu projeto salvífico universal (Ef 2,11-22). Nesse contexto, a aliança com Israel poderia constituir o modelo e o instrumento eficaz da oferta que Deus entende fazer a todos os povos.

Na Bíblia, a escolha de alguém é sempre a favor de todos, mas a dimensão universal não elimina a particular. Assim, em Jesus a aliança se estende a todos os povos, sem deixar de ser de Israel, exatamente porque a aliança que Deus oferece aos homens está fundamentada na estabilidade da promessa. Nessa perspectiva, a nova aliança no sangue de Jesus (Lc 22,19-20; 1Cor 11,23-25) não abole a antiga (Rm 11,29), mas torna escatológica e definitivamente presente a promessa divina em favor de Israel (Lc 1,68.77) e de

---

34. Trata-se da alocução ao Conselho Central dos Hebreus na Alemanha, em Mogúncia, a 17 de novembro de 1980.

35. Trata-se da intervenção na sinagoga de Colônia, a 19 de agosto de 2005, na qual retoma a acima mencionada alocução de seu predecessor.

36. PONTIFÍCIA COMISSÃO BÍBLICA. *Il popolo ebraico e le sue Sacre Scritture nella Bibbia cristiana*. Cidade do Vaticano: Libreria Editrice Vaticana, 2001.

todos os povos (Lc 2,30-32). Poder-se-ia, pois, afirmar que Israel e a Igreja participam da única e eterna aliança, cada qual com a própria identidade, mas no horizonte do único projeto de Deus em favor dos homens. Para ambas as comunidades, trata-se, porém, de uma participação dinâmica, porque também para os cristãos a história da salvação não teve ainda seu cumprimento definitivo e isso compromete tanto Israel como a Igreja a caminhar para um comum cumprimento escatológico.

Essa impostação teológica impõe aos cristãos uma reconsideração do Antigo Testamento: "Sem o Antigo Testamento, o Novo Testamento seria um livro indecifrável, uma árvore privada de suas raízes e destinada a secar"[37]. De fato, é à luz das Escrituras hebraicas que os cristãos compreendem a boa-nova de Jesus Cristo. A *præpositio* das Escrituras hebraicas na Bíblia cristã não tem apenas um valor literário, mas também teológico; isto é, significa que elas conservam um valor próprio, não anulado pela interpretação cristã, que, afinal, é ulterior. É verdade que, em nível escatológico, as Escrituras hebraicas encontrarão seu significado último no evento cristológico, mas no atual tempo histórico elas conservam uma compreensão própria, não cristológica, e indicam um caminho autônomo.

Partindo dessa última afirmação, para os hebreus e para os cristãos emerge sempre mais a consciência da necessidade de uma caminhada que não só respeite as diversidades, mas também, e sobretudo, que dialogue. Antes de mais nada, um diálogo exegético, no sentido de que a verdade de um texto não pode brotar de uma busca ancorada unicamente no livro a que pertence, mas deve alargar-se a toda a Bíblia, num duplo movimento: do Novo Testamento para o Antigo Testamento para iluminar a esperança de Israel; mas também do Antigo Testamento para o Novo Testamento para estabelecer o fundamento seguro sobre o qual se apoia o Novo Testamento. Uma leitura dialógica comporta, pois, da parte dos cristãos, o reconhecimento do Antigo Testamento enquanto tal, porque ele tem uma própria dignidade de Palavra de Deus, que não lhe é conferida pelo Novo Testamento; afinal, não é o Novo Testamento o único critério de verdade do Antigo Testamento. Como não se pode hebraizar o Novo Testamento, assim não se pode cristianizar o Antigo Testamento; cada Testamento dá um testemunho específico ao Deus de Jesus

---

37. PONTIFÍCIA COMISSÃO BÍBLICA. *Il popolo ebraico e le sue Sacre Scritture nella Bibbia cristiana*, n. 84.

Cristo. Enfim, e é o traço inaugurado pelas últimas intervenções pontifícias, o diálogo não pode ser somente exegético ou teológico, mas deve atingir a existência das duas comunidades; somente assim, poder-se-á chegar à sua unidade de fé, segundo o sonho de Paulo (Rm 11,25-36).

A título de exemplo para esse diálogo exegético entre Antigo e Novo testamentos, podemos ler a célebre página de João do encontro de Jesus com a samaritana junto ao poço (Jo 4,1-42)[38]; afinal, é o Antigo Testamento que oferece a chave da trama narrativa. Os esclarecimentos iniciais são importantes: Jesus, cansado, senta-se perto do poço de Jacó, ao meio-dia (Jo 4,6). O Antigo Testamento conhece três episódios (Gn 24; 29,1-14; Ex 2,15-22) que iniciam todos da mesma maneira: durante uma viagem, um homem chega a uma terra estrangeira e se senta perto de um poço; chega também uma jovem mulher, a quem o viajante pede água ou que ajude a dessedentar os rebanhos; após uma breve conversa, a jovem corre para narrar o fato aos familiares; o homem, então, é convidado a compartilhar uma refeição; e tudo termina com o matrimônio entre os dois jovens. Temos o mesmo esquema narrativo no relato de João: Jesus, de viagem, chega a uma terra estrangeira, a Samaria; chega uma samaritana, à qual Ele pede de beber; após uma longa conversa, a mulher retorna para a cidade; os samaritanos convidam Jesus, que fica dois dias com eles; no fim, porém, não há matrimônio algum, mas uma confissão de fé. Por que a variação final?

A samaritana não vai ao poço à tarde, como acontecia usualmente, mas ao meio-dia, porque é uma hora deserta e ela não tem necessidade de encontrar ninguém, muito menos um marido (já teve cinco e convive com o sexto homem); por isso, Jesus pode passar do discurso da água (Jo 4,7-15) ao pedido "vai chamar teu marido e volta aqui" (v. 16). De fato, no Antigo Testamento, quem dá a água é o futuro marido (cf. Gn 29,10; Ex 2,7.19); agora, tendo a samaritana pedido a Jesus que lhe desse água viva (Jo 4,15), o pedido de Jesus "vai chamar teu marido" corresponde, de fato, à pergunta "Quem pode dar-te a água?", quer dizer, "Quem é teu marido?"

A passagem ao problema do Templo, aparentemente ilógica, encontra sua razão ainda no Antigo Testamento, e precisamente em Oseias (cf. 2,12.15.18), onde os falsos maridos, isto é, os *bá'al*, são os falsos deuses. A samaritana, que sempre mais representa a Samaria, pergunta, por isso, onde

---

38. Cf. SKA, J.-L. Dal Nuovo all'Antico Testamento. *La Civiltà Cattolica*, 3.499, 1996, II, p. 14-23.

pode encontrar seu verdadeiro Deus, isto é, seu verdadeiro marido; e depois, como Rebeca e Raquel, corre para os seus, isto é, para as pessoas que queria evitar dirigindo-se ao poço ao meio-dia.

Por fim, o último trecho do relato de João fala de alimento (v. 31-34) e, depois, de sementeira e de messe (v. 35-38); corresponde em parte ao tema da refeição do viajante na casa da jovem encontrada junto ao poço; mas, sobretudo, ainda em Os 2, onde o oráculo final, particularmente significativo, anuncia a conversão da esposa como um tempo de particular prosperidade (Os 2,23-24). A messe de que fala Jesus é o povo samaritano que vem a Ele e que, confessando a fé nele, realiza a profecia de Oseias. Não existe nenhuma cena final de matrimônio, porque a samaritana, figura do povo samaritano, não é uma virgem, mas uma adúltera; mas encontra no Salvador do mundo seu verdadeiro e único marido (Jo 4,42).

Do exemplo acima citado aparece a fecundidade do diálogo exegético entre o Antigo Testamento e o Novo Testamento. Primeiramente, emerge quanto é fundamental o conhecimento do primeiro para a compreensão do segundo. A Samaria, reencontrando seu único e verdadeiro marido, Deus, mostra que a boa-nova do Evangelho não é a estipulação de uma nova aliança com outro povo, mas a renovação da antiga aliança, que conservou seu valor aos olhos de Deus, não obstante a infidelidade de Israel-Samaria. Com isso, não se nega a novidade do Novo Testamento, porque essa renovação da aliança em Jesus comporta uma dimensão universal antes inimaginável: quem reconcilia a Samaria com seu Deus é confessado como o "Salvador do mundo", a quem, de fato, deve-se um culto "em espírito e verdade". Portanto – e é a novidade do Evangelho –, a renovação da aliança é agora oferecida não só à Samaria, mas a todos, sem distinção alguma.

A reflexão da Igreja sobre o mistério da inspiração bíblica

Depois das considerações sobre o fundamento bíblico da inspiração, o precedente parágrafo sobre a relação entre Antigo Testamento e Novo Testamento já antecipou algumas linhas da reflexão teológica pós-bíblica; vejamos agora, sinteticamente, as respostas mais significativas da tradição teológica e magisterial[39].

---

39. Para um aprofundamento sobre a história da teologia da inspiração, cf. p. ex., MANNUCCI, V. *Bibbia come Parola di Dio*, p. 133-185. • ARTOLA, A.M. & SÁNCHEZ CARO, J.M. *Bibbia e parola di Dio*. Bréscia: Paideia, 1994 [orig. espanhol 1990], p. 139-182 [SB, 2].

A concepção dos Padres da Igreja reflete uma preocupação mais catequético-pastoral do que especulativa; de fato, eles recorrem a analogias e símbolos para explicar uma Escritura que é obra de Deus e do homem ao mesmo tempo. Diante das correntes heréticas sua preocupação é, sobretudo, a de acentuar a origem divina dos livros sagrados, porém, sem negar a contribuição humana, nem, muito menos, pretender oferecer uma descrição técnica de tal cooperação. Assim, o escritor bíblico é descrito como instrumento de Deus: por exemplo, um instrumento musical, pelo qual o escrito é *como* um plectro ou *como* uma flauta nas mãos do músico divino; ou um instrumento literário, pelo qual o escritor é um escrivão que escreve aquilo que é ditado pelo Deus autor, isto é, promotor dos livros sagrados[40].

A teologia escolástica retoma a imagem do escritor-instrumento, reelaborando-a, porém, à luz da categoria aristotélica de causa eficiente, que, por sua vez, se distingue em causa principal e causa instrumental. No caso da inspiração bíblica, Deus é a causa principal, isto é, comporta-se como agente principal, levando o escritor a escrever e inspirando-lhe o conteúdo; o escritor é a causa instrumental que redige o texto promovido por Deus.

O Concílio de Florença (1442) introduz, pela primeira vez, nos documentos do magistério a categoria da "inspiração" como razão e fundamento do caráter divino dos livros sagrados:

> A Santa Igreja Romana confessa que um só, idêntico Deus, é autor do Antigo e do Novo testamentos, isto é, da Lei, dos Profetas e do Evangelho, porque os santos de um e do outro Testamento falaram *sob inspiração do mesmo Espírito*. Ela aceita e venera seus livros sagrados, que são indicados por esses títulos... (EB, 47).

O Concílio de Trento reafirma simplesmente o fato da inspiração bíblica. Contudo, contra a tese da *sola Scriptura* dos reformadores afirma a ação do Espírito Santo não só nos livros sagrados, mas também nas "tradições não escritas de Cristo e dos apóstolos" com a fórmula *Spiritu Sancto dictante*, sinônimo de inspiração: evidentemente a intenção era reconduzir a inspiração bíblica para dentro da Tradição.

A teologia pós-tridentina propõe duas reflexões diferentes para explicar a natureza da inspiração bíblica. Alguns teólogos, em particular

---

40. O ditar antigo tinha um sentido muito mais amplo do que o ditado moderno, podendo também significar "compor, ensinar, prescrever".

D. Bañez († 1604), defendem uma *inspiração verbal*, segundo a qual Deus teria ditado ao escritor sagrado cada frase, cada palavra e até cada letra. Querendo salvar a divindade da Escritura, acabam, porém, por negar uma real atividade humana no processo de sua elaboração. Outra corrente, entre os quais especialmente L. Lessio († 1623), defende uma *inspiração real*, segundo a qual Deus proporia os conteúdos, enquanto o escritor dar-lhes-ia uma forma. Querendo salvar a humanidade da Escritura, acabam, então, por atribuir a Deus somente uma parte da Escritura.

Mais tarde, na linha da *inspiração real*, J. Jahn († 1816) identifica a inspiração com a ausência de erros e D.B. Haneberg († 1886) defende uma *inspiração consequente*, isto é, uma inspiração posterior à aprovação canônica de um livro por parte da Igreja. Ambas as teorias foram rejeitadas pelo Concílio Vaticano I, que reafirmou a origem divina das Escrituras em virtude da inspiração, mas deixou aberto o campo para uma ulterior reflexão.

Nos anos seguintes, teólogos e encíclicas continuaram a reflexão, mas sem encontrar soluções verdadeiramente compartilhadas. Excetua-se, mas já na vigília do Concílio Vaticano II, a reflexão de K. Rahner[41], que oferece ao debate uma preciosa contribuição. Sua tese é assim articulada:

• Deus quer e cria a Igreja apostólica como fonte e norma da fé de todos os tempos posteriores e, portanto, dotada de todos os elementos essenciais.

• Um dos elementos essenciais é constituído pela Sagrada Escritura; de fato, compete à Igreja apostólica não só discernir a autêntica revelação trazida por Jesus, mas também exprimi-la, primeiramente com o querigma, depois com os escritos.

• Por isso, Deus é autor não somente da Igreja apostólica, mas também dos livros sagrados, que expressam sua fé; é autor não no sentido literário, título que pertence somente aos escritores sagrados, mas no sentido que, tendo criado e querido uma Igreja apostólica fonte e norma da fé de todos os tempos, criou e quis também esse elemento essencial que é a Escritura.

A vantagem dessa proposta é evidente, porque esclarece o significado de autor e destaca o caráter eclesial da inspiração. É o projeto eclesial de uma

---

41. RAHNER, K. *Sull'Ispirazione della Sacra Scrittura*. Bréscia: Morcelliana, 1967 [orig. alemão: 1958] [Quaestiones Disputatae, 1].

Igreja apostólica normativa de todas as comunidades posteriores, que faz de Deus o autor da Bíblia, não a redação literária de cada livro, que compete somente aos escritores individualmente. Assim, nesse projeto eclesial, a Escritura aparece como a expressão escrita da fé apostólica, isto é, daquele querigma que reconhece e exprime em plenitude a confissão de Jesus Messias e Senhor.

A inspiração do Antigo Testamento é recuperada enquanto a Igreja apostólica reconhece nele a profecia do Novo Testamento, isto é, o testemunho (querido por Deus e realizado por obra do Espírito Santo) de sua pré-história. Nessa perspectiva, para definir o cânon bíblico, não é necessária uma nova revelação, porque é suficiente que a Igreja pós-apostólica, guiada pelo Espírito Santo, reconheça um escrito da idade apostólica como expressão legítima do querigma primitivo.

A reflexão do Concílio Vaticano II

Eis o texto da *Dei Verbum* sobre a inspiração:
> As verdades divinamente reveladas, que se encerram por escrito e se manifestam na Sagrada Escritura, foram consignadas sob inspiração do Espírito Santo. Pois a Santa Mãe Igreja, segundo a fé apostólica, tem como sagrados e canônicos os livros completos tanto do Antigo como do Novo testamentos, com todas as suas partes, porque, escritos sob a inspiração do Espírito Santo (cf. Jo 20,31; 2Tm 3,16; 2Pd 1,19-21; 3,15-16), eles têm Deus como autor e nessa sua qualidade foram confiados à mesma Igreja.
> Na redação dos livros sagrados, Deus escolheu homens, dos quais se serviu fazendo-os usar suas próprias faculdades e capacidades, a fim de que, agindo Ele próprio neles e por eles, escrevessem, como verdadeiros autores, tudo e só aquilo que Ele próprio quisesse (DV 11).

A articulação do texto em dois parágrafos permite evidenciar, primeiramente, as duas características fundamentais da Escritura: livro de Deus *e* livro do homem. A primeira afirmação é atestada por citações bíblicas significativas, uma das quais (2Tm 3,16) amplamente comentada acima[42]. A segunda afirmação é acentuada pela expressão "como verdadeiros autores", uma expressão nova em relação à encíclica *Providentissimus Deus* de Ben-

---
42. Cf. p. 68-70.

to XV (1920), na qual se inspira em parte o segundo parágrafo. Se a reflexão teológica e magisterial anterior ao Vaticano II preferiu evidenciar a ação inspiradora do Espírito Santo privilegiando o aspecto divino da Escritura, a *Dei Verbum* reequilibra o discurso evidenciando o aspecto humano da Escritura. O fato de serem assistidos pelo Espírito não significa que os autores bíblicos sejam menos autores em relação aos outros autores, nem se pode debitar somente a eles as passagens obscuras e mais difíceis, porque eles são autores de toda a Bíblia, tendo escrito "tudo e somente aquilo que Ele próprio quisesse". Com isso, compreende-se a importância da conjunção "e" na expressão acima citada "livro de Deus *e* livro do homem"; é exatamente a reta compreensão dessa conjunção que permite deixar para trás as tentativas do passado e reconhecer o coração do encontro Deus-homem que a Escritura realiza. O Concílio oferece três explicações.

1) Deus *no* homem. Falando da relação entre Deus e os autores, o Concílio afirma que Deus age "neles e por meio deles". Se a segunda preposição retoma a linha explicativa da instrumentalidade, muito em voga na teologia passada, a primeira preposição é inovadora, porque impede interpretar a ação de Deus sobre o escritor apenas em sentido instrumental; afinal, precede a segunda e evidencia o conceito de intimidade: o escritor não é simplesmente um instrumento, mas a morada de Deus. Se, por exemplo, Deus fala não só através de Paulo, mas nele, isso significa que Paulo é a obra de Deus antes mesmo que o sejam as cartas. As vantagens de tal impostação são evidentes: o escrito nasce da comunhão íntima que une Deus ao escritor; Deus autor não priva o escritor de sua liberdade, antes a expressão desta torna-se o sinal da presença divina. Enfim, essa preposição tem um forte fundamento bíblico em Hb 1,1-2: "Muitas vezes e de modos diversos, Deus falou antigamente a nossos pais pelos profetas [*en tois profétais*]. Agora, nos últimos dias, falou-nos pelo Filho [*en hyió*]". A intimidade entre o Pai e o Filho já está prefigurada na intimidade e na liberdade concedida por Deus aos profetas para que possam ser suas testemunhas.

2) Presença do Espírito Santo. A expressão conciliar "foram consignadas sob inspiração do Espírito Santo" permite compreender melhor o sentido da presença divina no escritor. De fato, o Espírito evoca a interioridade, a profundidade e, como consequência, a doçura da ação divina sobre os autores: uma ação tão doce não só respeita, mas consagra sua liberdade. Portanto, a conjunção "e" da expressão "livro de Deus *e* livro do homem" pode receber

um nome: o Espírito Santo. Sua ação é tão incisiva que se estende também a todos aqueles que se achegam aos escritos bíblicos, porque "na Sagrada Escritura, Deus falou através de homens e de modo humano" (DV 12): trata-se de uma frase de Santo Agostinho, que continua explicando "porque é falando de tal modo que Deus andava à nossa procura"[43]. Confirma-se, pois, que a intenção de Deus é a comunhão com os homens.

3) Analogia da encarnação. O Concílio escreve assim:
> Na Sagrada Escritura, portanto, manifesta-se, resguardada sempre a verdade e a santidade Deus, a admirável condescendência da eterna Sabedoria, a fim de que conheçamos a inefável benignidade de Deus, e de quanta acomodação de linguagem usou, providente e cuidadoso que é de nossa natureza. Pois as palavras de Deus expressas por línguas humanas se fizeram semelhantes à linguagem humana, tal como outrora o Verbo do Pai Eterno, havendo assumido a carne da fraqueza humana, se fez semelhante aos homens (DV 13).

O Concílio não se limita mais a destacar, em polêmica com as correntes racionalistas, a autoridade absoluta da Escritura, porque isso corre o risco de reduzir as palavras de Deus a teoremas abstratos. Ao invés, as palavras se dirigem a alguém, interpelam e criam comunhão; certamente, as palavras bíblicas refletem o absoluto de Deus, mas na condição de que permaneçam tais, isto é, que sejam não só palavras divinas, mas também palavras humanas, frágeis sim, mas capazes de atingir o coração do homem.

A fonte inspiradora do Concílio é o mistério do Verbo encarnado: como o Verbo, em Jesus Cristo, é verdadeiramente Deus e verdadeiramente homem, assim a palavra da Escritura é verdadeiramente divina e verdadeiramente humana; só falando a língua humana ela pode falar-nos de Deus. O Concílio retoma uma passagem da encíclica de Pio XII *Divino Afflante Spiritu* (EB, 559), mas a analogia do *Verbum Dei incarnatum* e *Verbum Dei scriptum* atravessa toda a patrística e a tradição medieval. Portanto, como em Cristo existem duas naturezas, divina e humana, unidas, mas não confusas, assim na Escritura existe o aspecto divino e o humano; eles não são inversamente proporcionais, como se a presença de um anulasse ou também só diminuísse a presença do outro. Como no Verbo "feito carne" não existem elementos divinos e elementos humanos, assim na palavra divina feita huma-

---
43. AGOSTINHO. *De civitate Dei*, 537 [PL, 41].

na da Escritura não existe páginas divinas e páginas humanas; tudo é divino, também as coisas mais humildes, e tudo é humano, também as coisas mais sublimes. Com relação ao texto da encíclica, o texto conciliar não se limita a dizer que "a palavra inspirada se abaixa até o homem, como na Encarnação", mas esclarece a expressão final acrescentando: "...como já o Verbo do eterno Pai, tendo assumido *as fraquezas* da natureza humana, fez-se semelhante aos homens". O termo "fraquezas" é novo e exprime de maneira admirável o sentido da "condescendência" [*synkatábasis*][44] divina: como Deus, ao se encarnar, assumiu a carne fraca e pobre da natureza humana, assim na Escritura partilhou os limites e a fragilidade da palavra humana. É assim que a palavra inspirada se torna débil e frágil; assim, o escândalo da cruz remete para o escândalo escriturístico, e vice-versa.

Em síntese, o ensinamento do Concílio é claro: Deus fala aos homens de maneira humana, agindo nos escritores e por meio deles. O Espírito Santo age, pois, partindo do próprio coração do homem e, assumindo suas palavras, é verdadeiramente seu autor; isso não elimina, porém, os limites e as fraquezas inerentes à palavra humana. No plano hermenêutico, como se verá, as consequências são evidentes:

• Não obstante a força do Espírito, a palavra escriturística é frágil, exposta à derrisão e à distorção, e por isso é confiada à recepção crente.

• Sua transmissão comporta todos os limites da transmissão humana; na história de um povo continua-se a falar de um personagem importante (p. ex., Moisés) também muito tempo depois, apesar das crescentes incertezas históricas.

• A humanidade da palavra escriturística comporta também a aceitação de modalidades histórico-literárias bastante diferentes das nossas, que nos comprometem com um sério processo de aculturação.

• Daí a presença – ver-se-á – de erros científicos e históricos, que impõem um discernimento atento do conceito de verdade bíblica.

• Enfim, a fraqueza da palavra escriturística é "útil" (2Tm 1,7) somente se nela Deus visita a nossa fraqueza e a reveste de misericórdia e de amor.

---

44. O termo é tirado de uma homilia de João Crisóstomo, que o usa para exprimir a atitude misericordiosa que Deus assume em relação a Adão e Eva no paraíso terrestre depois do pecado. Sobre o conceito de "condescendência" (cf. TÁBET, M. *Teologia della Bibbia* – Studi su ispirazione ed ermeneutica. Roma: Armando, 1998, p. 61-104).

A verdade da Escritura

Premissa

Já a reflexão sobre o cânon comportava o corolário da verdade bíblica; de fato, enquanto obra de exclusão, o cânon exclui da verdade bíblica (não, porém, da simples verdade) todos os livros que ali não entram e, enquanto obra de inclusão, indica positivamente a verdade dos livros bíblicos, considerados não só individualmente, mas também e sobretudo em sua pertença a uma unidade superior, a da Bíblia. Naturalmente, a questão da verdade bíblica é também atinente ao tema da hermenêutica, enquanto o discernimento da verdade concerne à interpretação dos textos, com todos os problemas que lhe dizem respeito. A opção de tratar aqui o assunto da verdade bíblica deve-se ao seu íntimo nexo com a inspiração: exatamente porque inspirada por Deus a Escritura é verdadeira. Aparentemente, a afirmação é pacífica, na realidade se abandonarmos o plano teórico e nos fixarmos no contexto de uma leitura atenta e respeitosa dos textos, essa afirmação dá ocasião a muitas perguntas e objeções. A precedente reflexão sobre a Escritura como livro de Deus e livro do homem[45] será muito preciosa para compreender o significado da verdade que a Escritura nos oferece.

Desde já, é importante precisar o conceito bíblico de verdade, bastante diferente do conceito grego. Para o grego, preocupado com o incessante devir das coisas, a verdade é a realidade que está por trás das aparências, isto é, a realidade permanente e estável que permite fornecer a explicação de todas as mudanças; aplicada à historiografia, é a realidade que está por trás dos acontecimentos do passado. Para o semita, a verdade significa sobretudo fidelidade aos outros e respeito à palavra dada. No contexto bíblico, significa, pois, a fidelidade de Deus às promessas; assim como essas promessas são reveladas no âmbito da história, a verdade bíblica consiste na correspondência entre a Palavra de Deus e sua atuação; por isso, é uma verdade dinâmica, dirigida para o futuro e sempre na iminência de se realizar.

Se a afirmação teórica da verdade bíblica, isto é, da fidelidade de Deus às promessas, parece simples e compartilhável, quando se entra na concretude da história de Israel, onde essas promessas são reveladas, emergem logo problemas e objeções, a ponto de tornar-se, com frequência, a questão

---

45. Cf. acima, p. 79-84.

bíblica por excelência. Na época patrística, trata-se sobretudo de responder às aparentes contradições no seio da própria Bíblia, entre Antigo Testamento e Novo Testamento ou entre os próprios Evangelhos, porque a problemática histórico-científica ainda não era posta, embora já Agostinho escreva: "O Senhor queria fazer cristãos, não cientistas" (PL 42,535).

Até o século XVI reina soberana a convicção de que a Escritura é verdadeira porque inspirada. As coisas mudam com o advento das ciências naturais, cujos dados discordam sempre mais dos dados bíblicos. Emblemático é o caso de Galileu Galilei, embora a posição do cientista fosse muito clara, como aparece na carta escrita a Cristina de Lorena, grã-duquesa da Toscana, em 1615: "...é intenção do Espírito Santo ensinar-nos como se vai ao céu, e não como vai o céu". O problema torna-se ainda mais agudo a partir do século XIX com o grande progresso das ciências astronômicas, antropológicas e históricas, às quais o magistério e a teologia, salvo poucas e desastradas tentativas, respondem polemicamente numa linha conservadora, empenhada mais em defender uma concepção abstrata (Bíblia = inerrância) do que em enfrentar realmente o problema. Tenha-se presente, porém, que semelhante reação era também a direta consequência do fato que muitas vezes as confutações científicas procediam de proclamações de puro racionalismo. Somente no Concílio Vaticano II o problema foi abordado de maneira nova e positiva[46].

A verdade bíblica segundo o Concílio Vaticano II

A discussão no Concílio foi laboriosa e somente depois de cinco redações chegou-se ao seguinte texto definitivo:

> Portanto, já que tudo o que os autores inspirados ou os hagiógrafos afirmam deve ser tido como afirmado pelo Espírito Santo, deve-se professar que os livros da Escritura ensinam com certeza, fielmente e sem erro a verdade que Deus, em vista de nossa salvação, quis que fosse consignada nas Sagradas Escrituras. Por isso, "toda Escritura divinamente inspirada é também útil para ensinar, para arguir, para corrigir, para instruir na justiça: a fim de que o

---

46. Cf. MANNUCCI, V. *Bibbia come Parola di Dio*, p. 242-249. • ARTOLA, A.M. "La verità della Bibbia". In: ARTOLA, A.M. & SÁNCHEZ CARO, J.M. *Bibbia e parola di Dio*. Op. cit. p. 183-203. Sobre a releitura pós-conciliar do texto remetemos em particular a BOVATI, P. & BASTA, P. *"Ci ha parlato per mezzo dei profeti"*. Op. cit., p. 277-281.

homem de Deus seja perfeito, preparado para toda obra boa" (2Tm 3,16-17) (EB, 687; DV 11).

O texto conciliar oferece um significativo alargamento do conceito de verdade em ordem à salvação, porque a Escritura não fornece informações genéricas, mas o que ela contém é tudo útil para a comunhão com Deus. O elemento mais significativo é a passagem do conceito de inerrância para o conceito de verdade, motivo pelo qual a afirmação central já não é o erro, mas a verdade. Ela é caracterizada por dois elementos:

• *A qualidade divina*: A verdade já não é entendida em sentido nocional, mas no sentido bíblico, segundo o qual a verdade é o próprio Deus; consequentemente, a Bíblia não contém verdades nocionais sobre os vários campos do saber, mas uma só verdade que é o próprio Deus, ou melhor, Jesus Cristo. Trata-se, pois de uma verdade sólida e não enganosa, onde o antônimo não é o erro, mas a mentira, enquanto o erro, diferentemente da mentira, não anula a verdade; com efeito, é próprio de Deus não dizer mentiras. Além disso, trata-se de uma verdade que foi transmitida de maneira sólida e fiel, e por isso também em nível da transmissão humana da Palavra de Deus não há motivo para duvidar da verdade bíblica.

• *A qualidade salvífica*: A verdade da qual fala o Concílio não é uma posse gnoseológica, mas uma experiência salvífica; de fato, Deus não fala ao homem para comunicar-lhe como anda o sol, mas para conduzi-lo à verdadeira vida; por isso, trata-se de uma verdade "para a nossa salvação".

A reflexão do Vaticano II fecha indubitavelmente o período do choque e do conflito com a ciência; mas não se entra numa dinâmica completa da questão. Hoje, percebe-se a exigência de um novo confronto com a ciência e com o pensamento filosófico para uma ulterior reflexão sobre o tema da verdade[47].

A reflexão pós-conciliar

Para não permanecer uma afirmação abstrata e ideológica, a afirmação conciliar sobre o caráter salvífico da verdade bíblica abre novos espaços e novas interrogações em relação aos vários setores que a ciência bíblica deve enfrentar hoje: o pluralismo do texto, seu longo processo redacional, os novos conhecimentos científicos, o debate sobre a historicidade e, enfim, as novas instâncias morais.

---

47. Sobre a releitura pós-conciliar do texto da *Dei Verbum*, remetemos particularmente a BOVATI, P. & BASTA, P. *"Ci ha parlato per mezzo dei profeti"*. Op. cit., p. 281-302.

O texto bíblico

O texto bíblico chegou até nós em testemunhos múltiplos e diversificados[48], que podemos distinguir em: erros materiais, variantes intencionais, macrotextos curtos e longos, pluralidade de línguas. Algumas vezes, as diferenças entre os manuscritos devem-se simplesmente a erros materiais dos amanuenses, tratando-se de uma transmissão humana. Deus não quis subtrair-se a esse limite e Ele não impede o acesso à revelação divina, que permanece absolutamente intata; é tarefa da *critica textus* indicar esses erros e preparar um texto correto. Outras vezes, porém, não se trata de erros, mas de variantes, que refletem uma interpretação querida; mais do que intervenções pessoais do escriba, elas testemunham as preocupações teológicas, litúrgicas e pastorais de uma comunidade atenta a modernizar o texto bíblico. Em todo o caso, trata-se de variantes que não lesam a doutrina, mas que testemunham a vivacidade e a riqueza das comunidades particulares. Para confirmar isso, recorde-se, por um lado, que a Igreja nunca canonizou um texto particular e que a fidelidade de um texto não se reduz a um critério de uniformidade linguístico-literária; por outro lado, que, em relação a outras tradições manuscritas, a tradição bíblica distingue-se por sua extraordinária acribia. Basta pensar no rolo de Isaías descoberto em Qumran (1QIs[a]), que, confrontado com o manuscrito de Leningrado mil anos mais recente (1008 d.C.), revelou um texto praticamente idêntico.

Além de uma grande riqueza de variantes, o texto bíblico oferece também, em alguns livros, uma pluralidade de macrotextos; basta pensar na recepção curta e longa de Jeremias ou do Eclesiástico. Também aqui, a verdade bíblica não deve ser identificada com a verdade de um só texto, mas com sua pluralidade; de fato, onde existe uma dupla recepção de um mesmo livro bíblico a tradição litúrgica da Igreja serviu-se de ambas. Ao invés, a reconstituição de um texto perdido, como por exemplo o texto "ocidental" dos Atos dos Apóstolos, não conduz ao seu reconhecimento de texto canônico. Com efeito, esse texto reconstituído, por mais que possa ser útil para a compreensão do texto transmitido pela Igreja, não pertence à sua tradição. Diferente é, porém, o caso da língua: afinal, se da parte da Igreja nunca houve algum reconhecimento oficial da língua de um texto bíblico, ela ja-

---

48. Cf. GILBERT, M. "Textes exclus, Textes inclus: les enjeux". In: POFFET, J.-M. (org.). *L'autorité de l'Écriture*. Paris: Cerf, 2002, p. 51-70.

mais se recusou a melhorar o texto bíblico servindo-se de novas descobertas arqueológicas. É o caso da reconstituição do texto hebraico do Eclesiástico, cujo conhecimento contribui para uma melhor qualidade do texto bíblico: a *Neo-Vulgata* é prova disso.

O longo processo redacional

É normal que no seio do longo processo redacional de um livro bíblico e, mais ainda, de uma coleção de livros, como o Pentateuco e, em menor medida, os Evangelhos, possam estar presentes textos diferentes e contrastantes.

Os exemplos são muitos; mas, a título de exemplo, recordemos apenas dois. Segundo a legislação de Ex 21,2-12, a mulher escrava não deve ser libertada segundo a praxe reservada aos escravos masculinos, mas com modalidades diferentes (v. 7); ao contrário, a legislação de Dt 15,1-18 prevê a mesma forma de libertação, tanto para o homem como para a mulher (v. 17). O episódio da purificação do Templo segundo o Evangelho de João acontece no início do ministério público de Jesus (Jo 2,13-22), enquanto para os Evangelhos sinóticos acontece no fim (Mt 21,12-13; Mc 11,11.15-17; Lc 19,45-46).

Qual é a verdade que esses textos veiculam? Na exegese passada, as respostas foram substancialmente duas: o concordismo e a interpretação alegórica. O primeiro tenta acentuar os elementos semelhantes, atenuando ou até calando os elementos considerados incompatíveis: é, por exemplo, a linha harmonizante do *Diatessarão* de Taciano. Tal solução, porém, acaba por criar mais problemas do que resolve. Diante de dois testemunhos divergentes, a interpretação alegórica, porém, escolhe um, julgando-o verdadeiro, enquanto interpreta o outro em sentido alegórico. Trata-se de uma abertura posterior em relação ao concordismo; mas, de qualquer forma, aparece carente, mesmo pelo simples fato de aplicar aos dois textos metodologias diferentes.

Na Idade Moderna, aceita-se de boa vontade uma aproximação histórica, pela qual a contradição entre os textos representa na realidade a evolução e o progresso moral da revelação divina. Consequentemente, são privilegiados os textos mais recentes, isto é, aqueles que tendem à perfeição da mensagem. A intenção é a de interpretar o progresso não em sentido hegeliano, mas no sentido de uma pedagogia divina que quer conduzir o homem a um ideal sempre mais alto. A vantagem dessa aproximação consiste, por um lado, na plena tomada de consciência da historicidade do homem e, portanto, do lento processo com que ele caminha para a consecução de seus ideais; por outro, numa melhor compreensão do nosso estatuto de crentes: enquanto nós mesmos pertencemos a um processo histórico, aceitamos seus inevitáveis limites; mas, ao mesmo tempo, gozamos também de suas extraordinárias novas possibilidades.

Uma última linha interpretativa é a que poderíamos chamar de "pluralismo problemático": ele convida a assumir as diferenças, sem calá-las, e a reconhecer não só a verdade contingente de um determinado texto, mas a contextualizá-la numa unidade maior, a da Bíblia. Por exemplo, a verdade da criação não está nem em Gn 1,1–2,4a, nem em Gn 2,4b-25, mas na sua relação, no seu estar junto como portadores de uma verdade mais ampla. Por vezes, a aceitação das diferenças e, até, das contradições pode resultar impossível: é preciso então ter a paciência de calar e de esperar, de reconhecer os limites de nossa historicidade e o mistério de uma verdade que vem de Deus.

Os novos conhecimentos científicos

O progresso das ciências nos últimos decênios foi impressionante e é evidente que a ciência adquiriu um sólido estatuto epistemológico: tudo aquilo que não cai no campo do verificável e do experimentalmente explicável em base ao nexo de causalidade-efeito é sistematicamente rejeitado. Não há dúvida que, grande parte da ciência contemporânea tem uma orientação decididamente intramundana e autônoma em relação ao saber teológico: não há lugar para a Palavra de Deus na gramática da biologia nem, aliás, na da cosmologia científica e da mecânica quântica. Da parte da ciência moderna, não se trata somente de um dado de fato, mas de uma precisa reivindicação de autonomia em relação ao saber teológico. Por outro lado, a descrição científica do mundo adquire progressivamente caracteres de acabamento crescente, reclamando competência sobre âmbitos de fenômenos sempre novos. Eles são descritos em termos de relações entre entidades experimentalmente acessíveis, sem necessidade de referências a realidades que ultrapassem o mundo físico. Não é por acaso que o horizonte ao qual tende a pesquisa científica é, por vezes, descrito como a construção de uma onicompreensiva "teoria do tudo" (*TOE = Theory of Everything*), por ora ainda longe de ser disponível, mas que, um dia, consentiria uma completa descrição do real que experimentamos.

Diante disso, o que responde a teologia bíblica?
• A reivindicação da autonomia da ciência em relação ao saber teológico é correta.

• A busca de uma reconstrução global do real experimental faz referência à mecânica quântica e, portanto, é caracterizada por uma intrínseca componente de indeterminação, de tipo probabilístico; portanto, de modo algum poderia entrar em contradição com a imprevisibilidade do agir que constitui a condição de possibilidades para a liberdade.

• A complexidade do real orienta para uma variedade de níveis de descrição do real, cada um necessariamente coerente com os outros, mas não rigidamente interdependente do ponto de vista lógico. A eventual "teoria do tudo" não garantiria que ela seja a mais simples, rica e profunda; de modo algum fecharia o espaço para uma ulterior busca e pedido de sentido.

Esse é um dado muito interessante para a teologia bíblica, que vê ali uma possibilidade, também dentro do cosmos da ciência, de pensar a ação de Deus que age para conduzi-lo a cumprimento. Certamente, ela não entra em alguma descrição científica, nem deve ser pensada como violação em relação a esta última, mas antes como quem age num nível diferente em relação aos níveis acessíveis à ciência, mas nem por isso menos real. O "ateísmo metodológico", que constitui o natural pressuposto da ciência contemporânea, não deve, pois, de modo algum, traduzir-se num "ateísmo ontológico". O Deus que não é perceptível pelo olhar da ciência não é, por isso, necessariamente ausente do real ou insignificante para ele.

De nossa parte, seria necessário repensar a figura do Deus escondido, tão cara à Escritura (cf. Is 45,15): um Deus que não impõe a própria onipotência numa luminosidade que cega, mas que age no secreto; um Deus que na opacidade da cruz se manifesta a quem tem um olhar atento, capaz de discernir a linguagem do amor; um Deus que se manifesta em sinais frágeis, abertos à interpretação, ou melhor, que a ela convidam. Então, a confissão do Criador não é a conclusão de uma demonstração, que pretenderia deduzir um teorema pelos dados da ciência; não é nem uma proposição meramente irracional, que, obstinadamente, opor-se-ia aos dados da ciência; contra ela existe, antes, a percepção de uma complexidade do real, que, para além da eficaz descrição oferecida pela ciência, conserva um excedente de sentido, aberto a uma pluralidade de interpretações. Com relação à descrição científica, a confissão crente deverá então ser vista como uma passagem não necessária – com efeito, é fruto da liberdade do crente –, mas também não arbitrária. Trata-se de uma opção arriscada, feita por quem reconhece um sentido na história, nas palavras, nos fragmentos do cosmos, mas que vai além de cada um deles, para pôr em jogo sua própria existência pessoal e interessar a todo o cosmos.

O debate sobre a historicidade

Cada discurso relativo à verdade bíblica já é chamado a interrogar-se de maneira séria sobre a consistência histórica dos relatos bíblicos. De fato, muitas descobertas arqueológicas recentes levantam sérias dúvidas sobre a credibilidade dos acontecimentos narrados na Escritura, especialmente no Antigo Testamento; deste último, contesta-se todo o implante historiográfico, julgado como uma retroprojeção de história imaginária, tendente a justificar ideologicamente a própria existência de Israel[49].

O recurso aos gêneros literários, embora importante, não pode resolver as dificuldades da historiografia bíblica, porque ao ser posto em discussão é o próprio fundamento da revelação bíblica: se Deus se revelou numa história e, todavia, essa história não é crível, então é frustrada a revelação. Se a história bíblica é reduzida a parábola, então muda o próprio conceito de uma revelação acontecida "com acontecimentos e palavras intimamente conexos entre si" (DV 2). Remetendo para um tratado específico sobre historiografia bíblica[50], aqui são suficientes duas observações: 1) é fundamental partir de uma concepção correta de história, porque se esta é concebida simplesmente como história documental, é claro que a maior parte dos dados bíblicos não é história; 2) além disso, é preciso levar em conta alguns dados imprescindíveis:

• os dados arqueológicos não são uma verdade absoluta, mas uma possível interpretação, além do mais, ligada a escavações forçosamente parciais;
• o argumento *e silentio* é de difícil uso, porque a falta de documentos não significa automaticamente a não historicidade dos eventos em questão;
• a reconstrução dos acontecimentos é sempre ideológica, também a oferecida pela documentação extrabíblica;

---

49. Cf. esp. GARBINI, G. *Storia e ideologia nell'Israele antico*. Bréscia: Paideia, 1986.
50. Cf. as p. 222-225 do presente volume.

- uma pré-compreensão religiosa não é de *per si* menos objetiva em relação a uma pré-compreensão política;
- um uso atento dos gêneros literários ajuda a compreender melhor o modo pelo qual os antigos narravam a história.

Portanto, para a verdade bíblica, é essencial a busca de um sério fundamento histórico, que ultrapasse seguramente a ingênua reconstrução histórica do passado, mas também o atual ceticismo que minimiza ou até nega qualquer fundamento histórico da vicissitude bíblica. Obviamente, o que seja histórico e o que não o seja, deve sempre ser buscado nos vários textos e nas várias afirmações, com a humildade do pesquisador, mas também com a atitude de quem está aberto à fé em Deus, que se revela ao homem na história.

As novas instâncias morais

Por vezes, na Bíblia aparecem temas sobre os quais, com justiça, a consciência humana coloca objeções, como a lei sobre o "extermínio", a poligamia, a pena de morte, a violência com finalidades religiosas, a relação desigual homem-mulher, a aceitação da escravidão, a submissão às autoridades constituídas... Trata-se de temas presentes não só no Antigo Testamento, mas também no Novo Testamento. É preciso reconhecer que na Escritura há verdades contingentes e de muitos modos superadas, porque o homem moderno pensa de maneira diferente em relação ao homem bíblico. Remetendo àquilo que se dirá sobre a hermenêutica, pode-se afirmar que a verdade bíblica não reside completamente nas várias afirmações ou nas várias passagens, mas no mais vasto horizonte bíblico, especialmente naquele centro de sentido que é constituído pela verdade de Jesus. Será sempre preciso distinguir entre a verdade de Deus, que é salvífica e absoluta, e a aproximação a ela que é sujeita a imperfeições, erros, verdades contingentes. Não só, mas é preciso ler toda a Bíblia no Espírito e não na letra, porque a Palavra ultrapassa o Livro; é o Espírito que dá fôlego à palavra escrita e coloca o livro no mistério mais amplo da encarnação de Jesus e da Igreja por Ele constituída; com efeito, nela a Escritura se torna realidade litúrgica e profética, isto é, uma realidade viva, que, graças ao Espírito, testemunha a presença constante de seu Senhor, Jesus Cristo.

O mistério da Escritura

A precedente reflexão sobre a inspiração bíblica permitiu individualizar exatamente na ação do Espírito Santo a razão última pela qual a Escritura é

Palavra de Deus, de acordo com a explícita afirmação do Concílio Vaticano II: "A Sagrada Escritura é a Palavra de Deus enquanto é redigida sob a moção do Espírito Santo" (DV 9). Essa clara afirmação sobre a reciprocidade entre Palavra de Deus e Escritura exige, porém, um esclarecimento, já que a Palavra de Deus não é um conceito unívoco, mas analógico. Com efeito, somente o *Logos* é propriamente a Palavra de Deus, enquanto expressa sua comunicabilidade em toda a sua extensão e plenitude (Jo 1,1-2). Com a encarnação do *Logos* (Jo 1,14), a Palavra de Deus por excelência é Jesus Cristo, a revelação plena e definitiva de Deus (Hb 1,1-2). Palavra de Deus são, pois, as palavras e as ações que Jesus exprime durante seu ministério; expressas em linguagem humana, compartilham seus limites e fraquezas. Por sua vez, é Palavra de Deus o anúncio querigmático dos apóstolos, com os ulteriores limites que ele comporta, já que não é possível uma reapresentação exata das palavras de Jesus. Enfim, a colocação por escrito do anúncio querigmático comporta um ulterior empobrecimento, já que o escrito não pode conter todas as palavras de Jesus (cf. Jo 21,25), mesmo que a Palavra de Deus seja doadora de vida (Jo 20,31).

É nesse quadro que se deve compreender a Escritura como Palavra de Deus. Ela não é, por certo, identificável nem com o *Logos* divino nem com Jesus revelador do Pai; ao mesmo tempo, porém, não é simplesmente um contentor da Palavra de Deus. Se a Escritura fosse simplesmente a transcrição histórica da palavra profética e apostólica de Israel e da Igreja primitiva, teria valor como livro das origens e nada mais; ao contrário, por força da inspiração, ela tem uma relação permanente com o Deus revelador, que a constitui Palavra de Deus viva e eficaz. Com efeito, a inspiração escriturística não se limita ao momento criativo do escrito, mas é uma qualidade permanente da Escritura, uma força viva e constante de manifestação de Deus por todos os tempos; certamente o é na humildade de uma língua que, como a humanidade do Verbo encarnado, exprime os limites da criatura, mas não o engano ou a mentira.

Enquanto Palavra de Deus escrita, a Bíblia compartilha a condição do escrito[51]: enquanto coleção selecionada e orgânica de informações, ela comporta, por um lado, certamente, uma perda quantitativa, porque não pode trazer todas as palavras e as ações do ministério de Jesus, muito menos a ri-

---

51. Cf. VIGNOLO, R. *La forma teandrica della Sacra Scrittura*. Op. cit., p. 418-426; 432-436.

queza das referências à sua pessoa (tom de voz, silêncios, gestos...); por outro lado, porém, ganha em qualidade e se torna um verdadeiro "incremento icônico" (P. Ricœur), porque oferece uma seleção mais consciente e, sobretudo, uma interpretação preciosa dos acontecimentos a partir de seu definitivo cumprimento, sem contar depois a dilatação no tempo e no espaço, que consente que o escrito desafie a contingência da vida e alcance as gerações distantes e futuras. O mesmo raciocínio vale para a palavra profética do Antigo Testamento. Essa nova vida do texto, porém, só é possível enquanto ela retorna "como uma palavra", isto é, só enquanto, através da leitura, o texto é reconduzido a um esforço de compreensão e interpretação da parte de um leitor; assim, o *documentum* evita reduzir-se a *monumentum*, antes torna-se uma experiência inesgotável de felicidade (Jo 20,29).

Problemas abertos

A inspiração da Septuaginta (LXX)

A crença numa inspiração da LXX[52] nasce no judaísmo alexandrino, sobretudo por obra de Fílon, que atesta explicitamente:

> Aqueles que leem os dois textos, tanto o hebraico quanto a tradução... não chamam simplesmente tradutores, mas hierofantes e profetas, esses homens que puderam seguir com expressões transparentes o pensamento tão puro de Moisés (*De Vita Mosis*, 2,37).

O próprio judaísmo rabínico conserva o eco dessa doutrina numa passagem de Rabi Judas o Príncipe, compilador da Mishná: "O Santo pôs seu conselho no coração deles, e eles encontraram o mesmo parecer[53]; todavia, eles escreveram... [seguem 13 passagens que os tradutores teriam alterado]" (*bT, Megilláh* 9a). A Igreja primitiva, junto com o judaísmo de língua grega, utiliza essa tradução, como o judaísmo de língua hebraica utiliza o texto hebraico, sem problema algum. Só mais tarde, o judaísmo rabínico, sobretudo por causa do uso cristão, contestará a correção dessa tradução apresentando uma nova, a de Áquila.

O consenso da parte dos Padres da Igreja é largamente positivo: a inspiração da LXX é atestada por Ireneu, por Clemente de Alexandria, por Cirilo

---

52. Para uma apresentação dessa versão, remetemos para as p. 132s. do presente volume.

53. Provável alusão à lenda, conhecida também de Fílon e dos Padres da Igreja, segundo a qual os 72 peritos, depois de ter traduzido o texto bíblico, cada um em sua própria cela, teriam confrontado as traduções e constatado que eram idênticas.

de Jerusalém e outros ainda. Também os Padres que se mostram menos explícitos, por exemplo, Hilário e Crisóstomo, destacam sua autoridade incontestável, sinal de uma disposição providencial que velou na sua composição. Até Jerônimo, antes da tradução da *Vulgata*, admite que os tradutores gregos "*Spiritu Sancto pleni, ea quæ vera fuerant transtulerunt*"[54]. Enfim, se Orígenes precisa que "a Bíblia da Igreja é a Bíblia grega"[55], no Ocidente a *Vetus Latina* é traduzida da LXX e o gosto de Jerônimo pela *veritas hebraica* aparece como um gosto de intelectual, mas que permanecerá bastante isolado.

Enquanto no Oriente a autoridade da LXX permanece intacta[56], no Ocidente a *Vulgata* suplanta a *Vetus Latina* e com isso também a autoridade da LXX. A partir do século XVI, um número crescente de estudiosos rejeita como apócrifa a *Carta de Aristeias* e considera a LXX simplesmente como uma obra anônima. No século XVIII, Dom Calmet não só rejeita a lenda de Aristeias, mas contesta a presumida inspiração da LXX, afirmando a impossibilidade de o Espírito Santo ter falado diversamente em hebraico e em grego. Essa será a opinião comum dos teólogos até a metade do século XX. De fato, a partir de 1950 assiste-se a uma retomada do debate sobre a inspiração da LXX e um crescente número de teólogos, especialmente da área francesa, foram-lhe favoráveis[57]. Hoje, todos os estudiosos convergem em afirmar que a LXX representa um testemunho substancial da Palavra de Deus e um testemunho autorizado, fiel e privilegiado da tradição, graças a uma certa assistência do Espírito Santo. Mas existem motivos para conferir-lhe uma autoridade ainda maior? Alguns assuntos aparecem significativos.

1) *O lugar eminente da LXX no desenvolvimento da revelação* – A concepção acima ilustrada de uma inspiração que cobre o longo percurso da formação dos livros bíblicos constitui o motivo de fundo para inserir a LXX no horizonte da inspiração, porque, deferentemente das outras traduções,

---

54. *Præfatio in librum Paralipomenon iuxta LXX interpretes*, 402 [PL, 29].

55. *Carta a Júlio Africano*, 4, 57-60 [PG, 11].

56. Foi tomada uma só medida sobre o Livro de Daniel, adotando a tradução de Teodocião e não a da LXX, dado o caráter defeituoso desta última.

57. Cf. P. Benoit, P. Auvray, F. Dreyfus, A.M. Dubarle, J.D. Barthélemy. Para um reconhecimento do debate sobre a inspiração da LXX, com rica bibliografia, cf. CIMOSA, M. La traduzione greca dei LXX – Dibattito sull'ispirazione. *Salesianum*, 46, 1984, p. 3-14. Sobre a importância da LXX, remetemos a BOGAERT, P.-M. "Septante et versions grecques". In: *Dictionnaire de la Bible*. Supplément, 12, 1996, p. 544-547.

ela constitui o anel de conjunção entre o Antigo Testamento e o Novo Testamento não só do ponto de vista temporal, mas também do ponto de vista da formação e crescimento do texto bíblico. Com efeito, a revelação se expressa numa linguagem específica que, embora utilize as categorias de pensamento do hebraico e do grego, de algum modo as refundiu para fazer delas o veículo da Palavra de Deus. Agora, para o hebraico isso aconteceu graças aos próprios depositários da Palavra, os profetas, enquanto para o grego isso aconteceu graças à LXX. De fato, na época do Novo Testamento, a pregação apostólica antes e depois a redação por escrito encontraram à sua disposição um instrumento linguístico em grande parte já preparado: a LXX. Como não ver nisso a intervenção positiva do Espírito Santo?

2) *O caráter interpretativo da LXX* – A LXX não é uma simples tradução, porque em mais de um caso interpreta e aprofunda o texto original à luz da tradição viva, fornecendo uma exegese carismática que aprofunda os dados da revelação. O exemplo mais claro é Is 7,14, onde a LXX interpreta a forma hebraica *ha'almáh* [a jovem mulher] como *he parthénos* [a virgem][58]. De qualquer forma, não se trata de limitar esse papel de progresso da revelação só às passagens citadas pelo Novo Testamento, mas de interpretar esses tradutores como agentes que aculturam a Palavra na linguagem grega, avançando assim seu caminho histórico.

3) *Os originais perdidos* – Apesar das descobertas recentes, os originais hebraicos de alguns livros bíblicos continuam perdidos (Tb, Jt, 1Mc, Ecl, Br); deles, porém, possuímos a tradução grega da LXX. Ela não remete simplesmente a um original perdido, mas é o veículo autêntico da Palavra e, portanto, partilha com ele a qualidade de texto inspirado; e isso também com a redescoberta parcial do texto originário.

4) *As glosas e os acréscimos interpretativos* – Elas são o sinal do crescimento e do aprofundamento da revelação. Em caso contrário, já Orígenes perguntava-se ironicamente se a Igreja deveria pedir aos hebreus que lhe comunicassem textos puros para corrigir a própria Bíblia?[59]

---

58. Podem ser aduzidos outros exemplos significativos: Sl 16,8-11, citado em At 2,25-31 e em 13,35-37; Gn 12,3 citado em At 3,25; Gn 22,18 citado em Gl 3,8-9; Am 9,11-12 citado em At 15,16-17.

59. Cf. *Carta a Júlio Africano*, 4, 57-60 [PG, 11].

As argumentações precedentes são significativas e convidam a reconhecer à tese da inspiração da LXX ao menos uma boa probabilidade[60]. A Igreja primitiva, de fato, procurou na LXX as bases de sua linguagem teológica, acolheu seus progressos doutrinais, utilizou-a como Escritura, falou dela unanimemente como de um texto canônico e, muitas vezes, também como de um texto inspirado; e tudo isso apesar da *veritas hebraica* de Jerônimo e o longo "esquecimento" ocidental. O amplo horizonte acima descrito da inspiração permite colocar a obra dos tradutores gregos no longo contexto de formação do texto bíblico, garantindo-lhe assim a assistência do Espírito. Enfim, sobre a lenda nascida da *Carta de Aristeias* é preciso observar que não é a lenda que fez nascer a fé na autoridade e inspiração da LXX; mas, antes, foi essa fé que criou a lenda para lhe dar um suporte concreto.

Os livros sagrados das grandes religiões

Muitas religiões, além da hebraica e cristã, encontram a norma de sua fé e de sua prática moral e religiosa nos respectivos livros sagrados: por exemplo, os Vedas para o hinduísmo, o Tripitaca para o budismo, o Alcorão para o islamismo. Esses livros são considerados sagrados porque portadores de uma palavra divina ou porque considerados como textos fundadores ou porque usados na liturgia. Nossa pergunta é se esses livros podem ser considerados inspirados ou não, e, em caso afirmativo, em que termos se pode falar de uma sua inspiração. Evidentemente, a pergunta é posta do ponto de vista cristão[61].

De *per si*, o Livro Sagrado não comporta sempre a ideia de inspiração, porque ele pode ter sido considerado como dado diretamente por Deus, ou transcrito por um agente humano sem qualquer sua participação ativa: somente quando a composição do livro envolve ativamente um sujeito humano, pode-se falar de inspiração. A pergunta sobre uma eventual inspiração dos livros sagrados das religiões pressupõe um pluralismo religioso, isto é, que a

---

60. O Concílio de Trento se opôs ao cânon restritivo dos reformadores, afirmando a canonicidade dos assim chamados livros deuterocanônicos e dos acréscimos deuterocanônicos; todavia, não interveio sobre o tema da inspiração da LXX.

61. Cf. esp. MANNUCCI, V. *Bibbia come Parola di Dio*, p. 179-185. • FORTE, B. "La Parola di Dio nella Sacra Scrittura e nei libri sacri delle altre religioni". In: VV. AA. *L'interpretazione della Bibbia nella Chiesa* – Atti del Simposio promosso dalla Congregazione per la Dottrina della Fede (Roma, settembre 1999). Cidade do Vaticano: Libreria Editrice Vaticana 2001, p. 106-120.

revelação divina não revista apenas a modalidade hebraico-cristã, mas também outras modalidades: nessa perspectiva o conceito de inspiração poderia aplicar-se, mesmo de maneira analógica, aos livros sagrados das outras religiões.

Já o Vaticano II, contra o antigo exclusivismo da revelação hebraico-cristã, afirmava que as religiões "não raro refletem lampejos daquela Verdade que ilumina a todos os homens" (NA 2). Nesta linha coloca-se a declaração *Dominus Jesus*, da Congregação para a Doutrina da Fé:

> Por certo, é preciso reconhecer que alguns elementos presentes neles [textos sagrados] sejam de fato instrumentos, através dos quais multidões de pessoas no curso dos séculos puderam e ainda hoje podem alimentar e conservar sua relação religiosa com Deus [Porque] Deus não deixa de se tornar presente em muitos modos, não só a cada indivíduo, mas também aos povos mediante suas riquezas espirituais, das quais as religiões são precípua e essencial expressão, mesmo contendo lacunas, insuficiências e erros. Portanto, os livros sagrados de outras religiões, que de fato alimentam e guiam a existência de seus sequazes, recebem pelo mistério de Cristo os elementos de bondade e de graça neles presentes (n. 8).

Portanto, as religiões se oferecem não só como expressão de autotranscendência do homem para o mistério (*homo capax Verbi*), mas também como possíveis lugares da autocomunicação divina. A confissão da singularidade de Jesus Cristo não exclui o reconhecimento da transcendência do mistério divino, que permanece absoluto e, por isso, livre para dispor outros percursos de autocomunicação, embora parciais e sobrecarregados de erros humanos. Aqueles que não têm a possibilidade de conhecer e de acolher o Evangelho têm acesso à salvação de Cristo em virtude de uma graça que, mesmo tendo uma misteriosa relação com a Igreja, não os introduz formalmente nela, mas os ilumina de maneira adequada à sua situação interior e ambiental. Essa graça provém de Cristo, é fruto de seu sacrifício e é comunicada pelo Espírito Santo; essa presença e atividade do Espírito não atinge só os indivíduos, mas os povos, as culturas e as religiões.

Nesta luz, pode-se reter que os livros sagrados das religiões não cristãs contêm elementos autênticos da autocomunicação divina, cujo discernimento, porém, só é possível à luz da revelação acontecida em Cristo. Todavia, esses livros não podem ser considerados "Palavra de Deus" da mesma maneira que as Escrituras bíblicas, embora eles testemunhem uma certa iluminação divina; nem podem ser comparados ao Antigo Testamento enquanto propedêuticos a Cristo, porque a revelação que inicia com Abraão constitui uma real opção reveladora de Deus, ligada a uma história, a uma terra e a um povo, enquanto a revelação contida nos livros sagrados dos outros povos pertence a religiões genericamente anistóricas.

Concluindo, quando as verdades expressas nos livros sagrados das religiões se encontram com a verdade bíblica, elas são sinal da presença e da ação do Espírito de Deus e de sua misteriosa orientação para Cristo. Os livros que as contêm podem, por isso, ser considerados inspirados, mas somente no sentido amplo do termo, exatamente enquanto sinal da ação do Espírito; ao contrário, não são inspirados no sentido estrito da inspiração bíblica, porque, diferentemente dos livros bíblicos, não têm a Deus como autor em sentido próprio e não são especificamente "Palavra de Deus".

5

A hermenêutica

Premissa

O percurso traçado até aqui evidenciou substancialmente dois elementos fundamentais da Escritura: seu valor de livro normativo (cânon) e a inspiração divina como motivação teológica da sua normatividade. Agora, permanece uma pergunta não menos importante: Quem pode interpretá-la e com que critérios?

Costuma-se entender a *hermenêutica* como a ciência teórica da interpretação e a *exegese* como a prática dessa interpretação. Portanto, a hermenêutica bíblica busca e propõe os princípios que devem animar a interpretação da Escritura, e é nesse sentido que o termo é usado aqui. Em sentido mais amplo, a partir do século XVIII, a hermenêutica é elevada a problema filosófico, designando a teoria geral das operações da compreensão, sobretudo em relação à interpretação dos textos. É evidente que a reflexão filosófica teve profundas influências sobre a hermenêutica propriamente bíblica, mesmo porque nesse novo âmbito cai qualquer distinção entre hermenêutica sacra e hermenêutica profana.

A ninguém escapa a importância, mas também a dificuldade da hermenêutica bíblica. De fato, a Bíblia é um livro antigo e complexo, é o livro normativo de algumas comunidades e reivindica ser Palavra de Deus. Já o funcionário da Rainha Candace na viagem de retorno ao seu país, lendo a célebre profecia de Is 53,7-8, perguntava ao Diácono Filipe: "Dize-me, de quem o profeta está falando? De si mesmo ou de outro? (At 8,34). O próprio Jesus, no dia da Páscoa, deve explicar aos dois peregrinos de Emaús o sentido das Escrituras relativo à sua paixão, morte e ressurreição, "começando por Moisés e por todos os profetas" (Lc 24,27).

O objetivo da hermenêutica é alcançar a verdade da Escritura; esta foi definida pelo Concílio Vaticano II como "a verdade que Deus, em vista da nossa salvação, quis que fosse consignada nas Sagradas Escrituras" (DV 11). Continua, porém, a pergunta sobre *como* os textos bíblicos nos conduzem a essa verdade salvífica, pergunta difícil porque a verdade divina jamais é expressa adequadamente pela palavra humana, mesmo quando esta é inspirada por Deus. No início a seu comentário ao Evangelho de João, Agostinho escreve assim:

> Explicar o que ali é dito, no seu significado pleno, afinal, é coisa que supera qualquer capacidade humana. E até, não hesito dizer, irmãos meus, que talvez nem o próprio João foi capaz disso: falou como pôde, porque era um homem que falava de Deus. Certamente inspirado, mas sempre homem. Graças à inspiração, alguma coisa pôde dizer: se não tivesse sido inspirado, certamente não nos teria dito nada. Mas, embora fosse inspirado, não pôde dizer-nos todo o mistério: disse o que um homem podia dizer[62].

História da interpretação bíblica

A exegese antiga

No interior da Bíblia

A interpretação da Bíblia[63] começa já na Bíblia, tanto no Antigo Testamento como no Novo Testamento. A própria formação da Bíblia, especialmente do Antigo Testamento, reflete uma estrutura interpretativa, já que o texto se formou através de acréscimos e de sucessivas releituras. Célebre é a página de Ne 8, onde a reconstituição da comunidade pós-exílica é fundamentada sobre a leitura e explicação da Lei: "A leitura do Livro da Lei foi feita juntamente com a tradução e a explicação; e assim a leitura foi compreendida" (Ne 8,8).

---

62. AGOSTINHO, *Comentário ao Evangelho de João* 1,1.

63. O tratado é propositalmente sintético; para uma visão mais detalhada, remetemos, entre outros, para ARTOLA, A.M. & SÁNCHEZ CARO, J.M. *Bibbia e parola di Dio*. Op. cit., p. 209-238.

O judaísmo intertestamentário

Consciente de que a Escritura é norma de vida, o judaísmo intertestamentário explica e atualiza os textos antigos para a comunidade dos crentes. Assim nasce o *Midrash* [literalmente: "procura"] no seu duplo desenvolvimento da *halacá* [caminho, norma], isto é, de comentário jurídico, e da *hagadá* [narração], isto é, de comentário ilustrativo da história salvífica[64]. O judaísmo alexandrino, em homenagem à cultura helenista, une ao *Midrash* o método alegórico, que será depois amplamente desenvolvido pelos padres cristãos alexandrinos.

O Novo Testamento

Não é de admirar que Jesus use os mesmos métodos interpretativos do judaísmo contemporâneo. Assim, na discussão sobre o divórcio, comenta Gn 2,24 com uma nova halacá: "Não separe, pois, o homem o que Deus uniu" (Mt 19,6); enquanto na disputa sobre a ressurreição apela-se para Ex 3,6, argumentando de maneira hagádica: "Ele não é Deus de mortos, mas de vivos" (Mt 22,32). Na esteira do Mestre, também os autores do Novo Testamento conhecem a interpretação midráshica (cf. 1Cor 10,4) e a alegórica (cf. Gl 4,21-31).

Os Padres da Igreja

Não obstante as muitas variantes, o que unifica o método hermenêutico da patrística[65] é a convicção de que o texto escriturístico oferece não só um sentido literal, mas também e sobretudo um sentido espiritual.

Não se trata de uma invenção dos Padres, porque o método alegórico, ou seja, a descoberta de um sentido escondido, era já praticado pelos gregos na época clássica com a intenção de atualizar e também de moralizar os grandes textos do passado a partir de Homero; motivo pelo qual, diante do

---

64. Entre os *midrashim* mais antigos (séc. I-II d.C.) recordamos os dois comentários ao Livro do Êxodo: *Mekhiltá de Rabbí Ishmaél* e *Mekhiltá de Rabbí Simeón*; o comentário ao Livro do Levítico: *Sifrá*; o comentário ao Livro dos Números: *Sifré Números*; e o comentário ao Livro do Deuteronômio: *Sifré Deuteronomio*. Entre os *midrashim* mais recentes (séc. III-V d.C.) aparece a grande coleção do *Midrash Rabbáh*, que contém o comentário ao Pentateuco e aos cinco rolos (Ct, Rt, Lm, Ecl, Est). Mais tarde ainda, surgem *midrashim* que testemunham a praxe homilética sinagogal, como *Pesiqtá de Rav Kahaná*. *Pesiqtá Rabbáti*, *Tenchumá-Yelammedénu*.

65. Cf. esp. BOVATI, P. & BASTA, P. *"Ci ha parlato per mezzo dei profeti"*. Op. cit., p. 310-316.

comportamento escandaloso das divindades, através da alegoria, buscava-se o verdadeiro significado do texto.

A mesma atitude está presente também entre os hebreus através do recurso ao *sod* [conselho] e ao *mashál* [parábola, alegoria]: o primeiro é uma realidade secreta, escondida na letra, que permite ao sábio descobrir seu significado mais profundo; o segundo é um procedimento literário que, através de uma aparente digressão, na realidade revela o significado verdadeiro do texto. Muitos hebreus alexandrinos, em particular Fílon, adotam, embora com alguma variação, o método alegórico grego. O próprio Jesus não só se serviu muito do método parabólico, mas tinha até fornecido a chave hermenêutica fundamental da interpretação bíblica afirmando explicitamente que todas as palavras da Escritura se referem a Ele (Lc 24,27; Jo 5,46; 8,56). Na base desse duplo fundamento, isto é, da alegoria grega e judaico-alexandrina por um lado, e da tradição evangélica por outro, os Padres acolhem e desenvolvem a alegoria como instrumento principal da interpretação bíblica.

A hermenêutica dos Padres é aberta e inovadora, enquanto, através de sua capacidade de entender como *tipo* todas as realidades presentes na Escritura e, em particular, no Antigo Testamento, descobrem ali a figura e a presença do mistério de Cristo e da Igreja. Para eles, a Escritura não se restringe a um sentido único, mas possui uma valência infinita de sentido, que permite descobrir ali a referência a Cristo. Eis por que os Padres nunca acabam de interpretar o texto da Escritura, porque, provindo de Deus, ele contém toda a sua Sabedoria; tudo isso, porém, depois é sempre reconduzido à coerência da única revelação de Cristo.

Os Padres não abolem o sentido literal, mas o usam junto com o sentido espiritual. Um exemplo significativo disso é a exegese de Orígenes. Ela se move ao longo do registro da oposição entre letra (*história*) e espírito (*alegoria*)[66], onde oposição não deve ser entendida como inconciliabilidade entre os dois, mas antes como primado do segundo em relação à primeira. Orígenes não ignora o desenvolvimento histórico da revelação; antes, reconhece-o necessário, porque é ao homem histórico pecador que Deus oferece sua obra de salvação; mas está interessado, sobretudo, em combater as interpretações

---

66. Cf. FORTIER, P. & DE LUBAC, H. (orgs.). *Origène* – Homélies sur l'Exode. Paris: Cerf, 1947, p. 34-52 [Sources chrétiennes, 16]. • RIZZI, M. "Non loco sed animo, non itinere... sed fide": l'esegesi origeniana all'Esodo (Hom-Ex. I). *Adamantius*, 7, 2001, p. 12-16.

voltadas excessivamente ou exclusivamente para a letra do texto. Para ele, o evento êxodo, por exemplo, só se compreende ultrapassando sua letra e interpretando-o à luz do evento Cristo:

> Mas nós, que sabemos que todas as coisas não foram escritas como narração de antigos fatos, mas para nossa instrução e proveito, achamos que as coisas que se leem acontecem também agora, não só neste mundo, que em figura é chamado Egito, mas também em cada um de nós[67].

É evidente que a expressão "todas as coisas não foram escritas como narração de antigos fatos" não se refere à historicidade dos eventos históricos narrados – para Orígenes isso não é problema –, mas antes a sua interpretação. Aqui aparecem em ordem os três sentidos da exegese de Orígenes: 1) a narração, isto é, a letra ou *história*; 2) a figura, isto é, o espírito ou *alegoria*; 3) "em cada um de nós", isto é, o sentido moral.

Não estando regulamentado, muito cedo esse método alegórico começou a mostrar sérias dificuldades, porque, para poder demonstrar que cada passagem da Escritura falava de Deus, chegou-se a comentários arbitrários, a ponto de despertar perplexidades crescentes. Daí a reação da "escola antioquena" (sobretudo de Teodoro de Mopsuéstia e de João Crisóstomo) contra os excessos da "escola alexandrina". Se esta última evidenciava fortemente a interpretação alegórico-espiritual, provocando também excessos interpretativos, a primeira dava maior espaço ao sentido literal. Todavia, não se tratou de uma alternativa entre os dois métodos, mas antes de "dosagem": a escola antioquena, de fato, entendia limitar a *theoría*, isto é, a contemplação da realidade futura, só a determinadas passagens e contextos escriturísticos.

A exegese medieval

A Idade Média continua e aprofunda a impostação patrística, seja acentuando com a *lectio divina* o objetivo existencial cristão de toda a leitura da Escritura[68], seja buscando com a *lectio scholastica* as citações (*auctoritates*) aptas a sustentar as argumentações teológicas e filosóficas. Mas a expressão mais completa da interpretação medieval é a doutrina dos quatro sentidos,

---

67. ORÍGENES. *Homilias sobre o Êxodo* II, 1.

68. Escreve Gregório Magno, o pai da *lectio divina*: "Deus nos fala através da Escritura com um só objetivo: o de conduzir-nos ao seu amor e ao amor do próximo" (*Moralia* 27,41).

onde o sentido literal e espiritual dos padres se articula num esquema quadripartido, admiravelmente expresso pelo dístico de Agostinho da Dácia († 1282):

Littera gesta docet, quid credas alegoria,
moralis quid agas, quo tendas anagogia[69].

Enquanto o *sentido literal* continua a ser a base de toda a interpretação sem particulares aprofundamentos, acentua-se profundamente o sentido espiritual, articulando-o em três níveis: a *alegoria*, isto é, a referência a Cristo e à Igreja, objeto de nossa fé; a *moral*, isto é, o imperativo ético do texto, objeto de nossa caridade; a *anagogia*, isto é, a revelação das realidades escatológicas, objeto de nossa esperança. Não obstante a acribia de semelhante proposta interpretativa, é preciso reconhecer que nem todos os sentidos eram depois aplicados a cada texto, enquanto, com frequência, conseguia-se aplicar somente alguns deles. De qualquer forma, trata-se da expressão mais alta do ideal interpretativo medieval.

A época moderna

Por volta do século XVI, com o advento do Humanismo e da Reforma, muda radicalmente o contexto cultural precedente. Erasmo de Rotterdam († 1536) propõe uma interpretação da Escritura baseada no conhecimento das línguas bíblicas e na crítica literária, a ponto de moderar o recurso aos escritos patrísticos e de conduzir ao conhecimento de Cristo, centro de toda a Escritura. Lutero, por sua vez, começa a criticar o uso exasperado da alegoria e a propor uma interpretação baseada não mais no magistério da Igreja, mas unicamente sobre a autoridade do Espírito; daí o princípio da *sola Scriptura* e do *livre-arbítrio*.

No século seguinte, por um lado, nasce o movimento do *racionalismo*, segundo o qual todo o conhecimento humano deve fundamentar-se só sobre a razão; por outro, o hebreu Spinoza aplica esse princípio à interpretação bíblica. Com isso, a interpretação simbólico-espiritual da Escritura é rejeitada ou reduzida a ensinamento válido só para o "povinho".

A essa impostação de pensamento, muito cedo uniu-se o novo sistema, igualmente racionalista, da crítica histórica, para a qual todo o acontecimento

---

69. "A letra ensina os fatos, a alegoria o que deves crer, a moral o que deves fazer, a anagogia para que fim tendes".

deve ser explicado só em virtude do desenvolvimento e do processo temporal. Assim, por obra do padre oratoriano Richard Simon († 1712), nasce, no campo exegético, o método histórico-crítico: histórico, porque extremamente atento ao desenvolvimento temporal; crítico, porque fiel à ciência racional.

O método inaugurado por Simon caracteriza-se pelo proceder analítico, pelo qual é analisada cada passagem, colocando-a no contexto de seu período histórico: com isso acaba o princípio da unidade da Bíblia. Além disso, o sentido único do texto é aquele descoberto pela análise histórico-literária, enquanto o sentido espiritual torna-se secundário, de ordem confessional. Segue-se que o contexto interpretador não é mais a comunidade crente, mas a escrivaninha do estudioso erudito. Assim, nasce um trilho duplo: a interpretação científica das academias e a interpretação pietista das Igrejas; Antigo Testamento e Novo Testamento conhecem uma clara separação e a exegese torna-se sempre mais fragmentária, ligada às interpretações dos estudiosos e separada da opção de fé. Tudo isso, apesar dos indubitáveis méritos do método histórico-crítico.

No campo católico, há muito rejeitou-se claramente o novo método por causa da base fortemente racionalista, que impede o reconhecimento de todo elemento sobrenatural. Porém, assim são desconhecidos também os elementos positivos que o método introduzia.

A hermenêutica moderna

Se o método histórico-crítico pressupõe uma precisa concepção da objetividade histórica, a reflexão hermenêutica moderna põe em discussão essa possibilidade. Já F. Schleiermacher († 1834), seguido depois por W. Dilthey († 1911), havia sustentado que para compreender um texto é insuficiente sua análise, mas se deve entrar na mente do autor e identificar-se com ele. H.G. Gadamer († 2002), porém, acentua a importância do texto, que, uma vez saído da pena do autor adquire uma qualidade supratemporal, que o torna autônomo e cheio de novos significados e de uma nova valência simbólica. A atenção da hermenêutica moderna se desloca assim do autor para a própria obra, mas também para o leitor, porque, diferentemente do que sustentava o método histórico-crítico, é impossível uma leitura objetiva e neutra: onde há um sujeito, existe subjetividade.

Diante dessas solicitações, o magistério oferece uma primeira resposta com o parágrafo 12 da *Dei Verbum*, dedicado exatamente à interpretação da

Escritura, onde uma passagem particularmente significativa para a hermenêutica do autor ladeia a hermenêutica do texto:

> Já que Deus na Sagrada Escritura falou através de homens e de modo humano, o intérprete da Sagrada Escritura, para bem entender o que Deus nos quis transmitir, deve investigar atentamente o que os hagiógrafos de fato quiseram dar a entender e aprove a Deus manifestar por suas palavras (DV 12).

A última expressão afirma a insuficiência da hermenêutica do autor, abrindo a porta para a hermenêutica do texto.

Uma ulterior resposta é constituída pelo documento da Pontifícia Comissão Bíblica *A interpretação da Bíblia na Igreja*, publicado em 1993. Trata-se certamente de um documento inovador, apesar de alguns limites e incertezas, porque depois das reticências do passado testemunha que a Igreja tomou consciência do problema hermenêutico, suscitado pela reflexão hermenêutica moderna. É interessante a abertura do parágrafo sobre os sentidos da Escritura:

> A contribuição moderna das hermenêuticas filosóficas e os recentes desenvolvimentos do estudo científico das literaturas permitem que a exegese bíblica aprofunde a compreensão de sua tarefa, cuja complexidade tornou-se mais evidente. A exegese antiga, que não podia evidentemente tomar em consideração as exigências científicas modernas, atribuía a cada texto da Escritura diversos níveis de significado. A distinção mais corrente era aquela entre sentido literal e sentido espiritual. A exegese medieval distinguiu no sentido espiritual três aspectos diferentes, em relação, respectivamente, com a verdade revelada, o comportamento a ser seguido e o cumprimento final. Daí o célebre dístico de Agostinho da Dácia (séc. XIII): *"Littera gesta docet, quid credas allegoria, moralis quid agas, quo tendas anagogia"*. Como reação contra essa multiplicidade de significados, a exegese histórico-crítica adotou, mais ou menos abertamente, a tese da unicidade de significado, segundo a qual um texto não pode ter simultaneamente diversos significados. Todo o esforço da exegese histórico-crítica é o de definir *o* significado preciso de um dado texto bíblico nas circunstâncias em que foi composto. Mas essa tese choca-se agora com as conclusões das ciências da linguagem e das hermenêuticas filosóficas, que afirmam

a polissemia dos textos escritos. O problema não é simples e não se põe da mesma maneira para todos os gêneros de textos: narrações históricas, parábolas, oráculos, leis, provérbios, orações, hinos etc. (EB, 1.402-1.404).

A descrição sintética das três orientações de fundo que marcaram a história da interpretação bíblica (sentido literal e espiritual, método histórico-crítico, ciências da linguagem e hermenêuticas filosóficas) parece notarial e oscilante entre uma posição histórico-crítica e uma posição polissêmica própria da exegese antiga e das novas ciências da linguagem. De fato, a descrição conclui simplesmente com a afirmação da complexidade do problema hermenêutico. Indubitavelmente, o documento reserva um espaço relativamente amplo ao método histórico-crítico, reconhecendo claramente o sentido expresso pelos autores e pelos redatores; ao mesmo tempo, porém, acolhe em função integradora os novos métodos de análise literária concentrados sobre o texto mais do que sobre os autores; ambas as orientações, porém, têm em comum a falta de uma firme referência à Tradição. Nesse contexto, o parágrafo sobre os sentidos da Bíblia assume uma importância decisiva, fornecendo também uma resposta à aparente inconciliabilidade acima indicada.

Os sentidos da Escritura

O documento *A interpretação da Bíblia na Igreja* propõe três sentidos bíblicos: o sentido literal, o sentido espiritual e o sentido pleno (EB, 1.405-1.422). O primeiro é descrito assim:
> O sentido literal da Escritura é aquele expresso diretamente pelos autores humanos inspirados. Sendo fruto da inspiração, esse sentido é querido também por Deus, autor principal. Ele é discernido graças a uma análise precisa do texto, situado no seu contexto literário e histórico. A tarefa principal da exegese é exatamente a de levar a esta análise, utilizando todas as possibilidades das pesquisas literárias e históricas, a fim de definir o sentido literal dos textos bíblicos com a maior exatidão possível (*Divino afflante Spiritu*, EB, 550). Para tal objetivo, o estudo dos gêneros literários antigos é particularmente necessário (EB, 560; 1.407).

O sentido literal se propõe, pois, mediante uma correta análise do texto, situado no seu contexto literário e histórico, colocar à luz aquilo que é diretamente expresso pelo autor humano; a análise dos sistemas linguísticos, o discernimento do caráter metafórico das expressões e a determinação das formas literárias permitem fugir do literalismo e do fundamentalismo.

A Escritura, porém, é um texto religioso e não simplesmente a expressão de uma ideologia política ou cultural; não só, mas é o texto inspirado e, por isso, normativo da Igreja, motivo pelo qual o intérprete deve constantemente buscar os valores religiosos subjacentes; daí os ulteriores dois sentidos da Escritura: o sentido espiritual e o sentido pleno. O primeiro é descrito assim:

> Como regra geral, podemos definir o sentido espiritual, compreendido segundo a fé cristã, o sentido expresso pelos textos bíblicos quando são lidos sob o influxo do Espírito Santo no contexto do mistério pascal de Cristo e da vida nova que dele brota. Esse contexto existe efetivamente. O Novo Testamento reconhece nele o cumprimento das Escrituras. Por isso, é normal reler as Escrituras à luz desse novo contexto, o da vida no Espírito (EB, 1.413).

O sentido espiritual, superando a tentação de parar num texto especial ou num dado livro bíblico, pressupõe uma concepção unitária da Bíblia e sobretudo a confissão de seu centro hermenêutico constituído pelo mistério pascal de Cristo; pressupõe, além disso, que o intérprete se aproxime do texto bíblico movido pelo mesmo Espírito que orientou a redação da Escritura e não só por um intento cognoscitivo, mas existencial, de conversão e de autêntica vida cristã.

O documento pontifício descreve assim, pois, o sentido pleno:

> Relativamente recente, o apelativo "sentido pleno" (*sensus plenior*) suscita discussões. Define-se o sentido pleno como um sentido mais profundo do texto, querido por Deus, mas não claramente expresso pelo autor humano. Descobre-se sua existência num texto bíblico que é estudado à luz de outros textos bíblicos que o utilizam ou em sua relação com o desenvolvimento interno da revelação... Em suma, poder-se-ia considerar o "sentido pleno" como outro modo de designar o sentido espiritual de um texto bíblico, no caso em que o sentido espiritual se distinga do sentido literal. Seu fundamento é o fato de que o Espírito Santo, autor principal da Bíblia, pode orientar o autor humano na escolha de suas expressões de modo tal que estas exprimam uma verdade da qual ele não percebe toda a profundidade. Esta é revelada de modo mais completo no

decorrer do tempo, por um lado, graças a ulteriores realizações divinas que manifestam melhor o alcance dos textos, e por outro, graças também à inserção dos textos no cânon das Escrituras. Desse modo, é criado um novo contexto, que faz aparecer potencialidades de significado que o contexto primitivo deixava na sombra (EB, 1.420-1.422).

Mesmo tendo a sobrepor-se ao sentido espiritual, o sentido pleno nasce sobretudo da qualidade dinâmica do texto bíblico, cuja redação comporta, de fato, um longo percurso temporal, durante o qual podem sobrevir novas intervenções salvíficas e a entrada de novos livros no cânon. À luz do novo contexto emergem compreensões e acentos novos que enriquecem assim a compreensão do texto: trata-se, exatamente, do sentido pleno. Ele não contradiz o sentido originário, mas o aprofunda, levando-o a cumprimento.

Portanto, em relação ao primeiro sentido literal, a Bíblia pode enriquecer-se com um sentido mais pleno, exatamente espiritual, enquanto os vários textos devem ser lidos à luz do contexto literário de toda a Bíblia. Assim, nasce a teologia bíblica, que não é uma imposição arbitrária em relação ao texto, mas uma qualidade intrínseca sua, que brotou por uma exegese que respeitou os laços e os envios que se criaram com a redação de todo o *corpus* bíblico. A esse contexto holístico é preciso ainda acrescentar o contexto dos novos leitores, que necessariamente são ajuntados aos leitores primitivos e que introduzem sensibilidades e acentos hermenêuticos desconhecidos dos primeiros destinatários. Trata-se de leitores crentes, no seio de uma comunidade crente também ela crescida, que pedem ao texto novas respostas em relação à própria caminhada de fé. Nesse contexto, uma exegese simplesmente arqueológica, embora seja sofisticada e correta, parece insuficiente, porque nega a dimensão teleológica de cada texto bíblico. Com efeito, seja nos textos individuais como no seu conjunto, a Bíblia oferece uma proposta de sentido global que leva a um cumprimento, segundo a aspiração profunda do ser humano. E é esse o sentido pleno ao qual deve tender toda interpretação bíblica.

Para uma síntese hermenêutica

Chegados ao fim das análises precedentes, é preciso fazer uma síntese que retome organicamente os dados acima expostos. A hermenêutica de um texto, e portanto do texto bíblico, comporta a consideração de três elementos fundamentais: o autor, o próprio texto, o leitor. Trata-se de elementos irrenunciáveis, enquanto não pode existir um texto sem autor, nem um autor sem texto (também a tradição oral constitui um texto, embora *sui generis*); e nem pode existir um texto sem leitor (sob pena de reduzi-lo a um documento de biblioteca ou a uma descoberta arqueológica), nem naturalmente um leitor sem texto.

Autor

Num primeiro tempo, a hermenêutica moderna, através do método histórico-crítico e a reflexão de Schleiermacher e Dilthey, tende a acentuar fortemente a importância do autor. De fato, considera que para compreender um texto seja necessária não só uma análise crítica que permita construir as condições históricas do acontecimento narrado (reconstrução histórica), mas também uma profunda análise do autor, que permita entrar na interioridade do sujeito (reconstrução intuitiva) e, portanto, de chegar ao sentido do texto por ele produzido.

Nesse contexto interpretativo, o que conta é o conhecimento da intenção do autor, isto é, do que ele quis dizer. Se, no texto, o autor objetiva aquilo que ele pretende comunicar, o intérprete, por sua vez, deve chegar ao sentido entendido pelo autor. Para atingir esse objetivo, o método histórico-crítico propõe uma leitura objetiva, livre de preconceitos, coadjuvada por uma séria análise literária e de igual séria análise histórica. A corrente mais propriamente hermenêutica acentua, por sua vez, a absoluta necessidade de o intérprete entrar quanto mais possível em sintonia com o mundo interior do autor, porque somente dessa forma é possível atingir o que ele quis exprimir no texto.

As consequências de semelhante aproximação parecem evidentes. Já o conceito de autor no contexto bíblico deve ser profundamente repensado, enquanto é uma pluralidade de pessoas que concorreu para a formação do texto atual, embora, na origem, não se negue a presença de um autor determinado. Além disso, e é o fato mais importante, não se pode reduzir o significado de um texto unicamente à consciência reflexa do autor, porque, uma vez saída da pena do autor, a obra o ultrapassa, iniciando uma vida autônoma. Ela não pode permanecer trancada num determinado momento histórico, mas entra no grande oceano da história, assumindo valências novas e transformando-se em símbolo de algo não necessariamente pensado por seu autor.

Se da consideração do texto passamos para a consideração do leitor, chega-se à mesma conclusão, porque do ponto de vista do método histórico-crítico é impossível uma leitura neutra, que prescinda da subjetividade e que pretenda uma aproximação livre de qualquer pré-compreensão; de fato, é impossível observar sem ser parte do processo observador. Também do ponto de vista do leitor é impossível uma sintonização objetiva e completa com o autor do texto; o ideal romântico de atingir a vivência do autor, embora exprimindo algo real, é uma utopia, porque a experiência do autor é irrepetível e, consequentemente, não plenamente atingível pela experiência do leitor. Depois, no campo bíblico a figura do leitor se alarga a uma comunidade crente, que, graças à presença do Espírito, garante não só uma guarda fiel da Escritura, mas também uma sua crescente introspecção, a ponto de manifestar nela uma riqueza insuspeitada.

Como conclusão, tanto a partir da perspectiva do texto como da perspectiva do leitor, a hermenêutica só do autor é insuficiente.

Texto

Se a linguística precedente examinava a língua sob o perfil diacrônico, tendo como objetivo conhecer sua origem, suas variantes e suas formas através [*diá*] do tempo [*krónos*], a linguística moderna – a partir do filólogo suíço F. de Saussure – estuda-a no seu aspecto sincrônico, tendo como objetivo conhecer seu funcionamento. A língua já não está em função de um sujeito falante, nem é uma sucessão de palavras que correspondem a iguais objetos ou ideias, mas uma combinação de sons e de sinais equivalentes, de cuja estrutura brota o sentido. Assim, a linguagem é considerada como uma estrutura autônoma, sem relação alguma com as coisas ou os acontecimentos.

Prescindindo de seus pressupostos filosóficos, a análise linguística estrutural teve uma vasta difusão no campo bíblico, fazendo deslocar o principal interesse exegético sobre o próprio texto. Os acentos dos vários endereços estruturais são múltiplos, mas o elemento que associa esses procedimentos de leitura do texto bíblico é um pressuposto: um texto é um conjunto de elementos interconexos em diversos níveis. Portanto, sua interpretação não depende da análise dos vários elementos, nem da história de sua combinação, mas da análise do próprio texto na sua forma atual de unidade estruturada.

Uma atenção diferente ao texto é marcada pela análise de P. Ricœur, que recupera a importância da linguagem simbólica como expressão das realidades transcendentes; não sendo acessíveis a alguma descrição fenomenológica, estas podem ser expressas somente em linguagem simbólica. Consequentemente, a primeira tarefa da hermenêutica bíblica não é a de suscitar uma decisão no leitor, mas a de permitir que diante dele se desdobre o mundo do texto bíblico. Trata-se de um mundo literário, que se exprime mediante narrações e linguagem simbólica e que permite, exatamente através da linguagem simbólica, compreender da maneira mais adequada o fenômeno religioso. A leitura simbólica é, pois, muito apropriada à linguagem religiosa, enquanto ela costuma mostrar as realidades espirituais através de metáforas extraídas da experiência sensível e material. O recurso ao símbolo torna-se desse modo uma indispensável chave hermenêutica para captar os aspectos mais importantes e profundos também dos textos mais complexos, como os da Bíblia. Assim, a interpretação torna-se o discernimento de um significado escondido num sentido aparente, isto é, a passagem, graças ao símbolo, de um simples sentido literal para um sentido transcendente.

Leitor

Porque o autor já está muito distante, é o leitor[70] que constitui o contexto imediato do texto. A exegese histórico-crítica omite o problema do leitor porque julgava que o único problema era o histórico. Os trabalhos de H.G. Gadamer, nos inícios da década de 1960, contestam essa impostação, destacando que toda pesquisa histórica concernente a um texto, também na ilusão de uma cientificidade absoluta, comporta sempre um sistema de conhecimentos e de representações que condicionam sua interpretação. O ato de interpretação toma em consideração os "efeitos do texto", isto é, sua eficácia histórica [*Wirkungsgeschichte*]. De fato, o exegeta que analisa e interpreta um texto, faz isso sempre a partir de uma tradição interpretativa à qual pertence, seja ela científica ou filosófica ou crente.

Também os trabalhos filosóficos de P. Ricœur levam a considerar o polo da leitura como determinante no ato de interpretação de um texto, porque a compreensão do texto não é condicionada pela intenção de seu autor, mas

---

70. Cf. ARTUS, O. Dei Verbum – L'exégèse catholique entre critique historique et renouveau des Sciences bibliques. *Gregorianum*, 86, 2005, p. 76-91.

pressupõe a autonomia do texto, que, enquanto tal, desdobra um mundo que para cada leitor oferece uma ocasião de autocompreender-se. Assim, a partir da década de 1980, nascem novos métodos exegéticos (p. ex., a narratologia), que buscam integrar na análise dos textos bíblicos a instância representada pelo leitor. Com perigos, porém: se a instância sobre unicamente a questão histórica corria o risco de fazer aparecer o texto bíblico como uma simples descoberta de museu, a atenção exclusiva à dimensão sincrônica do texto corre agora o risco de conferir ao leitor uma certa onipotência na interpretação do texto.

Diante desse problema, o documento da Comissão Bíblica *A interpretação da Bíblia na Igreja*, como já foi lembrado, se, por um lado, acentua (talvez com excessiva ênfase) o lugar proeminente da análise histórico-crítica, enquanto ela sozinha permite conhecer as condições históricas da composição dos textos, por outro, acolhe a legitimidade de novas aproximações que evidenciam a importância do leitor, porque na ótica cristã ele representa antes de mais nada a comunidade crente, que vive na história e que lê a Escritura em comunhão com uma Tradição penetrada pelo Espírito. É graças a essa comunidade crente que o texto pode desenvolver toda a fecundidade de seu sentido espiritual e pleno, enquanto expressão daquele leitor escondido, mas real, que é o Espírito Santo. Nesta comunidade crente, porém, age não só o magistério oficial, que, aliás, interveio pouquíssimo sobre a interpretação das diversas passagens da Bíblia, mas também e sobretudo o exegeta e o teólogo, inseridos no contexto cultural de seu tempo.

J. Moingt comenta:
> O teólogo não lê o Evangelho como uma escritura redigida por um indivíduo, mas como uma proclamação feita pela Igreja, que anuncia o Cristo narrando-o e que o narra anunciando-o; uma proclamação feita nas comunidades apostólicas, mas endereçada ao mundo futuro, uma leitura que é inseparavelmente memória e testemunho. Ele procura como a história narrada despertou a fé das primeiras comunidades ou, inversamente, que fé testemunha a narração que ela produziu. Ele pode reconhecer essa fé porque ele próprio lê essa narração como crente. Mas ele sabe que a distância histórica não permite que a leitura de hoje coincida perfeitamente com a do passado[71].

---

71. MOINGT, J. *L'Homme qui venait de Dieu*. Paris: Cerf, 1994, p. 291.

Já DV 10 reconhecia implicitamente a relação entre a análise exegética propriamente dita e a tradição eclesial de leitura e de interpretação, enquanto, se, por um lado, considerava ainda a exegese bíblica no quadro do método histórico-crítico, por outro, definia a Escritura e a Tradição como o único depósito sagrado da Palavra de Deus confiado à Igreja. Nos anos que seguiram o Concílio foram as próprias pesquisas exegéticas que manifestaram a articulação estreita entre Escritura e Tradição. A exegese aprendeu progressivamente a dar espaço ao leitor e o exegeta se reconhece hoje como um leitor entre outros, no seio da comunidade crente: a leitura crítica e científica do texto bíblico põe-se ao lado da leitura litúrgica e espiritual. Certamente, no plano epistemológico, as interfaces entre essas leituras continuam ainda objeto de investigação, mas

> aceitando participar do diálogo que nasce entre todos aqueles que reconhecem na Bíblia uma proposta de sentido e um apelo existencial, o exegeta histórico-crítico tem hoje como tarefa a de ajudar as diversas leituras da Escritura a radicar-se numa história particular: a história de Israel e a das comunidades apostólicas, onde se afirma e se oferece a salvação, numa mensagem dirigida e transmitida a todas as gerações[72].

Um livro das muitas faces

Unidade e pluralidade

Chegados ao fim deste longo percurso, devemos reconhecer que um dos aspectos mais recorrentes e paradoxais da Escritura foi sua simultânea pretensão de unidade e pluralidade[73]: livro de Deus e livro do homem, Antigo Testamento e Novo Testamento, livro único e biblioteca de 73 escritos, escrita hebraico-aramaica e escrita grega, unitariedade e pluralidade de textos, livros canônicos e livros deuterocanônicos, inspiração divina e redação humana, verdade salvífica e erros humanos, sentido literal e sentido espiritual, autor e texto, texto e leitor. O fato de a Bíblia ser una e ao mesmo tempo múltipla comporta necessariamente luz e dificuldades, porque o olhar unitá-

---

72. ARTUS, O. Dei Verbum – L'exégèse catholique entre critique historique et renouveau des Sciences bibliques. Op. cit., p. 90.

73. Cf. BEAUCHAMP, P. *Leggere la Sacra Scrittura oggi* – Con quale spirito accostarsi alla Bibbia. Milão 1990 [orig. franc.: 1987], p. 52-61 [Sorgenti di vita, 19].

rio se choca a seguir com a constatação das diferenças. Escapar do problema não serve; a pluralidade, porém, leva a uma compreensão mais profunda e mais verdadeira.

A pluralidade está inscrita na natureza da palavra; falar, de fato, significa usar mais palavras e mais frases ao longo de um espaço de tempo. Já falar a um homem significa acompanhá-lo com palavras de sua infância até a idade adulta. Também a fundação das instituições humanas comporta igualmente uma pluralidade de palavras num espaço mais ou menos longo de tempo. Não admira, pois, que o falar de Deus ao homem durante muitos séculos (cf. Hb 1,1-2) tenha implicado a pluralidade de palavras humanas. Mas a palavra não ocorre só no plural, nutre-se também de contrastes, sinal da vida e de sua profundidade aparentemente inacessível. No caso da Bíblia, a realidade de páginas contrastantes e aparentemente inconciliáveis é particularmente evidente dado o plurissecular processo de formação; certamente, a unidade é recuperada na palavra final do Filho, mas isso não acontece a custo da eliminação das precedentes palavras proféticas, porque essas testemunhas veterotestamentárias recordadas em Hb 11, agora estão presentes, em torno a nós, como uma multidão (Hb 12,1).

Apresentando algum exemplo, é preciso escolher a minuciosidade e até o pedantismo das prescrições legais sobre os sacrifícios, próprias da Torá, ou a forte crítica profética à religião dos sacrifícios? Que relação existe entre um profeta que maldiz aqueles que confiam nas armas (Is 31,1) e um sábio que com simplicidade exclama: "Prepara-se o cavalo para o dia do combate, mas a vitória depende do Senhor" (Pr 21,31)? Os textos bíblicos não fornecem diretamente a resposta, mas traçam um horizonte dentro do qual escolher e decidir. Nossa decisão não depende imediatamente de nossa leitura, mas é também verdade que nós não somos mais os mesmos depois dela. Numa estupenda meditação poética sobre os tempos do homem, o Eclesiastes os descreve em suas contraposições (3,1-9), mas não oferece os critérios de discernimento e de decisão; compete ao leitor fazê-lo. Outras vezes, as diversidades parecem menos contrapostas, como, por exemplo, no caso dos dois relatos da criação (Gn 1-2) ou dos quatro Evangelhos; qual dos dois ou dos quatro privilegiar? Quanto aos Evangelhos, a liturgia privilegia o de Lucas por causa de sua mais completa estrutura linear (anunciação, visitação, apresentação no Templo, ascensão e pentecostes são próprias de Lucas). Na catequese catecumenal, essa escolha é facilmente compreensível, mas isso não significa que o Evangelho de João seja menos significativo: competirá ao leitor encontrar sua centralidade.

A recomposição da unidade a partir de textos aparentemente distantes não é uma operação que se possa fazer com facilidade e em breve tempo. A unidade bíblica é o sinal da unidade de Deus, unidade trinitária, tão profunda quanto misteriosa. O elemento unificador de todas as palavras bíblicas é o *Logos*, um *Logos* eterno (Jo 1,1), mas também um *Logos* silenciosamente subentendido a todas as palavras escriturísticas e misteriosamente brilhante no *Logos* da cruz (1Cor 1,18). O conhecimento crítico das palavras sonoras da Escritura é importante, mas não definitivo, porque elas serão sempre lacunosas, seja em relação ao evento Jesus (Jo 20,30; 21,25), seja porque remetem para a Palavra silenciosa que nasce em nosso coração pela escuta de fé.

Um livro para todos

Se a reflexão precedente partia do pressuposto de fé da inspiração, existe também uma leitura da Escritura que poderíamos definir "leiga", não no sentido de uma negação *a priori* de seu caráter divino, mas no sentido de um reposicionamento "democrático". Com efeito, na moderna sociedade ocidental, a Bíblia tornou-se uma obra clássica e, por assim dizer, "democratizou-se"; ela já não goza de nenhum privilégio estatutário em relação a outros grandes textos da humanidade, sendo submetida à mesma metodologia pluralista, que evolui continuamente. Em particular, no que se refere à Bíblia, passou-se do método histórico-crítico para a análise estrutural e, enfim, para a análise narrativa e retórica; esta última acentua a relação entre o narrador e o leitor. O fato de pôr entre parênteses (não necessariamente negar) a inspiração da Escritura permite a expressão dos múltiplos interesses do leitor e também respeitar o horizonte de sentido de uma leitura de fé, que caracteriza um grupo de leitores como Igreja.

Quais são os interesses e os horizontes de sentido que hoje entram em jogo quando nos aproximamos da Bíblia como obra clássica e *best-seller*? Lembramos ao menos três deles.

1) Exatamente enquanto obra clássica, um motivo para aproximar-se da Bíblia nasce do pressuposto que esse texto tenha algo a dizer à nossa humanidade.

2) Quando o leitor, fascinado pela leitura do relato bíblico, deseja identificar-se ou deixar-se identificar com uma ou mais figuras desse relato, descobre que todas elas confluem na singular figura de Jesus de Nazaré; fato que o interroga e o convida a tomar posição em relação à identidade do Nazareno e em relação à própria relação com Ele. Só a leitura integral da narração bíblica poderá permitir e acompanhar essa nova experiência, até o momento final do evento Jesus, quando o leitor se encontra diante de decisões e opções de vida.

3) Assim, aparece a liberdade concedida ao leitor ou ouvinte, porque, tanto o escrito como a palavra anunciada, remetem para um evento salvífico que envolve e interpela. Essa nova aproximação evidencia o ponto de partida do acesso à fé representado pela simples presença da Bíblia na cultura ocidental, um texto susceptível de *per si* a vários tipos de leitura, correspondentes a interesses diversos. Também essa aproximação chega à inspiração, mas só depois no fim de um itinerário.

Bibliografia comentada

Introduções gerais à Bíblia

MANNUCCI, V. *Bibbia come Parola di Dio* – Introduzione generale alla sacra Scrittura. Bréscia: Queriniana, 1981 [12. ed.: 1991].

Embora tenha aparecido há alguns decênios, essa introdução marcou na Itália uma reviravolta no ensino bíblico, como mostram as numerosas reedições. Na esteira do Concílio Vaticano II, o autor renova o esquema expositivo do tratado clássico, ampliando e aprofundando o contexto teológico. Digna de atenção é a reflexão sobre o tema da palavra e, em particular, sobre o tema hermenêutico, provavelmente o melhor tratado de toda a introdução. É um manual sempre útil de ser consultado.

ALONSO SCHÖKEL, L. et al. *La Bibbia nel suo contesto*. Bréscia: Paideia, 1994 [orig. espanhol: 1990] [Introduzione allo studio della Bibbia, 1].

ARTOLA, A.M. & SÁNCHEZ CARO, J.M. *Bibbia e parola di Dio*. Bréscia: Paideia, 1994 [orig. espanhol: 1990] [Introduzione allo studio della Bibbia, 2].

Esses dois volumes introduzem a grande coleção espanhola *Introduzione allo studio della Bibbia*; são dedicados ao estudo das questões gerais postas pela Bíblia. O primeiro refere-se a problemas referentes ao ambiente histórico e literário, enquanto o segundo enfrenta questões mais especificamente teológicas. Trata-se de dois trabalhos interdisciplinares, muito ricos e documentados, que constituem uma mina de informações e de ponderados tratados, muito útil para a consulta e o aprofundamento dos temas bíblicos.

FABRIS, R. et al. *Introduzione generale alla Bibbia*. 2. ed. Leumann: Elledici, 2006 [Logos, 1].

É a segunda edição atualizada e ampliada da precedente edição de 1994. Trata-se de um texto monumental, obra de uns 20 colaboradores; daí a riqueza das contribuições, mas também uma certa falta de unidade. As contribuições histórico-críticas são amplas e bem documentadas; as puramente teológicas são mais contidas. O manual é muito útil para uma consulta.

BOSCOLO, G. *La Bibbia nella storia* – Introduzione generale alla Sacra Scrittura. Pádua: Messaggero/Facoltà Teologica del Triveneto, 2009 [Sophia-Didaché – Manuali].

É uma obra que espelha o caráter didático do ambiente acadêmico do qual provém; daí a linguagem clara e fluente, munida de fichas e de prospectos gráficos bastante úteis; no fim, alguns apêndices de documentos e de fichas geográficas. Trata-se, pois, de um texto acessível aos estudantes dos cursos institucionais de teologia.

Confira também:
TÁBET, M. *Introduzione generale alla Bibbia*. Cinisello Balsamo: San Paolo, 1998.

WALDENFELS, H. *Rivelazione* – Bibbia, tradizione, teologia e pluralismo religioso. Cinisello Balsamo: San Paolo, 1999.

VERMEYLEN, J. *10 porte per entrare nella Bibbia*. Bolonha: EDB, 2001 [orig. franc.: 1999].

DI PALMA, G. *Parola di Dio in parole umane* – Manuale di introduzione alla Sacra Scrittura. Pádua: Messaggero, 2007.

DEIANA, G. *Introduzione alla Sacra Scrittura alla luce della "Dei Verbum"*. Cidade do Vaticano: Urbaniana University Press, 2009.

A Bíblia enquanto Palavra de Deus (cânon, inspiração, hermenêutica)

Além das Introduções acima citadas, que, para cada parágrafo teológico oferecem um tratado precípuo, veja-se em particular:
CITRINI, T. *Identità della Bibbia*. 2. ed. Bréscia: Queriniana, 1990 [Leggere oggi la Bibbia, 3.3].

Depois de trinta anos – a primeira edição é de 1982 – esse breve escrito de Citrini conserva sua atualidade. De fato, em vez de elaborar teorias abstratas, o autor parte da constatação de que a Bíblia é um dado de fato; isto é, parte da atitude histórica dos crentes e das Igrejas, que reconhecem a Sagrada Escritura como autoridade única e normativa. Por isso, subvertendo a ordem tradicional dos manuais, ele estuda primeiro o cânon, depois a hermenêutica e, por fim, a inspiração.

BEAUCHAMP, P. *Leggere la Sacra Scrittura oggi* – Con quale spirito accostarsi alla Bibbia. Milão 1990 [orig. franc.: 1987] [Sorgenti di vita, 19].

É um ensaio tão breve quanto rico, apesar de sua discreta idade. Trata-se de sete conferências proferidas pelo conhecido exegeta francês em Paris com a intenção de responder seriamente à pergunta: Por que continuar a falar de Sagrada Escritura? A pergunta nasce da constatação que hoje nós possuímos inúmeras informações "científicas" sobre os tempos e os lugares em que foram redigidos esses escritos. Mas, elas não são suficientes, porque é necessário descobrir sua dimensão espiritual. Por isso, Beauchamp responde à pergunta: Com que espírito devemos ler a Bíblia?

ANGELINI, G. (org.). *La Rivelazione attestata* – La Bibbia fra testo e teologia. Milão: Glossa, 1998.

Trata-se de uma série de ensaios promovidos pela Faculdade Teológica da Itália Setentrional, por ocasião do 70º aniversário do Cardeal Carlo Maria Martini, sobre o texto bíblico enquanto mediação da revelação de Deus aos homens. A intenção é a de esclarecer como a forma textual assumida pela revelação na Bíblia dispõe das condições necessárias para a universal acessibilidade da própria revelação. Assim, fundamentam-se tanto o sentido da doutrina da inspiração como os critérios da interpretação católica.

SKA, J.-L. *Il libro sigillato e il libro aperto*. Bolonha: EDB, 2005, p. 99-164.

O volume recolhe uma série de artigos que têm a finalidade de oferecer ao leitor algumas chaves para abrir – segundo a imagem do título – o selo do antigo, mas sempre novo livro da Bíblia. Enquanto a segunda e a terceira parte oferecem respectivamente ensaios de leituras bíblicas e percursos através de toda a Bíblia, a primeira parte do volume é teológica e metodológica. Ela debate as questões relativas à interpretação da Bíblia, detendo-se em particular sobre a formação do cânon das Escrituras hebraicas e cristãs e sobre os problemas a ele conexos, numa linguagem clara e profunda.

BOVATI, P. & BASTA, P. *"Ci ha parlato per mezzo dei profeti"* – Ermeneutica biblica. Cinisello Balsamo/Roma: San Paolo/GBP, 2012.

A obra desses dois exegetas é uma ágil e cativante reflexão que, partindo das questões fundamentais da revelação e da inspiração, delineia as condições de possibilidade da compreensão da Bíblia. P. Bovati privilegia uma impostação fenomenológica, partindo em particular do dado bíblico da figura do profeta como paradigma oferecido à nossa compreensão. Na segunda parte, P. Basta indaga sobre a interpretação da Sagrada Escritura, detendo-se especialmente sobre a relação entre Escritura e Tradição, sobre o cânon, sobre a verdade bíblica e sobre os "sentidos" da Escritura inspirada.

DUBOVSKY, P. & SONNET, J.-P. (orgs.). *Ogni Scrittura è ispirata* – Nuove prospettive sull'ispirazione biblica. Cinisello Balsamo/Roma: San Paolo/GBP, 2013.

A obra é uma coleção de dezenove ensaios, promovida pela Universidade Gregoriana e pelo Pontifício Instituto Bíblico, que se propõe interrogar o dado da inspiração a partir da prática exegética, pretendendo com isso participar do diálogo entre exegese e teologia. Os ensaios convergem sobre a convicção de fundo de que a inspiração envolve todos os momentos do arco da comunicação bíblica, da memória da comunidade crente a cada um dos redatores, dos textos fundadores às ampliações posteriores no cânon, dos primeiros crentes aos últimos leitores.

Outras obras úteis são:
ALONSO SCHÖKEL, L. *La parola ispirata* – La Bibbia alla luce della scienza del linguaggio. 2. ed. Bréscia: Paideia, 1987 [Biblioteca di cultura religiosa, 7].

ALONSO SCHÖKEL, L. & BRAVO ARAGÓN, J.M. *Appunti di ermeneutica*. Bolonha: EDB, 1994 [Studi biblici].

ARDUSSO, F. *Perché la Bibbia è parola di Dio* – Canone, ispirazione, ermeneutica, metodi di lettura. Cinisello Balsamo: San Paolo, 1998.

CATTANEO, E. *Trasmettere la fede. Tradizione, Scrittura e Magistero nella Chiesa* – Percorso di teologia fondamentale. Cinisello Balsamo: San Paolo, 1999 [Intellectus fidei].

FERRARIO, F. *Dio nella Parola* – Frammenti di teologia dogmatica. Vol. 1. Turim: Claudiana, 2008 [Theologica].

IZQUIERDO, A. (org.). *Scrittura ispirata* – Atti del Simposio internazionale sull'ispirazione promosso dall'Ateneo Pontificio "Regina Apostolorum". Cidade do Vaticano: Libreria Editrice Vaticana, 2002 [Atti e Documenti, 16].

MAGGIONI, B. *Impara a conoscere il volto di Dio nelle parole di Dio* – Commento alla Dei Verbum. Pádua: Messaggero, 2001 [Dabar, Logos, Parola].

PONTIFÍCIA COMISSÃO BÍBLICA. *Ispirazione e verità della Sacra Scrittura* – La Parola che viene da Dio e parla di Dio per salvare il mondo. Cidade do Vaticano: Libreria Editrice Vaticana, 2014.

_____. *L'interpretazione della Bibbia nella Chiesa*. Cidade do Vaticano: Libreria Editrice Vaticana, 1993.

RAHNER, K. *Sulla ispirazione della Sacra Scrittura*. Bréscia: Morcelliana, 1967 [Quaestiones disputatae].

TÁBET, M. (org.). *La Sacra Scrittura anima della teologia* – Atti del IV Simposio internazionale della Facoltà di Teologia. Cidade do Vaticano: Libreria Editrice Vaticana, 1999.

THÉOBALD, C. (org.). *Le canon des Écritures* – Études historiques, exégétiques et systématiques. Paris: Cerf, 1990 [Lectio Divina 140].

VIGNOLO, R. "Questioni di ermeneutica". In: GHIBERTI, G. & MOSETTO, F. (orgs.). *Pontificia Commissione Biblica, L'interpretazione della Bibbia nella Chiesa* – Commento. Leumann: Elledici, 1998, p. 261-298 [Percorsi e traguardi biblici].

II

UM LIVRO HUMANO

Introdução

O percurso desta segunda parte, dedicada à ilustração da qualidade humana da Bíblia, é mais vasto por causa dos numerosos aspectos a ele inerentes. Um primeiro capítulo descreve a situação do texto bíblico, isto é, sua confiabilidade do ponto de vista da transmissão histórica, e também a veste literária que assume com as várias traduções que se seguem na história. Um segundo capítulo, estreitamente ligado ao primeiro, ao invés, ilustra quais são as normas e o espírito que regulam a crítica textual.

Depois, responde-se à pergunta sobre a formação literária da Bíblia, seja no que concerne à Escritura hebraica, seja no que concerne à Escritura neotestamentária. São processos muito complexos, motivo pelo qual o tratado é forçosamente sucinto, mas necessário para compreender um livro que se formou por acréscimos ao longo de séculos de história.

A Bíblia é também uma obra-prima literária, um *best-seller* da cultura universal, e por isso um capítulo mostrará a estética bíblica. Mas a Bíblia é também um livro que pertence por direito à literatura do Oriente Próximo antigo: daí a apresentação sintética das obras-primas de tal literatura, com as quais a Bíblia partilha a pertença à mesma área geográfica, como também às tradições estéticas e culturais.

Os últimos dois capítulos são bastante extensos, porque situam a Bíblia num determinado contexto geográfico e histórico. O tratado da geografia do país bíblico não se limita a uma descrição física, mas se alarga ao aspecto cultural e econômico, frequentemente esquecido, e também ao profundo significado teológico que aquela terra assume para o crente, quer hebreu, quer cristão. O tratado do contexto histórico comporta naturalmente um breve esboço da história do povo israelita, com os difíceis problemas a ela conexos, mas também os importantes e, muitas vezes, conflitivos contributos da arqueologia.

Como conclusão das duas grandes partes desta introdução à Bíblia, e depois de tratar tão variados e numerosos aspectos da realidade do livro bíblico, segue uma breve síntese, que recolhe a resposta à pergunta de fundo: Qual é a mensagem que um livro tão rico de história, de perspectivas e de problemáticas, oferece ao homem de todos os tempos que se aproxima dele? A resposta não diz respeito só ao leitor crente, mas também ao leitor honesto, que, sem preconceito, interroga um *best-seller* da humanidade em busca do sentido da vida e da história.

1

O texto da Bíblia

Línguas, material de escrita, manuscritos

As línguas originais da Bíblia são o hebraico, o aramaico e o grego. O hebraico e o aramaico pertencem à família das línguas semitas[74]. O hebraico é a língua de grande parte do Antigo Testamento, enquanto o aramaico é a língua de algumas breves seções (Esd 4,8–6,18; 7,12-26; Dn 2,4–7,2; duas palavras em Gn 31,47 e uma frase em Jr 10,11). O grego, ao invés, na forma falada da época helenista (*koiné*: comum), é a língua do Novo Testamento, de 2 Macabeus e do Livro da Sabedoria; o Eclesiástico chegou até nós só em grego e, a partir de descobertas modernas, parcialmente também em hebraico; enfim, chegaram até nós em grego também os acréscimos deuterocanônicos de Ester e de Daniel, e os livros de Judite, Tobias, 1 Macabeus e Baruc.

O material de escrita é variado: pedra (cf. Ex 24,12; 31,18; 32,15; 34,1; Dt 4,13; Js 8,32), metal (cf. 1Mc 8,22; 14,18.26.48), argila (em forma de tabuletas ou de óstracos), papiro e pergaminho. Os dois últimos é que foram sobretudo usados para a redação dos manuscritos bíblicos: sua forma carac-

---

[74]. As línguas semitas dividem-se em quatro grupos, segundo colocação geográfica: 1) semítico norte-ocidental, ao qual pertence o hebraico; 2) semítico setentrional, ao qual pertence o aramaico; 3) semítico oriental (acádico, assírio, babilônico); 4) semítico meridional, ao qual pertence o árabe.

terística era o rolo[75] e, mais tarde, o códice[76]. O papel de panos, embora inventado pelos chineses no século I d.C., aparece na Síria e Palestina só a partir do século VIII, espalhado pelos árabes; do século XII-XIII começa a ser usado para os manuscritos bíblicos, substituindo aos poucos o pergaminho.

Os manuscritos hebraicos antigos têm só o texto consonântico; as vogais foram inseridas mais tarde, a partir do século VI; mais tarde ainda, acrescentam-se os acentos. Com frequência, os manuscritos antigos apresentam uma escrita contínua, evidentemente para poupar material, ou apresentam um espaço muito reduzido entre as palavras. Os manuscritos gregos mais antigos são escritos em caracteres maiúsculos; depois, porém, prevalece a grafia minúscula, porque mais veloz e menos cara. A parte final de um manuscrito se chama "cólofon"; ele serve para oferecer os dados essenciais do manuscrito, relativos ao conteúdo, ao escriba e a seu trabalho.

Desde a Antiguidade sentiu-se a necessidade de subdividir o texto bíblico em seções, seja para o uso didático, seja para o uso litúrgico. As primeiras tentativas de dividir a Bíblia em capítulos e em versículos remontam a Stephen Langton, nos inícios do século XIII. A atual divisão deve-se a Robert Estienne, que, em 1555, publica a *Vulgata* com a divisão em capítulos e versículos, como nós conhecemos.

As testemunhas do texto hebraico da Bíblia

O Texto Massorético (TM)

O texto hebraico é testemunhado primeiramente pelo Texto Massorético, assim chamado porque foi vocalizado entre os séculos VI-X d.C. pelos massoretas (os homens da tradição [massorá = tradição]. Três manuscritos testemunham esse texto:

---

75. O papiro era disposto em longas tiras, até formar um rolo (em hebraico: *m^{e}gilláh* [Jr 36,2]; em latim: *volumen*, isto é, "coisa enrolada"). Um rolo podia conter um livro inteiro. A língua grega, porém, por causa da presença de caracteres vocálicos, exigia um espaço duplo; daí a divisão atual de 1-2Sm, 1-2Rs; 1-2Cr. Também o pergaminho podia ser disposto em forma de rolo; mas tinha o inconveniente de poder ser escrito de um só lado.

76. Porque o pergaminho não podia ser enrolado bem, do século I d.C., primeiro para o pergaminho e depois também o papiro, deixou-se de colar uma folha após a outra, mas foram coladas uma sobre a outra em forma de caderno; amarrando juntos vários cadernos, obtinham-se grossos volumes, chamados "códices" (em grego: *teuchós*).

* *O Códice dos profetas*, escrito em 895 d.C., que contém os profetas anteriores (Js, Jz, 1-2Sm, 1-2Rs) e os profetas posteriores (Is, Jr, Ez e os Profetas Menores).
* *O Códice de Alepo*, escrito em 925/930 d.C., não completo, mas provavelmente o melhor manuscrito[77].
* *O Códice de Leningrado*, escrito em 1008 d.C., reproduz a Bíblia hebraica inteira e é a base das edições críticas modernas[78].

A partir de 1896, foram descobertos numerosos fragmentos de manuscritos mais antigos, que ampliaram grandemente o conhecimento da história textual da Bíblia hebraica. Os mais importantes são:

* *Os fragmentos da Guenizá do Cairo*, mais de 200 mil, remontam ao VI-VII século d.C., entre os quais um manuscrito hebraico do Eclesiástico, até então disponível só na versão grega.
* *Os manuscritos de Qumran*, remontam ao período que vai do século II a.C. ao século I d.C. São testemunhados todos os livros bíblicos, excetuados Ester, Judite, 1-2 Macabeus, Baruc, Sabedoria; de Isaías, Habacuc e Jeremias existe o texto completo.
* *O Papiro de Nash*, remonta ao I ou II século a.C., contendo o decálogo e Dt 6,4.
* *O Pentateuco Samaritano*, redescoberto pelo peregrino Pietro della Valle em 1616; um texto conhecido desde a Antiguidade cristã e rabínica, mas depois caído no esquecimento. Pertence a uma tradição muito antiga, que depois evoluiu muito, adaptando-se ao longo dos séculos às exigências da comunidade samaritana contemporânea.
* *O texto hebraico na base da LXX* – É o texto hebraico pressuposto por essa tradução do século III-II a.C.; pressupõe um texto pré-massorético, todavia, com o limite de uma tradução.

---

77. Está em curso a preparação de uma edição pela Universidade Hebraica de Jerusalém, aos cuidados de M.H. Goshen-Gottstein; mas só saíram dois fascículos do Livro de Isaías (Fasc. I.: *Isaiah 1,1–22,10*. Fasc. II: *Isaiah 22–24*. Jerusalém, 1975; 1981).

78. O Códice de Leningrado (B 19[A]) está na base da *Biblia Hebraica Stuttgartensia* (BHS), dirigida por K. Elliger e W. Rudolph (Stuttgart, 1977). Atualmente está em curso a nova edição *Biblia Hebraica Quinta*, dotada de um aparato crítico mais completo; já saíram: Deuteronômio, Rute, Cântico dos Cânticos, Eclesiastes, Lamentações, Ester, Esdras, Neemias, Provérbios, os 12 profetas menores, Juízes.

A partir dessas testemunhas pode-se sintetizar o percurso do texto hebraico em três etapas:

1) *Período de flutuação* – Até o século I d.C. coexistem vários tipos textuais, como os encontramos na LXX (séc. III-II a.C.), em Qumran (séc. II a.C.-I d.C.) e no Pentateuco samaritano (séc. V d.C.).

2) *Fixação do texto normativo, consonântico* – Com a fixação do cânon, depois da destruição do Templo, sentiu-se a exigência de fixar também o texto; assim, restabelece-se aquilo que será o Texto Massorético.

3) *Fixação das vogais* – Do século VI-X d.C. o texto hebraico e aramaico da Bíblia chega à definitiva estabilidade por obra dos escribas, os massoretas, que colocam os sinais vocálicos e retomam e aprofundam as observações sobre cada uma das palavras ou frases feitas pelos escribas na época precedente; o conjunto dessas observações se chama massorá e é anotada à margem ou no fim dos manuscritos.

As versões da Bíblia hebraica

A versão da LXX

É a versão em grego da Bíblia hebraica realizada em Alexandria do Egito. A partir do século III a.C. inicia-se a tradução do Pentateuco, depois se prossegue com a tradução dos outros livros até a conclusão, por volta do século II a.C. Além dos livros canônicos hebraicos aparecem também 1 Esdras, Sabedoria, Eclesiástico, Judite, Tobias, Baruc, Carta de Jeremias, 1-2 Macabeus e, enfim, os acréscimos deuterocanônicos aos livros de Ester e de Daniel. Também a extensão dos livros é diferente em relação ao Texto Massorético, como, por exemplo, no caso do Livro de Jeremias, que é 1/8 mais breve do que o Texto Massorético. O nome deriva do livro apócrifo Carta de Aristeias que fala de 72 tradutores (6 × 12, i. é, para cada tribo israelita); número que foi arredondado para 70.

Não se trata de um trabalho unitário, desenvolvido por um único escriba ou por um grupo de escribas, mas da soma de traduções individuais feitas por pessoas diferentes no espaço de um século e meio. Provavelmente, a intenção era dotar a comunidade judaica de Alexandria de uma tradução grega da Torá para uso litúrgico e jurídico. Sua importância nasce do fato que constitui o primeiro exemplo de tradução de todo um *corpus*; sua datação antiga faz dela uma testemunha preciosa para o conhecimento histórico do texto hebraico e de sua interpretação. Ela representa o anel de conjunção entre os dois testamentos, e a Igreja primitiva a adota como "Antigo Testamento", reconhecendo-lhe uma importância única[79].

As outras versões gregas

Tendo sido adotada pela Igreja, muito cedo a LXX foi hostilizada pelos hebreus, que, por isso, dotaram-se de novas traduções, mais coerentes com o Texto Massorético. E são as seguintes:

• *Áquila* – É o nome de um prosélito judeu, que trabalha uma tradução servil, palavra por palavra e, portanto, absurda, porque incorre em berrantes erros de gramática e de sintaxe grega; de fato, a intenção era a de reproduzir exatamente, ou antes materialmente, o TM. Existem apenas alguns poucos fragmentos. Remonta a 140 d.C.

• *Teodoção* – É o nome de um judeu de Éfeso, que, por volta de 180 d.C., faz uma revisão da LXX com a intenção de aproximá-la o mais possível do TM. Foi quase completamente perdida, excetuado o Livro de Daniel, que, nas edições cristãs, suplantou a versão original da LXX.

• *Símaco* – Provavelmente trata-se de um samaritano convertido ao judaísmo, que, por volta de 200 d.C. faz uma tradução fiel ao hebraico, mas em bom grego; restam só fragmentos.

• *Héxapla* – Como se pode imaginar, as traduções precedentes causaram uma negativa influência sobre a transcrição da LXX, produzindo confusões. Orígenes procura pôr ordem no assunto e, entre 228 e 240 d.C. termina uma extraordinária edição da Bíblia, a *Héxapla*, com um texto articulado em seis colunas paralelas: o texto hebraico, a transliteração do hebraico com letras gregas, Áquila, Símaco, LXX, Teodoção. Teve especial cuidado com a quinta coluna, isto é, o texto hexaplar da LXX, mas que, a seguir, sofrerá alterações pelas frequentes transcrições, que provocarão novas recensões, como a de *Hesíquio* († 311 d.C.) e do mártir *Luciano* († 311/312 d.C.).

As versões aramaicas

Após o exílio, na Palestina toma conta sempre mais a linguagem aramaica, de modo que se torna necessário – especialmente no culto sinago-

---

[79]. A respeito do debate sobre sua inspiração, remetemos para as p. 95-98.

gal – traduzir o texto hebraico para o aramaico. Essa tradução, aliás só oral, foi chamada *targúm*. Assim nascem traduções estandardizadas, muitas vezes ricas de paráfrases e sumamente interessantes para conhecer a interpretação antiga do texto bíblico. Lá pelo fim do século I a.C. começa a se fixar o *targúm* por escrito. Eis suas principais testemunhas:

• *Targúm do Pentateuco* – Ele compreende algumas recensões: (a) o *Targúm Pseudo-Jonatan* (= *Jerushalmí I*), cujas seções mais antigas remontam à época pré-cristã; (b) o *Targúm Fragmentário* (= *Jerushalmí II*), com seções de todos os livros do Pentateuco; sua paráfrase por vezes é notável, outras vezes é antiga e genuína; (c) os fragmentos da *Guenizá* do Cairo, testemunhas da variedade das recensões; (d) o *Códice Neóphyti*, que contém o *Targúm* palestinense completo, numa versão executada provavelmente já no século I d.C. e, portanto, particularmente significativo para a contemporaneidade ao Novo Testamento; (e) o *Targúm Ónqelos*, que abarca todo o Pentateuco; é de origem palestinense, mas foi editado na Babilônia. Gozou de grande autoridade. A paráfrase é sóbria e está contida na mesma tradução.

• *Targúm dos Profetas* (ou de Jonatan ben Uzziel) – Abarca os Profetas anteriores (Js-Rs) e os Profetas posteriores (Is-Ez); é de origem palestinense, mas recebe sua estrutura definitiva no III-IV século d.C. na Babilônia. É uma paráfrase, mais do que uma tradução.

• *Targúm dos Escritos* – É obra de muitos autores, como testemunha a grande variedade de língua e de estilo; não é anterior ao século V d.C. A paráfrase é muito desenvolvida.

As testemunhas do texto do Novo Testamento

Nenhum texto clássico chegou até nós em tal número de exemplares e em formas textuais tão diferentes como o Novo Testamento. Conhecem-se cerca de 5 mil manuscritos, aos quais se acrescentam mais de 10 mil manuscritos das versões antigas e milhares de citações dos Padres da Igreja, para um total de cerca de 250 mil variantes. A maior parte das variantes, porém, diz respeito simplesmente à ortografia, à gramática ou ao estilo; pouquíssimas referem-se a mudanças do significado textual. Naturalmente, os originais foram perdidos desde os primeiros tempos, mas as testemunhas mais antigas estão a apenas três ou quatro séculos dos originais e, em alguns casos, somente dois séculos. E até, no caso do Papiro *Ryland* (P^{52}) a distância do original é só de três ou quatro decênios.

Para catalogar os manuscritos usa-se o método elaborado por C.R. Gregory († 1917). Os *manuscritos maiúsculos* (ou *unciais*) são indicados por um número precedido pelo zero (p. ex., 01 = Códice Sinaítico)[80]; os *manuscritos minúsculos* são indicados com os números árabes; os *papiros* são indicados com um "P" e um número exponencial (P^{52} = Papiro *Ryland*); os lecionários, porém, são indicados com um "l" e um número exponencial (l^{1596} = Lecionário de Viena); enfim, os manuscritos latinos são indicados com as letras minúsculas do alfabeto latino (a, b, c...).

Papiros

Provêm quase todos do Egito. São cerca de 96 e mais da metade remonta ao III e ao IV século d.C., portanto, antes dos grandes códices do século IV; daí sua importância. Os principais são:

Papiro Ryland (P^{52}) – É o papiro mais antigo (125 d.C. e traz Jo 18,31-33.37.

Papiros Chester Beatty (P$^{45.46.47}$) – Remontam ao século III d.C. e contêm seções dos Evangelhos, dos Atos dos Apóstolos, de São Paulo e do Apocalipse.

Papiro Bodmer II (P^{66}) – É importante tanto por sua antiguidade (cerca de 200 d.C.) como porque traz quase todo o Evangelho de João.

P^{72} – Remonta ao século III d.C. e traz a Carta de Judas e 1-2 Pedro, que, naquele tempo não tinham ainda obtido uma colocação segura no cânon.

P^{75} – Remonta a cerca de 200 d.C. e é o mais antigo testemunho de Lucas e um dos mais antigos de João. O texto é muito semelhante ao do Códice Vaticano (B = 02), o que faz essa forma textual remontar ao século III d.C.

Códices maiúsculos

Os códices maiúsculos são aproximadamente 299; os mais importantes são:

• *O Códice Sinaítico* (01 = א) – Foi descoberto por K. von Tischendorf no Mosteiro de Santa Catarina do Sinai. Remonta à primeira metade do século IV d.C. e contém o Antigo Testamento da LXX (com algumas la-

---

80. Para alguns manuscritos importantes conserva-se paralelamente e classificação precedente com letras maiúsculas latinas ou gregas (p. ex., A = 02 [Códice Alexandrino], B = 03 [Códice Vaticano]).

cunas) e todo o Novo Testamento, com o acréscimo da Carta de Barnabé e do Pastor de Hermas. Assemelha-se muito ao Códice Vaticano, com a vantagem de ser completo sobre o Novo Testamento.

• *O Códice Vaticano* (03 = B) – Encontra-se na biblioteca vaticana. Contém o Antigo Testamento da LXX (com exceção de Gn 1,1–46,28 e dos Sl 105,27–137,6) e o Novo Testamento (com exceção de Hb 9,15–13,25; 1-2Tm; Tt; Fm; Ap); é considerado o códice mais antigo (inícios do século IV d.C.) e provém muito provavelmente do Egito.

• *O Códice Alexandrino* (02 = A) – Contém o Antigo Testamento grego e o Novo Testamento, com notáveis lacunas, e, além disso, a Primeira Carta de Clemente Romano e parte da segunda; foi transcrito no Egito, por volta do fim do século IV d.C.

• *O Palimpsesto de Efrém* (04 = C) – É chamado assim porque depois do cancelamento de superfície, todavia ainda atingível, no século XIII d.C. foram escritas as obras de Efrém. Remonta aos inícios do século V d.C. e contém o Antigo Testamento (LXX) e o Novo Testamento, mas com muitas lacunas.

• *O Códice Ocidental* (05 = D) – É também chamado de *Códice de Beza*; remonta ao século V ou VI d.C.; é o mais antigo códice bilíngue (grego e latim) e traz só os Evangelhos e os Atos dos Apóstolos.

Códices minúsculos

São chamados assim porque redigidos em caracteres cursivos ou minúsculos; são mais de 2.792 e se difundem do século IX até a invenção da imprensa. Não têm um grande valor, exceto quando reproduzem um arquétipo antigo. Quando entre eles existe uma parentela, constituem uma *família*, como, por exemplo, a *família Lake* (f^1), que compreende os códices 118, 131, 209, 582, e a *família Ferrar* (f^{13}), caracterizada por três subgrupos encabeçados respectivamente pelos manuscritos 13, 69 e 983.

Lecionários

São os manuscritos que contêm as leituras litúrgicas do Novo Testamento. Existem 2.193; em geral, são posteriores ao século IX. A pesquisa recente acentua sua importância.

Citações dos Padres

Oferecem um material tão abundante a ponto de abraçar praticamente a totalidade do Novo Testamento. Mesmo que às vezes seja difícil decidir se se trata de citações reais ou simplesmente de citações mnemônicas ou parafrásticas, essas citações podem ser importantes porque, com frequência, trazem um texto mais antigo do que o dos grandes códices do século IV.

Recensões

Em base a semelhanças e afinidades, os manuscritos do Novo Testamento foram classificados em quatro grupos textuais, chamados *recensões*:

• *Recensão alexandrina* (ou *neutra*). É o tipo de texto que veio se formando no Egito e é considerado o melhor. Normalmente é o mais breve e evita reelaborações gramaticais ou estilísticas. Pertencem a ela manuscritos muito antigos e importantes, como B, א, A. O arquétipo que está na base dessa recensão remonta ao século II.

• *Recensão ocidental*. É chamada assim porque testemunhada por manuscritos ocidentais, como a *Vetus Latina*, as citações dos Padres latinos e dos manuscritos greco-latinos; todavia, está presente também nos Padres gregos. Embora conotada por numerosos acréscimos, omissões e harmonizações, espelha um testemunho textual antigo, cujo arquétipo remonta ao século II. Pertence a essa recensão o códice D.

• *Recensão cesariense*. Remonta a uma reelaboração efetuada no Egito por volta da primeira metade do século III d.C. e foi difundida de Cesareia Marítima, sobretudo graças a Orígenes. Distingue-se da recensão alexandrina pela melhor forma linguística e pela infiltração de alguns elementos da recensão ocidental. Pertencem a essa recensão as famílias *Ferrar* e *Lake*.

• *Recensão bizantina* (ou *antioquena*, ou siríaca, ou *koiné*). É a recensão mais recente, mas também a mais difundida. Provavelmente teve origem em Antioquia da Síria por volta da metade do século IV e dali difundiu-se por todo o Império Bizantino. Caracteriza-se por um texto amplo, por correções de estilo e por acréscimos explicativos, com a intenção de tornar o texto mais fluente e mais elegante. A essa recensão pertence o códice A.

As versões do Antigo e do Novo testamentos

A rápida difusão do cristianismo entre populações de língua não grega comportou muito cedo, a partir de 180 d.C., a necessidade de novas traduções. Em relação às duas traduções vistas acima, a da LXX e do *Targúm*, essas novas traduções referem-se à Bíblia cristã, isto é, aos dois testamentos. Eis as traduções mais importantes.

Versões latinas

• A *Vetus Latina* (a versão latina antiga). Trata-se de uma tradução ou do conjunto de traduções anteriores à versão *Vulgata* de Jerônimo (séc. IV). Essa obra de tradução iniciou na África em fins do século II com Tertuliano e difundiu-se velozmente por todo o Ocidente com contínuas adaptações para a linguagem litúrgica dos diversos países. Traduz o texto grego da LXX anterior à recensão de Orígenes; isso significa que seu texto é muito antigo e possui um notável valor crítico. A difusão e, talvez, também a multiplicação das traduções causava confusão; daí a necessidade de uma revisão crítica, que aconteceu por obra de Jerônimo. Primeiramente, em 383, ele revisou o Novo Testamento, respeitando o mais possível o antigo texto latino, mas eliminando os erros de tradução mais evidentes e abrandando as durezas estilísticas. Depois, revisou também o Antigo Testamento, traduzido pela LXX, do qual nos ficaram 1-2 Macabeus, Baruc, Eclesiástico e Sabedoria, porque a seguir serão inseridos na *Vulgata*, sem ulteriores correções. Da *Vetus Latina* sobraram apenas poucos fragmentos, especialmente pelo que concerne ao Antigo Testamento.

• A *Vulgata*. Em 390, Jerônimo começa a trabalhar na tradução da Bíblia hebraica, diretamente do hebraico, terminando-a em 405. Quanto aos deuterocanônicos, traduz Tobias e Judite de um modelo aramaico e as seções deuterocanônicas de Daniel e Ester de um modelo grego; os outros deuterocanônicos (1-2Mc, Br, Ecl, Sb), como se disse acima, entram na *Vulgata* na forma da precedente revisão da *Vetus Latina*. Em pouco tempo a *Vulgata* se impôs como Bíblia oficial da Igreja latina. Foi revisada em 1592 em consequência da injunção do Concílio de Trento (a *Sisto-Clementina*); nos anos 1926-1987 aparece a revisão preparada pelos Beneditinos da Abadia de São Jerônimo em Roma, mas só para o Antigo Testamento. Em 1979, após o Concílio Vaticano II, foi publicada uma nova tradução em latim dos textos originais, a *Neo-Vulgata*, para uso litúrgico.

Versões siríacas

Das versões siríacas que chegaram até nós, duas se referem a toda a Bíblia (a *Peshitta* e a *Siro-palestinense*), duas se referem ao Antigo Testamento (a *Siro-Héxapla* e a de *Jaqub de Edessa*) e três referem-se ao Novo Testamento (*Vetus Syra, Filoxênia, Harclense*). Recordamos de modo particular a *Peshitta*, também chamada "Vulgata siríaca" e ainda em uso na Igreja siríaca. Sua origem é muito antiga, ainda que os manuscritos sejam do século V d.C. Quanto ao Antigo Testamento, discute-se se a tradução é de origem judaica ou cristã e se foi feita de um texto hebraico ou do *Targúm*; importante foi também a influência da LXX, especialmente para os Salmos, Isaías e os 12 profetas. Em relação ao Novo Testamento, faltam as cartas católicas mais breves (2-3Jo, 2Pd, Jd) e o Apocalipse.

Outras versões antigas

• *Versões coptas* – São as versões egípcias antigas. Em relação ao Antigo Testamento são feitas sobre a LXX; quanto ao Novo Testamento, as duas principais e mais antigas são a *sahídica* e a *bohairica*. As versões coptas mostram muitas afinidades com o tipo textual alexandrino.

• *Versão gótica* – Surge por volta da metade do século IV d.C. Do Antigo Testamento nos chegaram só pequenos fragmentos de Neemias (cap. 5-7); a tradução do Novo Testamento, que remonta a 341, é atribuída a Wulfila, Bispo dos Godos.

• *Versão armênia* – É baseada na LXX; apareceu a partir do século V d.C. com a invenção da língua armênia; discute-se se a partir da versão siríaca ou da LXX. Por número de manuscritos, a versão armênia do Novo Testamento é a mais atestada depois da *Vulgata*.

• *Versões georgiana, etiópica, árabe, eslava* – Elas testemunham a difusão do cristianismo e a crescente necessidade de aculturação. Trata-se, em geral, de traduções secundárias, isto é, realizadas do grego e, por vezes, também do siríaco. As mais importantes são as traduções etiópicas, que iniciam a partir do século IV d.C., e a tradução eslava feita por Cirilo e Metódio (séc. IX), que ainda hoje constitui a Bíblia dos eslavos orientais e meridionais.

2

A crítica textual

Premissa

Especialmente em relação ao Antigo Testamento, é importante distinguir bem a crítica literária da crítica textual. A primeira estuda o processo de formação dos escritos bíblicos, processo longo e de difícil interpretação; a segunda, porém, estuda o processo de transmissão do texto a partir de sua redação. Com frequência, estamos na presença de múltiplas redações, como, por exemplo, no caso do Eclesiástico, motivo pelo qual é preciso estabelecer antes o texto do qual se quer partir.

Depois da *redação* vem a *transcrição*, isto é, o processo mediante o qual de um manuscrito se extrai um outro; isso acontece por obra de um amanuense, que copia ou escreve sob ditado um texto precedente. A *recensão*, enfim, é o processo de correção de um texto para eliminar os erros e as variantes introduzidas durante as transcrições precedentes; acontece depois de um certo tempo, quando já não se tem à disposição o manuscrito original (autógrafo) e é preciso valer-se da confrontação dos manuscritos derivados (apógrafos). Partindo dos apógrafos, a crítica textual tende a reconstruir enquanto possível o estado original da obra no momento de sua redação (autógrafo), ou contenta-se em estabelecer o texto saído de uma determinada recensão antiga.

As alterações do texto

É evidente que no processo de transmissão de um texto se introduzem inevitavelmente numerosas mudanças, algumas acidentais, outras intencionais; a crítica textual estabelece princípios e métodos para identificar e corrigir essas mudanças, para restabelecer o texto na forma mais próxima ao original, mas também para conhecer, graças às mudanças intencionais, a história da interpretação do texto nas comunidades crentes.

Erros de omissão

• *Omissão de uma letra*: no Sl 28,8 o TM tem *lamó* (para ele), enquanto a leitura correta provavelmente é *l^e'ammó* (por seu povo) como testemunham a LXX e a *Vulgata*.

• *Omissão de uma palavra*: Mt 13,46 soa "vendeu *tudo* o que possuía; o códice D omite a palavra "tudo".

• *Omissão de uma frase inteira*: em Lc 10,42 o códice D omite a frase "mas uma só coisa é necessária".

• *Haplografia*: é um caso particular de omissão, que acontece quando se omite um elemento (letra, sílaba, palavra) idêntico ao contíguo. Por exemplo, em Jz 20,13b o TM escreve *w^{e}ló' 'abú binyamín* [e não queriam Benjamim], omitindo diante de "Benjamim" o termo *b^{e}né* [os filhos de], isto é, o mesmo grupo de consoantes (*bny*) que introduzem o termo "Benjamim", como testemunham Q, LXX e o *Targúm*.

Erros por acréscimo

• *Acréscimo de uma letra*: no Sl 140,6 (LXX), em vez de *hedynthesan* [foram doces] o texto tem *edynéthesan* [eles puderam].

• *Acréscimo de uma palavra*: em Mt 5,22 numerosos códices acrescentam *eiké* [sem motivo], de modo que a frase resulta: "Quem se irritar contra seu irmão *sem motivo...*"

• *Acréscimo de uma frase inteira*: em Mt 5,44 numerosos códices, por influência do texto paralelo de Lc 6,27-28 acrescentam: "bendizei aqueles que vos maldizem, fazei o bem àqueles que vos odeiam".

• *Ditografia*: é a repetição de uma letra, de uma sílaba, de uma palavra ou de uma frase inteira. Em Ecl 5,9 a expressão *umí-'ohéb behamón* [e quem ama *na* riqueza] deve-se ler *umí-'ohéb hamón* [e quem ama a riqueza].

Erros por confusão e por inversão de letras ou de palavras semelhantes

• Em 2Rs 16,6 a fácil confusão das consoantes *d / r* na escrita quadrada (ר / ד) favoreceu a leitura ארם [Aram] em vez de אדם [Edom].

- No Sl 49,12 a leitura massorética *qrbm* [seu interior] deriva provavelmente por metátese da leitura *qbrm* (sua tumba), atestada pela LXX.
- Em Mc 14,65 muitos códices têm *ébalon* (de *bállo*, lançar) em vez de *élabon* (de *lambáno*, tomar), invertendo assim as letras.
- Em Mt 9,35 alguns códices, em vez de *tas póleis pásas* [as cidades todas], tem *tas pásas póleis* [todas as cidades]. E em Mt 21,28-32 alguns códices põem primeiro o caso do filho obediente, em vez do filho desobediente.

Causas das alterações

As causas podem ser involuntárias ou intencionais, mesmo se a distinção nem sempre é possível.

Causas involuntárias

- *Defeitos físicos* – Trata-se das alterações produzidas, por exemplo, no copista fraco da vista ou, quando escreve sob ditado, fraco na audição; assim explicam-se facilmente as haplografias, as ditografias, as confusões e as inversões de letras ou de palavras semelhantes.
- *Homeotelêuton* – No trabalho de copiar um manuscrito, o escrivão pode facilmente incorrer na omissão por *homeotelêuton*, que consiste no salto de um grupo de letras para um idêntico grupo que aparece pouco depois, omitindo assim de transcrever as palavras intermediárias. Por exemplo, em Jo 17,15 o texto soa: "Não peço que tu tires *a eles do* [mundo, mas que preserves *a eles do*] maligno"; o Códice Vaticano omite o texto entre colchetes, saltando da expressão "a eles do" [*autús ek tu*] para a seguinte também igual.
- *Itacismo* – No grego da koiné no tempo do Novo Testamento, as vogais *e, i, y*, os ditongos *ei, oi, yi* (e o ditongo impróprio *e* com iota subscrito) pronunciavam-se todos do mesmo modo (*i*), motivo por que era fácil confundir entre eles palavras de significado diverso. Em 1Cor 15,54, por exemplo, a expressão "a morte foi tragada pela vitória [*níkos*]", no Códice Vaticano e no papiro P[46] é lida: "a morte foi tragada pelo conflito [*néikos*]".
- *Escrita contínua* – Nos manuscritos mais antigos era corrente o uso da escrita contínua, sem divisão entre as palavras. Isso podia provocar erros nas transcrições, como, por exemplo, em Mc 10,40 ("Mas sentar-se

à minha direita ou à minha esquerda não compete a mim conceder. É daqueles para quem [*all'hóis*] foi preparado"), onde a expressão *all'hóis* [mas para aqueles aos quais] é interpretada em algumas versões antigas como *allóis* [para outros].

Causas intencionais

• *Preocupações gramaticais* – O escriba lê um texto e, pensando encontrar um erro, corrige-o, ou então, diante de um estilo descuidado, melhora-o. Assim, por exemplo, as terminações helenistas em *an* dos verbos são substituídas com as clássicas terminações em *on*: *élthan* torna-se *élthon* [vieram], *éipan* torna-se *éipon* [disseram]. Em Lc 4,1 ("Cheio do Espírito Santo, Jesus voltou do Rio Jordão e foi levado pelo Espírito para o deserto [*en te erémo*]" algumas testemunhas preferem respeitar a construção clássica do movimento de lugar com *eis* + o acusativo.

• *Preocupações harmonizantes* – Surgem do desejo de harmonizar passagens paralelas ou de completá-las mutuamente. Em Mt 5,44 alguns manuscritos completam o versículo com a expressão "bendizei aqueles que vos maldizem, fazei o bem àqueles que vos odeiam" da passagem paralela de Lc 6,27-28.

Outras vezes, o escriba conforma o texto ao da LXX, como, por exemplo, em Mt 15,8, onde alguns manuscritos trazem a citação de Is 29,12 segundo a LXX, no lugar da livre citação do evangelista.

Tem-se uma leitura *conflata* quando o escriba, encontrando-se diante de duas leituras diferentes do mesmo texto, por segurança traz as duas. Em Mt 26,15, por exemplo, a maioria das testemunhas tem "trinta moedas de prata"; outros (D e alguns códices da *Vetus Latina*) têm: "trinta estáteres"; outros ainda (os códices 1, 209) trazem a variante conflata: "trinta estáteres de prata".

• *Preocupações teológicas* – Em Dt 32,8 o TM lê "segundo o número dos filhos de Israel", enquanto em 4QDtq se tem "segundo o número dos filhos de El", assim como em alguns manuscritos da LXX; é muito provável que o TM tenha sido corrigido para evitar qualquer suspeita de politeísmo. Em Mc 13,32 ("Quanto a esse dia e a essa hora, ninguém sabe, nem os anjos do céu, nem o Filho, mas somente o Pai") alguns códices (X, 983, 1689) suprimem a expressão "nem o Filho" para evitar a dificuldade teológica de uma ciência limitada de Cristo.

Princípios e métodos da crítica textual

Para a reconstrução do texto original, partindo das testemunhas do texto acima recordadas (os manuscritos bíblicos, as versões antigas e as citações patrísticas ou rabínicas), a crítica textual procede segundo dois momentos distintos, mas estreitamente ligados entre si: a assim chamada crítica externa e a crítica interna.

A primeira consiste em inventariar as variantes, consultando o aparato crítico das edições críticas da Bíblia. No grupo dos testemunhos a favor de uma variante dada, é preciso recordar que não basta o critério quantitativo; de fato, pode acontecer que as testemunhas daquela variante sejam todas cópias posteriores do mesmo manuscrito onde ela se formou. Também a antiguidade de um códice não é um argumento conclusivo para a genuinidade de suas leituras; de fato, podem existir códices posteriores, cópias de um manuscrito muito mais antigo. Portanto, é preciso levar em conta não só a quantidade e a qualidade dos códices, mas também sua genealogia. Da *crítica externa* emerge já um quadro onde algumas variantes mais antigas e mais bem representadas têm a probabilidade de representar uma leitura semelhante à original.

Todavia permanece ainda a necessidade de avaliá-las segundo seu valor intrínseco, e essa é a tarefa da *crítica interna*. Ela elaborou algumas regras de natureza orientadora:

1) *Deve-se considerar leitura genuína aquela que pode explicar a origem das outras leituras*. É a regra mais importante, também chamada "regra áurea", pela força da argumentação e também porque as outras regras podem reduzir-se a ela. Damos um exemplo detalhado dela.

Em 1Tm 3,16 lemos: "Sem dúvida, é grande o mistério [*mystérion*] da piedade: Ele [*hos*] foi manifestado na carne..." O problema consiste na interpretação do pronome relativo masculino singular *hos*, que, de *per si*, não concorda com o precedente neutro *mysterion*. Assim, alguns manuscritos (como o códice ocidental [D* de primeira mão], algumas versões latinas e siríacas, e alguns padres [Hilário, o Ambrosiáster, Agostinho, Pelágio]) têm *ho* (pronome neutro); enquanto outros códices (p. ex., ℵ^{c}A^{c}C^c [= códices corrigidos], Dídimo, Gregório de Nissa,...) têm *ths* (abreviação de *theós*, Deus). Atendendo à regra segundo a qual é mais genuína a leitura que pode explicar a origem das outras, podemos compreender a origem da leitura *ho* como correção gramatical para concordá-la com o neutro *mysterion* e a origem da leitura *ths* como o fruto da errônea leitura da vogal *omicron* com a letra *teta*[81]. Portanto, a leitura *hos* é a primitiva, porque explica a origem das outras duas. A isso se acrescenta que a leitura *hos* parece ser a mais difícil, porque desse modo o autor quis acentuar a novidade do mistério cristão, constituído pela própria pessoa de Cristo.

2) *Uma leitura mais difícil, em geral, deve ser preferida a uma leitura mais fácil*. Em Lc 2,14 lemos: "Glória a Deus no mais alto dos céus e paz na terra aos homens de [sua] boa vontade [*eudokías*]". Em vez do genitivo *eudokías* algumas testemunhas importantes (01*, B², L, 038, 040, 044, muitas versões antigas, Eusébio, Orígenes, Epifânio) têm o nominativo *eudokía* (= "Glória a Deus no mais alto dos céus e paz na terra, *boa vontade* aos homens". A leitura *eudokías* constitui certamente a leitura mais difícil, e por isso é verosímil que ela tenha sido alterada com a leitura mais fácil, já que a construção do genitivo "homens de sua boa vontade" é uma expressão tipicamente semita. A isso se acrescenta que nos códices 01 e B a primeira mão tem o genitivo, corrigido depois com o cancelamento do *sigma* final.

3) *Uma leitura breve, em geral, deve ser preferida a uma leitura mais longa*. A tendência dos escribas é antes de ampliar do que encurtar o texto; de fato, é raro que se omita deliberadamente algum elemento do texto. Em Lc 15,21 ("O filho, então, lhe disse: 'Pai, pequei contra Deus e contra ti. Já não sou digno de ser chamado teu filho'") alguns manuscritos, retomando a expressão do v. 19, acrescentam "trata-me como um dos teus empregados". Trata-se de um acrescimento que quer confirmar o efetivo cumprimento da parte do filho de tudo o que havia pensado dizer a seu pai.

4) *Uma leitura diferente da passagem paralela deve ser preferida a uma leitura idêntica*. É a consequência da tendência à harmonização, como, por exemplo, em Lc 11,2-4, onde o texto da oração em muitos manuscritos é idêntico ao Pai-nosso de Mt 6,9-13.

5) Por vezes pode acontecer que nenhuma das leituras variantes apresentadas pelos manuscritos seja satisfatória; recorre-se, então, à *conjetura*. Todavia, deve-se notar que, depois de um uso anormal no passado, hoje tende-se a recusar essa solução.

---

81. No grego manuscrito é fácil confundir a letra *ômicron* (*o*) com a letra *teta* (*Θ*).

3

A formação literária do Livro

Um povo não começa sua história escrevendo livros. Isso acontece depois, quando a história foi vivida e nos voltamos para trás, seja para melhor compreender a própria identidade, seja para oferecer o conhecimento do passado às novas gerações como memória de vida. Isso aconteceu para os hebreus e, depois, para os cristãos com a Bíblia, que, diferente do Alcorão, não é considerada um livro caído do céu, mas expressão de dezenas de autores, em grande parte anônimos, que recolhem e põem por escrito a tradição oral do passado. Dessa transmissão, viu-se acima o aspecto divino, isto é, a assistência do Espírito Santo; agora quer-se ver o aspecto humano, isto é, como concretamente foi se formando esse complexo e particular livro que é a Bíblia. A história da formação literária da Bíblia, sobretudo para o Antigo Testamento, não é uma empresa fácil. Serão oferecidos apenas alguns dados essenciais, remetendo, porém, para os tratados específicos dos volumes da coleção, para a ilustração da pesquisa histórica e das questões mais discutidas e particulares de cada seção. Veremos, primeiramente, a formação literária do Antigo Testamento, a mais complexa, e, depois, a do Novo Testamento.

A formação literária da Bíblia hebraica

O Antigo Testamento foi se formando ao longo de três eixos mestres que são a Lei (Torá), os Profetas e os Escritos. Esses três eixos mestres não só constituem a estrutura da atual Bíblia hebraica, mas revelam a caminhada progressiva do consenso que veio se formando em torno desses livros.

Com efeito, é enquanto Lei que os primeiros cinco livros foram reconhecidos como obrigatórios e depois como canônicos, tanto pelos judeus como pelos samaritanos e depois também pelo Novo Testamento. Na tradição judaica, à Lei seguem os Profetas; lentamente a tradição havia reunidos tantos as narrações escritas no espírito dos profetas (Primeiros Profetas), como as palavras dos próprios profetas (Últimos Profetas). A terceira coleção dos Escritos, mais recente e menos unitária, agrupa textos bastante diferentes entre si e continua aberta a ulteriores aquisições (cf. os escritos deuterocanônicos); encontrará sua delimitação só no período cristão, seja no cânon hebraico, seja no cristão.

A formação da Lei (Pentateuco)

Apesar da pluralidade e, com frequência, da contradição das novas propostas em polêmica com a passada hipótese documentária[82], emergem algumas orientações de fundo, das quais, independentemente das opções que se querem fazer, não se pode facilmente prescindir. Podemos sintetizá-las em alguns pontos.

1) É sempre mais evidente a tomada de consciência da complexidade do texto bíblico do Pentateuco. Diante das tentações de soluções fáceis e exclusivistas, aparece a necessidade de uma aproximação humilde, que saiba ter em consideração as diversidades, ou melhor, as riquezas escondidas num texto, fruto de uma longa maturação de fé.

2) Em polêmica contra a precedente tendência de "atomizar" o texto, hoje sente-se a necessidade de estudar o texto em seu teor atual; daí um rico florescimento de estudos que, embora na variedade de métodos, valorizam o texto na sua riqueza literária. É somente a partir dessa aproximação sincrônica que se pode proceder, depois, a uma análise diacrônica.

3) O exílio babilônico faz Israel mergulhar numa crise religiosa e política sem precedentes na história nacional. Ela constitui um ineludível divisor de águas no processo de transmissão e sobretudo de aprofundamento das tra-

---

82. Tal hipótese, definida e sistematizada por J. Wellhausen (1844-1918), sustenta que o Pentateuco seja o resultado da fusão de quatro documentos, convencionalmente chamados Javista ("J"), Eloísta ("E"), Sacerdotal ("P") e Deuteronomista ("D"). A bibliografia é imensa. Para uma boa introdução, cf. GALVAGNO, G. & GIUNTOLI, F. *Dai frammenti alla storia. Introduzione al Pentateuco.* Turim: Elledici, 2014 [Graphé, 2].

dições do Pentateuco, porque responde – da parte do judaísmo nascente – à inevitável exigência de definir claramente a própria identidade religiosa e social, no momento em que os passados parâmetros (dinastia davídica, realeza, independência territorial, Templo) pareciam definitivamente destruídos. É desse trauma histórico que nascem as duas grandes redações, deuteronomista e sacerdotal.

Partindo dessas premissas, pode-se projetar a seguinte formação do Pentateuco. Existem tradições pré-exílicas, tanto escritas como orais, mas que nunca foram reunidas numa narração única antes do trabalho da corrente sacerdotal e deuteronomista no tempo do exílio e do imediato pós-exílio. Portanto, elas se compõem de materiais originariamente independentes; isso não significa que essas tradições constituíram corpos fechados, sem contato algum entre si, mas simplesmente que não foram reunidas literariamente numa única narração. Embora na consciência da impossibilidade de uma maior precisão, podemos indicar como pré-exílicos alguns textos: os código da aliança (Ex 20,22–23,33*), o *código deuteronômico* (Dt 12–26*), alguns relatos patriarcais concernentes a Abraão (Gn 12–25*) e Jacó (Gn 26–36*), um relato de origem alternativa ao patriarcal concernente à saída do Egito (Ex 1–14*), com o acréscimo provável de uma primeira versão do evento teofânico do Sinai (Ex 19–24*).

A contribuição do grupo sacerdotal e do grupo deuteronomista na época do exílio e do segundo Templo é fundamental no processo de formação do Pentateuco. A mais importante é sobretudo o complexo que é designado por "P", cuja articulação, porém, não é fácil determinar. Trata-se de uma narração independente, que integrando os contributos das tradições precedentes, narra uma história salvífica que vai da criação até a ereção do santuário no deserto (Ex 40). O fundo é uma concepção comum aos mitos da criação do Oriente Próximo que, com frequência, terminam com a construção de um templo onde o deus vem morar; mas a intenção puramente teológica, isto é, a de anunciar a volta da presença de YHWH, comprometida pela intromissão da violência na terra no tempo do dilúvio (Gn 6,11-13), no quadro de uma progressiva revelação de Deus (*'elohím*: Gn 1,1; *'el shaddáy*: Gn 17,1; *YHWH*: Ex 6,3). Desse modo P interpreta as tradições precedentes como três etapas de uma mesma história, toda orientada para a plena revelação daquele Deus, YHWH, que agora habita em meio à comunidade sacerdotal de Israel, e assim, fundamenta a legitimidade da comunidade judaica pós-exílica, que reconstrói o Templo sobre o modelo do santuário mosaico e ali opera o culto de um Deus não só nacional, mas universal. A esse primeiro complexo de P deve ainda unir-se, embora num segundo tempo, a assim chamada Torá sacerdotal (Lv 1–16), que constitui sua conclusão, e o *código da santidade* (Lv 17–6/27).

Ao lado da contribuição da corrente sacerdotal está a da corrente deuteronomista. No início, essa tradição é constituída do *código deuteronômico* (Dt 12–26*) acima citado e por sua redescoberta e proclamação na época de Josias (2Rs 22,1–23,30)[83]; depois, durante o exílio, provavelmente na Babilônia, da parte de círculos distintos dos sacerdotais, segue uma reflexão sobre a história de Israel à luz do Deuteronômio.

Desconsiderando a forma literária de tal reflexão, sobre a qual existem interpretações divergentes (Dt–Js; Dt–2Rs; Ex–2Rs...), aparece fortemente o tema de uma identidade judaica ligada à terra e à observância de uma Lei que é, ao mesmo tempo, cultual e ética. Trata-se, então, de harmonizar a tradição sacerdotal com a tradição deuteronomista, coisa que aconteceu lentamente no século V: 1) graças ao trabalho de síntese das principais tradições

---

83. Sobre a historicidade do acontecimento narrado em 2Rs 22,1–23,30 levantaram-se dúvidas, definindo-a como *pia fraus*, isto é, uma simulação destinada a dar maior autoridade a uma reforma que, na realidade, teria acontecido depois do exílio (cf. GRABBE, L.L. *Ancient Israel – What Do We know and How Do We Know it?* Nova York/Londres: T. & T. Clark, 2007, p. 206-207). G. Borgonovo define-o um "mito fundador" que pode sustentar o peso ideológico da reforma (cf. BORGONOVO, G. et al. *Torah e storiografie dell'Antico Testamento*. Leumann: Elledici, 2012, p. 200-201; e, mais em geral, p. 193-214 [Logos, 2]). Apesar de algumas perguntas não resolvidas, como, por exemplo, o porquê do silêncio de Jeremias sobre tal reforma, é difícil pensar numa invenção literária do fato, sobretudo tendo em conta particularidades, irrelevantes do ponto de vista teológico, mas significativas do ponto de vista histórico, da narração, como, p. ex., os nomes dos protagonistas (Safã, Helcias, Aicam, Acobor, Asaías, Hulda) ou o endereço da casa da profetisa (2Rs 22,14). Embora o relato bíblico mostre o sinal da reelaboração posterior dos teólogos deuteronomistas, ele faz referência a um núcleo histórico autêntico. Cf. p. ex. CORTESE, E. *Le tradizioni storiche di Israele – Da Mosè a Esdra*. Bolonha: EDB, 2001, p. 307-309. • ROSE, M. "Deutéronome". In: RÖMER, T.; MACCHI, J.D. & NIHAN, C. (orgs.). *Introduction à l'Ancien Testament*. 2. ed. Genebra: Labor et Fides, 2009, p. 302 [Le Monde de la Bible 49] [a edição italiana foi feita sobre a primeira edição, que não possui importantes atualizações da segunda edição].

legais de Israel da parte do *código de santidade* (Lv 17–26/27); 2) graças à redação do Livro dos Números, que assim se torna o anel de conjunção entre Gênesis-Levítico e Deuteronômio e também o espaço para integrar na Torá os últimos elementos antes de seu fechamento definitivo; 3) e enfim, graças ao trabalho paciente dos escribas que, com cuidadas e significativas inserções orientam o texto para o novo horizonte do Pentateuco. No processo de fusão das duas tradições prevalece a sacerdotal, porque a opção da Torá como Pentateuco significa o abandono de qualquer projeto de Hexateuco (Gn–Js), isto é, a dissociação da Torá da posse da terra. Se o horizonte permanece o da promessa da terra, continua fundamental o fato de que toda a Torá seja transmitida a Moisés, e através dele a Israel, fora do país de Canaã, motivo pelo qual a posse da terra torna-se secundária em relação à Lei e a ela subordinada.

Esse processo de síntese das tradições conhece, porém, um passado longo e difícil de ser seguido, porque aceita as instâncias dos vários grupos judaicos então existentes (judeus da província de $Y^eh\acute{u}d$, samaritanos, judeus da diáspora)[84] e contemporaneamente as instâncias nem sempre fáceis do Império Persa. É com a época asmoneia que, verossimilmente, o Pentateuco atinge sua forma última, soldando juntas a tradição da Torá de Moisés com o Templo e suas disposições.

A formação dos Livros Proféticos

Os profetas anteriores

A tradição judaica associa os livros de Josué, Juízes, 1-2 Samuel, 1-2 Reis aos profetas, seja por causa da crença de uma composição da parte dos profetas, seja por sua real harmonia com a mensagem profética. Esses livros constituem uma unidade não só porque apresentam a história de Israel da conquista da terra prometida até a perda dela com o exílio babilônico, mas sobretudo porque estão unidos por uma mesma língua e teologia, a do Deuteronômio.

---

84. Provavelmente o texto de Dt 27,4-8 exprime, ainda que indiretamente (a leitura do Códice Samaritano "sobre o Monte Garizim" em vez de "sobre o Monte Ebal" representa a leitura primitiva), a legitimação do templo samaritano; assim a história de José (Gn 37,2–50,26) poderia significar as instâncias dos judeus da diáspora alexandrina.

Embora a história literária desse conjunto seja bastante complexa e as posições dos estudiosos divirjam[85], podem-se captar algumas linhas mestras[86].

O estilo e a teologia deuteronomista são fortemente influenciados pelos tratados assírios, motivo pelo qual é verossímil a presença dos primeiros escribas deuteronomistas entre os funcionários da corte de Jerusalém, onde se tinha ocasião de conhecer os documentos dos soberanos assírios. Se é difícil hipotizar uma primeira edição da história deuteronomista (Dt–2Rs) sob Josias, como quereria a escola de F.M. Cross, parece razoável imaginar a existência de uma "biblioteca" deuteronomista no Templo de Jerusalém, dotada de escritos concernentes às tradições mais antigas de Israel, como um rolo sobre a conquista do país, ou um ou mais rolos sobre a história da realeza, baseados no modelo dos anais do Oriente Próximo antigo.

Já existe um consenso sobre a importância do exílio babilônico nos escritos deuteronomistas, e, por isso, a hipótese de M. Noth sobre uma obra deuteronomista que compreende os livros que vão do Deuteronômio a 2 Reis tem fundamento suficiente. Todavia, os autores/redatores dessa história, diferente daquilo que era sustentado por Noth e pela Escola de Göttingen, provavelmente não se encontram na Judeia, mas antes na diáspora babilônica. Efetivamente, a conclusão de 2Rs 25,21, que descreve plasticamente a deportação de Judá de sua terra, compreende-se melhor a partir da perspectiva do exílio do que da perspectiva de um residente no país. A redação da história deuteronomista na Babilônia pode ser entendida como resposta à crise de identidade sofrida pelos exilados judeus. De fato, a explicação da

---

85. Segundo M. Noth, Josué, Juízes, 1-2 Samuel e 1-2 Reis formam uma única história, introduzida pelo Deuteronômio e redigida por um autor residente em Judá depois de 587 a.C., com a finalidade de indicar na infidelidade à lei a causa do exílio e da consequente perda da terra. A juízo de F.M. Cross, porém, essa história deuteronomista teria tido uma dupla redação: uma pré-exílica, no tempo de Josias, para exaltar sua monarquia e a obra reformadora; a outra pós-exílica, em chave polêmica contra a monarquia, julga-a responsável pela queda de Jerusalém. A Escola de Göttingen (R. Smend, W. Dietrich, T. Veijola), por sua vez, postula três redações pós-exílicas, que acentuam respectivamente a história, a profecia e, enfim, a Lei. A partir de 1975, a contestação à hipótese nothiana de uma redação unitária do Deuteronômio – 2 Reis (abstraindo as datações) intensifica-se; segundo alguns (S. Mittmann, E. Würthwein, A.C. Auld, K. Noll) a assim chamada história deuteronomista seria antes uma amálgama formada de inúmeras redações sucessivas, a partir de uma edição exílica da história da realeza; outros (A. Weiser, C. Westermann, E.A. Knauf), porém, insistem na independência redacional inicial de cada livro.

86. Cf. RÖMER, T. "L'histoire deutéronomiste (Deutéronome-2Rois)". In: RÖMER, T.; MACHI, J.-S. & NIHAN, C. (orgs.). *Introduction à l'Ancien Testament*. Op. cit. p. 315-331. • DALLA VECCHIA, F. *Storia di Dio, Storie di Israele* – Introduzione ai libri storici. Turim: Elledici, 2015 [Graphé, 3].

catástrofe torna esta última mais compreensível, e a insistência sobre a Torá mosaica consente conservar a identidade hebraica também fora da terra prometida. Durante a época persa, essa história deuteronomista conhece novas releituras, que testemunham preocupações religiosas e políticas (pureza étnica da comunidade) que voltam a ser encontradas nos livros de Esdras e Neemias; assim, determinados destaques da Torá refletem claramente a importância do novo culto sinagogal na diáspora. Esse trabalho redacional continua até a época helenista, quando a história deuteronomista chega à sua forma definitiva.

Os profetas posteriores

No centro da investigação já não está o estudo do profeta, acompanhado da pesquisa das pequenas unidades que podiam remontar a ele, mas o estudo do livro profético, portador de sentido em toda a sua extensão. De fato, os vários redatores que se sucederam não são uns desajeitados glosadores, mas escribas que reivindicam integralmente o carisma profético na medida em que testemunham com sua atividade de escritor uma surpreendente capacidade de inovação e, na esteira do mestre, de continuidade profética.

As etapas da redação e da transmissão da mensagem profética são as seguintes:

- São postos por escrito os *lóghia* orais: isso significa já um ato de interpretação, porque a palavra oral é tirada de sua situação de origem e acrescentada a uma compilação de outros *lóghia*.
- São acrescentadas pequenas unidades, seja em relação ao contexto imediato, seja em relação a todo o livro, quando constituem o esqueleto de amplas seções ou do próprio livro (cf., p. ex., os acréscimos que organizam a estrutura: "palavras contra Israel" – "palavras contra os povos" – palavras de salvação para Israel").
- Algumas vezes é inserido um texto que tem valor redacional para todo o livro, como por exemplo Is 35, que, provavelmente por volta do fim do século IV ou o início do III, reúne pela primeira vez as tradições do Proto e do Dêutero-Isaías.
- Também podem ser notados laços redacionais entre os próprios livros, laços que servem para fixar um *corpus propheticum* (Is-Ml).
- Enfim, alguns acréscimos textuais podem relacionar-se a outros corpos escriturísticos: por exemplo, a promessa de um novo céu e de uma nova terra de Is 65–66 constitui claramente uma recensão de Gn 1–3.

De que maneira aconteciam esses acréscimos? A circulação dos livros era muito restrita e os ambientes culturalmente vivos, depois do exílio, concentravam-se provavelmente em Jerusalém. Agora, a intenção primeira era não só a conservação do texto, mas também e sobretudo a preservação do sentido; motivo pelo qual os novos desenvolvimentos não se apresentam como tais, mas são redigidos na forma profética e colocados de modo anônimo na boca do profeta ao qual o livro é atribuído. Em nível de corpo profético, o Livro de Isaías assume o papel de uma voz diretora, e por isso testemunha uma profecia que, do tempo assírio, chega até o advento de um céu novo e de uma terra nova (cf. Eclo 48,24-25). Neste caminho geral, os outros profetas transmitem profecias complementares cada um na própria época.

Essa articulação da transmissão profética testemunha, pois, não só uma preocupação histórica, mas sobretudo teológica; os acréscimos posteriores são eles próprios profecia, porque reinterpretam e atualizam proféticamente a antiga palavra profética. Uma leitura puramente historicista trairia seu sentido profundo. A profecia é um fenômeno que Israel compartilha com os povos circunvizinhos; todavia, o que lhe é precípuo é exatamente essa contínua reinterpretação e atualização da palavra profética, motivo pelo qual ela testemunha um significado para as gerações seguintes. É por isso que a profecia do Antigo Testamento se conservou até hoje.

Sendo a Torá já um *corpus* com autoridade, o grupo dos escritos proféticos podia torna-se um *corpus* só em conexão com o primeiro. A junção do segundo ao primeiro não era, pois, só uma operação material, mas significava que os profetas transmitiam e interpretavam a Torá, exatamente como mostrará o posterior serviço sinagogal com a dupla leitura da Torá e dos Profetas[87]. É possível que a passagem final de Ml 3,22-24, com sua significativa alusão à lei de Moisés, queira fechar todo o corpo profético, conciliando-o com o final de Dt 34 e interpretando-o não como uma palavra diferente, mas como a atualização e a interpretação da única Torá de Moisés.

---

87. Cf. At 13,15.27; 15,21; Lc 4,16. • FLÁVIO JOSEFO. *Contra Apionem*, 2,175. • FILÃO. *De Somniis*, 2,127. Sobre isso, cf. PERROT, C. *La lecture de la Bible dans la synagogue*. Hildesheim: Gerstenberg, 1973. • PERROT, C. "The Reading of the Bible in the Ancient Synagogue". In: MULDER, M.J. (org.). *Mikra* – Text, Translation, Reading and Interpretation of the Hebrew Bible in Ancient Judaism and Early Christianity. Assen/Maastricht/Filadélfia: Van Gorcum, 1988, p. 137-159 [Compendia rerum iudaicarum ad Novum Testamentum, 2/1].

A formação dos Escritos

É sob esse título, bastante vago, que a tradição judaica reuniu o último bloco dos livros sagrados. Diversamente das duas grandes unidades precedentes, esta contém escritos bastante diferentes entre si e, em geral, tardios; além disso, constitui um espaço aberto a novas aquisições, até que as comunidades judaica e cristã decidiram, com critérios e tempos diferentes, fechar o cânon, pondo assim um termo ao crescimento quantitativo da Bíblia.

A ordem dos livros não é homogênea nas várias tradições. Nas edições da Bíblia impressa, impôs-se a seguinte classificação: os três grandes escritos: Salmos, Jó e Provérbios; o grupo dos cinco *m^{e}ghillót* [rolos]: Cântico dos Cânticos, Rute, Lamentações, Eclesiastes, Ester; enfim, Daniel, Esdras, Neemias, 1-2 Crônicas. A tradição da diáspora grega, adotada depois pela Igreja cristã, acrescentou-lhe ainda os seguintes livros: Tobias, Judite, 1-2 Macabeus, Baruc, Eclesiástico, Sabedoria e os assim chamados acréscimos deuterocanônicos a Ester e a Daniel.

A formação literária do Novo Testamento

A formação literária do Novo Testamento, como a da Bíblia hebraica, compartilha os mesmos pressupostos, isto é, está intimamente conexa com a história da comunidade crente, reflete os vários ambientes que a caracterizam (liturgia, catequese, missão...) e depende de uma precedente tradição oral. Todavia, o curto espaço de tempo em que se desenvolve (70/80 anos) permite a reconstrução de um percurso diacrônico bastante mais fácil em relação ao da Bíblia hebraica.

Seguindo o quadro histórico-cronológico, diferente em relação à atual estrutura redacional[88], aparecem sucessivamente quatro grupos de escritos: as Cartas Paulinas, os Evangelhos com os Atos dos Apóstolos, os Escritos joaninos e, enfim, as Cartas Católicas.

---

88. Sobre isso remetemos para as p. 58-60.

As cartas paulinas

O epistolário paulino[89] foi redigido entre os anos 50 e 60 d.C., portanto antes dos Evangelhos sinóticos que vão da segunda metade dos anos 60 até o fim dos anos 80. Naturalmente, referimo-nos ao nível redacional, porque, como se verá, os Evangelhos se apoiam sobre fontes precedentes às cartas paulinas, como, aliás, também estas últimas, embora não tão largamente. A articulação canônica das cartas segue um critério quantitativo, da mais volumosa (Rm) à mais breve (Fm). Com referência à obra direta de Paulo, a crítica literária contemporânea distingue três grupos: as cartas autorais ou *prolegómena* (1Ts, 1-2Cor, Gl, Rm, Fm, Fl), as cartas da primeira tradição paulina (2Ts, Cl, Ef) e as cartas da segunda tradição paulina ou *antilegómena* das cartas pastorais (1Tm, Tt, 2Tm). Se as cartas autorais fazem referência à própria obra do Apóstolo, as do segundo grupo testemunham não tanto uma escola ou uma corrente, mas antes a viva tradição das comunidades por ele fundadas, que não só conservaram, mas também adaptaram e atualizaram seu ensinamento nos novos contextos de suas vidas; assim, as cartas pastorais exprimem uma ulterior atualização do pensamento de Paulo em tempos e circunstâncias já distantes de seu tempo.

A história literária das cartas paulinas é, em parte, análoga à dos textos evangélicos. De fato, inicia antes de mais nada pelas tradições circulantes nas comunidades pré-paulinas, isto é, pelo depósito das tradições recebidas do Senhor e das antigas comunidades (cf. 1Cor 11,23; 15,3-5) e por elementos tradicionais sob as formas literárias mais diversas[90]: fragmentos literários do querigma primitivo (p. ex., 1Ts 1,10; Gl 1,4), fórmulas litúrgicas (1Cor 8,6;

---

89. Cf. GEORGE, A. & GRELOT, P. *Le lettere apostoliche*. Roma: Borla, 1978 [Introduzione al Nuovo Testamento, 3]. • SACCHI, A. *Le Lettere paoline e altre Lettere*. Leumann: Elledici, 1996 [Logos, 6]. • DOGLIO, C. *Introduzione alla Bibbia*. Bréscia: La Scuola, 2010, p. 257-265 [Strumenti universitari di base – Sezione di scienze religiose]. • PITTA, A. *L'evangelo di Paolo* – Introduzione alle lettere autoriali. Turim: Elledici, 2013, p. 12-14; 40-42 [Graphé, 7] [trad. bras. no prelo pela Vozes]. • MARTIN, A; BROCCARDO, C. & GIROLAMI, M. *Edificare Sul fondamento* – Introduzione alle lettere deuteropaoline e alle lettere cattoliche non giovannee. Turim: Elledici, 2015, p. 11-399 [Graphé, 8].

90. O estudo atento e minucioso desse processo de formação literária deu vida ao método chamado "história das formas" [*Formgeschichte*], cujos principais representantes são M. Dibelius e R. Bultmann. Apesar de alguns elementos negativos, em primeiro lugar a separação do Cristo da fé do Cristo da história, seu trabalho ofereceu preciosos esclarecimentos sobre o processo de formação dos escritos neotestamentários, especialmente dos Evangelhos.

11,24-25; 16,22), hinos (Fl 2,6-11; 1Cor 13), trechos homiléticos e parenéticos ou de exortação moral com catálogos dos vícios e das virtudes (p. ex., Gl 5,19-23), *midrashim* cristãos (Gl 4,21-31; 1Cor 10,1-11; 2Cor 3,4-18), instruções domésticas... (como Cl 3,18–4,1). Em nível de história da redação [*Redaktionsgeschichte*] Paulo retoma e integra esses diversos elementos no quadro da nova síntese literária que ele põe por escrito.

Paulo não escreve nenhuma carta de próprio punho, mas serve-se da colaboração de um secretário que a redige sob ditado (cf. Rm 16,22); porém, coloca nelas sua assinatura, acompanhada de algumas frases de fechamento (cf. 1Cor 16,21; Gl 6,11; 2Ts 3,17). Na Carta a Filêmon, o autógrafo torna-se garantia de débito pelos danos causados pelo escravo Onésimo em relação ao patrão (v. 19). Dotado de meios financeiros limitados, Paulo escreve provavelmente em papiro, em pequenos trechos literários, para, depois, colar tudo junto; isso, aliás, explica certas dissonâncias entre os diversos elementos de uma carta. A alusão aos pergaminhos em 2Tm 4,13 reflete o ambiente posterior da última tradição paulina e não a original. No cabeçalho das cartas, estão presentes, além de Paulo, outros comitentes e colaboradores, como Timóteo, Silvano e Sóstenes e até toda a comunidade (cf. 1Ts 1,1; 1Cor 1,1; 2Cor 1,1; Fm 1,1; Gl 1,2); a eles, com frequência, acrescentam-se os portadores da carta, como Febe e Epafrodito (cf. Rm 16,1-2; Fl 2,25-30); esse horizonte comunitário é confirmado pelo destinatário, que é exatamente a comunidade: "Peço-vos encarecidamente no Senhor que esta carta seja lida perante todos os irmãos" (1Ts 5,27). Tudo isso confere às cartas de Paulo um caráter não só profundamente pessoal, mas também comunitário.

O escrito mais antigo é a 1 Tessalonicenses, o primeiro escrito do Novo Testamento e a primeira carta enviada por Paulo às suas comunidades, por volta dos anos 50-51 d.C.; depois seguem 1 Coríntios (52-53), 2 Coríntios (54-55), Gálatas (55-56), Romanos (56-57), Filêmon (59-61), Filipenses (61-62. No grupo da primeira tradição, a Carta aos Colossenses poderia ter sido enviada de Roma, em torno de 62, enquanto para a datação da 2 Tessalonicenses e de Efésios as datas são incertas, dependendo das opções interpretativas. As cartas pastorais colocam-se, provavelmente, lá pelo fim do século I.

No fim das cartas paulinas, aparece no cânon do Novo Testamento a Carta aos Hebreus, embora o estilo e a impostação argumentativa difiram das cartas de Paulo e seu nome nunca apareça. Todavia, é preciso reconhecer que se trata de um escrito próximo ao ambiente paulino. É uma homilia cristológica, escrita antes da destruição do Templo e caracterizada por uma extraordinária familiaridade com o Antigo Testamento e com o culto de Jerusalém.

O *corpus* das cartas paulinas não foi improvisado e não coincidiu com a gradual inserção das cartas assim que eram escritas, mas exigiu um certo lapso de tempo (50 anos?) e um processo do qual é difícil conhecer exatamente as modalidades; mas podemos imaginar as linhas mestras. À exceção de 1-2 Timóteo, Tito e Filêmon, as cartas não são endereçadas a pessoas, mas às Igrejas; só a Carta aos Gálatas é endereçada expressamente a diversas comunidades vizinhas. As cartas eram lidas nas assembleias litúrgicas (cf. 1Ts 5,27) e conservadas com veneração. Num só caso se acena a uma troca de cartas (Cl 4,16), mas é fácil pensar que os destinatários de uma carta a transmitissem também às outras comunidades, após ter feito uma cópia dela; o próprio Paulo sabe que suas cartas eram lidas por um grande público e despertavam vivos comentários (2Cor 10,9-11). É provável que, depois da morte do Apóstolo, muito cedo se tenha feito uma coleção de suas cartas, como parece testemunhar a 2 Pedro:

> E crede que a paciência do Senhor é para nossa salvação, como também nosso amado irmão Paulo vos escreveu, segundo a sabedoria que lhe foi dada. Em todas as suas epístolas ele sempre trata desse assunto. Nelas há alguns pontos difíceis de entender, que pessoas ignorantes e sem firmeza deturpam, como o fazem com as outras Escrituras, para sua própria perdição (3,15-16).

Evangelhos sinóticos e Atos dos Apóstolos

Seguindo o exemplo de Jesus, depois da ressurreição também os apóstolos se dedicam, além do serviço litúrgico, a uma obra de anúncio (At 6,4), centrado no mistério pascal (At 2,32-33); eram hebreus que pregavam a outros hebreus, proclamando Jesus, o crucificado, como Senhor e Mestre (At 2,36). Esse conteúdo essencial do anúncio é chamado de querigma, do qual possuímos exemplos concretos nas narrações dos Atos (p. ex.,10,37-43). Portanto, nos anos imediatamente após a morte de Jesus temos uma tradição essencialmente oral, segundo o significado etimológico do termo "evangelho", que significa exatamente mensagem proclamada oralmente (cf. 1Cor 15,1).

Como evidenciou a "história das formas", o substrato dos Evangelhos[91] mostra claramente que a composição dos Evangelhos foi precedida de uma rica tradição oral; já os antigos sabiam que os Evangelhos nasceram da precedente pregação oral, como testemunha Irineu, segundo o qual foi confiado aos escritos aquilo que antes foram pregado oralmente[92]. Trata-se de episódios e de cenas perfeitamente delimitáveis e separáveis, sem que percam nada de seu significado: controvérsias, parábolas, palavras proféticas, normas comunitárias, milagres... Contudo, são fragmentos inseparáveis de sua função pastoral e, em geral, da vida das comunidades cristãs. Se não houve a preocupação de fixar logo ditos e fatos numa narração unitária, nem uma preocupação histórica com fim em si mesma, todavia, esses elementos fragmentários eram lembrados e anunciados num quadro global do ministério de Jesus segundo algumas linhas mestras, que constituem a estrutura atual dos Evangelhos: pregação do Batista, batismo de Jesus, ministério na Galileia, ministério em Jerusalém, paixão, morte, ressurreição e aparições do Ressuscitado. Foi a ressurreição que marcou o ponto-chave do anúncio evangélico, o ponto de referência interpretativo de toda a obra de Jesus; e por isso as lembranças pré-pascais não encontram sua justa interpretação numa fidelidade material, mas à luz da ressurreição de Jesus.

A formação dos vários episódios (perícopes) foi motivada pela própria vida da Igreja primitiva, particularmente pela celebração litúrgica, pela catequese e pela missão. De fato, foi por desenvolver essas funções fundamentais que os apóstolos recordavam as palavras de Jesus e narravam os episódios de sua vida. Acrescentem-se a isso as necessidades práticas da comunidade: o comportamento dos cristãos, a defesa contra acusações e calúnias, a lembrança afetuosa de um "amigo". No seguimento dos apóstolos, muitas outras pessoas comprometeram-se nessa tarefa eclesial, da qual nasceram os

---

91. Esses "episódios" ou unidades presentes nos Evangelhos chamam-se "perícopes", termo técnico que significa literalmente "elemento cortado ao redor" isto é, capaz de vida autônoma. Sobre a formação dos Evangelhos, remetemos particularmente para: GEORGE, A. & GRELOT, P. *L'annunzio del vangelo*. Roma: Borla, 1977 [Introduzione al Nuovo Testamento, 2]. • BROWN, R.E. *Introduzione al Nuovo Testamento*. Bréscia: Queriniana, 2001. • LÀCONI, M. *Vangeli sinottici e Atti degli apostoli*. Leumann: Elledici, 2002 [Logos, 6]. • BROCCARDO, C. *I vangeli* – Una guida alla lettura. Roma: Carocci, 2009 [trad. bras. no prelo]. • DOGLIO, C. *Introduzione alla Bibbia*. Op. cit.

92. IRINEU. *Adversus Hæreses*, III, 1,1.

escritos evangélicos: não um relato de crônica, mas a interpretação autêntica da obra de Jesus à luz de sua ressurreição.

Mesmo sendo o testemunho de uma comunidade de fé, os Evangelhos são a obra de determinadas pessoas, identificadas desde a tradição mais antiga como Mateus, Marcos e Lucas. Eles realizaram um precioso trabalho de redação da tradição precedente, oral e, em parte, já escrita, e como autênticos autores, escreveram suas obras com um caráter pessoal. A "história da redação" [*Redaktionsgeschichte*], em particular, estudou e evidenciou as diversas estruturas literárias e teológicas de cada evangelho, que testemunham fielmente o querigma, mas de maneira original e complementar. Seu valor histórico é inegável, não no quadro de uma visão positivista da história, entendida como gravação material dos fatos, mas no quadro de uma história significativa, que tira a verdade do ponto culminante da vida de Jesus, isto é, de sua ressurreição, e da vida de uma Igreja guiada pelo Espírito.

Resta ainda uma questão sobre a formação literária dos Evangelhos, isto é, a assim chamada questão sinótica. Os primeiros três Evangelhos são semelhantes entre si: têm muito material em comum, conservam a mesma ordem ao narrar os acontecimentos principais, por vezes são quase idênticos até nas expressões e em passagens inteiras. Por isso são chamados "sinóticos" (do grego *syn* [junto] + *ópsis* [visão] = visão de conjunto), porque podem ser lidos juntos em três colunas paralelas. Eles não são iguais, e por isso não constituem simplesmente três variantes de um mesmo escrito; mas nem tão diferentes a ponto de serem independentes um do outro. Então, como explicar as muitas convergências e, ao mesmo tempo, as outras tantas divergências? Essa é exatamente a questão sinótica.

A explicação mais simples e mais convincente, apesar de alguma incerteza, é a assim chamada *teoria das fontes*, segundo a qual devem-se pressupor duas fontes. Uma fonte é Marcos (M), da qual se servem tanto Mateus quanto Lucas. Todavia, Mateus e Lucas têm em comum cerca de 240 versículos que faltam em Marcos e que, portanto, não podem derivar dele. Deve-se pressupor que Mateus e Lucas tenham tomado os versículos que têm em comum de uma outra fonte (Q, do alemão *Quelle*), que nos é desconhecida, mas reconstruível ao menos com os 240 versículos comuns aos dois evangelistas. Tratar-se-ia de uma coleção de *lóghia*, isto é, de ditos do Senhor, transmitidos pela comunidade sem moldura narrativa. Enfim, é preciso reconhecer que, tanto Mateus como Lucas, cada um tem material próprio e que, portanto, tiraram de fontes próprias. Como conclusão, os Evangelhos de Mateus e de Lucas derivariam de duas fontes: Marcos e a fonte Q; às quais deve-se acrescentar material próprio deles.

Por fim, ao Evangelho de Lucas é preciso achegar também os Atos dos Apóstolos, que não são simplesmente a continuação do Evangelho, mas uma segunda parte dele, unida à primeira, mas não distinta, como mostram os dois prólogos. Portanto, Lucas compôs dois escritos, que se pedem e se integram mutuamente, mas provavelmente escritos em tempos sucessivos. A obra é constituída por um complexo material tradicional, de origem diversa, mas que Lucas dispôs num quadro histórico-teológico muito original. Dado o forte interesse pela comunidade cristã de Antioquia não é de excluir que essa cidade seja, ao menos para a primeira parte (cap. 1-12), o lugar de proveniência das tradições dos Atos. Quanto à segunda parte da obra (cap. 13-28) é possível que o evangelista a tenha tirado, ao menos em parte, de um "itinerário" ou "diário de viagem", dada a complexidade da narração, rica de inúmeros detalhes.

A obra joanina

A tradição atribuiu ao Apóstolo João um importante grupo de escritos: o Quarto Evangelho, três cartas e o Apocalipse. Não obstante algumas significativas diferenças, tais escritos pertencem a um mesmo ambiente religioso e cultural, chamado a "comunidade joanina", situado na região de Éfeso, na Ásia Menor, lá pelo fim do século I. A garantia da tradição apostólica nessa comunidade era precisamente o Apóstolo João, chegado ali nos últimos decênios do século I d.C., após uma precedente permanência de Paulo. É esse ambiente efesino que plasma definitivamente esses escritos, ainda que as tradições veiculadas possam pertencer a tempos e lugares diversos.

Os estudiosos modernos procuraram reconstruir a caminhada diacrônica desse Evangelho, aliás, com resultados incertos e, muitas vezes, muito hipotéticos. Certamente, seguindo nisso também a antiga tradição patrística, na base está a pregação e a atividade pastoral do Apóstolo João na Igreja de Éfeso e na região circunstante, onde ele transmite a quem não esteve presente a própria experiência e a própria interpretação da fé. Trata-se, em geral, de uma tradição oral; ela é recolhida provavelmente por mais discípulos, fato que explica a diversidade das narrações e dos discursos e a diversidade de estilo que encontramos atualmente no evangelho escrito. Um discípulo mais em vista, o evangelista, compõe um conjunto que reúne o ministério da Galileia e o da Judeia, sem contudo incluir todos os elementos da tradição joanina. Um redator final retoma o escrito precedente, incluindo elementos antigos que ficaram fora e elementos novos devidos a um horizonte que já não é simplesmente o judaico-palestinense, mas também o grego; daí a inserção do prólogo (1,1-18), alguns acréscimos de reflexão teológica (3,16-21.31-36), o discurso sem ligação de 12,44-50, o segundo discurso de adeus (15,1-17) depois da conclusão de 14,31, a meditação do capítulo 17 e, enfim, o capítulo 21 depois da conclusão de 20,30-31.

Ao Apóstolo João é também atribuída a composição de três cartas; são escritos estreitamente afins, ainda que seu valor teológico seja diverso. De fato, enquanto a 1 João é uma joia e também o cume da teologia neotestamentária, a segunda e a terceira cartas são simples bilhetes. Um estudo comparado entre as três cartas e o Quarto Evangelho mostra claramente um estreito parentesco literário e teológico e por isso vale o que acima se disse do Evangelho: provêm da mesma tradição, que vai da pregação do Apóstolo à recepção dos discípulos e, enfim, à redação final.

O Apocalipse é um autêntico anúncio do Evangelho a uma comunidade que já é cristã, mas que é provada por graves dificuldades: a autoridade romana embebida de cultura helenista pagã, a forte oposição às comunidades judaicas, tensões e contraposições no seio da comunidade cristã. O autor apresenta-se diversas vezes com o nome de João e se qualifica como "profeta" (cf., respectivamente, Ap 1,1.4.9; 22,8; e Ap 10,11; 19,10; 22,9). A antiga tradição patrística, a partir de Justino e Irineu, identificou-o com o Apóstolo João; algumas tradições discordantes são causadas sobretudo pelo uso desse livro por parte de grupos heréticos e por sua difícil interpretação. A diversidade de estilo e de problemática teológica não são tais de negar a comum referência a João, tanto do Apocalipse quanto do Quarto Evangelho; de qualquer forma, é comum o ambiente da comunidade joanina do fim do século I; o contexto é o da perseguição de Domiciano (81-96 d.C.).

As cartas católicas

Além do *corpus* paulino e joanino, o Novo Testamento conhece ainda um grupo de cartas denominadas "católicas": a carta de Tiago, duas cartas de Pedro e a Carta de Judas[93]. Esse título significa literalmente "universais", enquanto não destinadas a uma comunidade particular, mas ao conjunto das Igrejas. Designa, além disso, sua ortodoxia e, portanto, seu direito de pertencer ao cânon escriturístico, apesar das dúvidas e incertezas iniciais.

A Carta de Tiago, apesar da abertura, não é uma carta, é, antes, uma homilia ou, melhor, uma coleção de temas homiléticos. O autor é um judeu-cristão da segunda ou terceira geração, culto e bom conhecedor da LXX, que compôs a obra, provavelmente na Síria, por volta do fim do século I.

A 1 Pedro, mais do que uma carta, é uma catequese ligada à liturgia batismal, dirigida a cristãos já batizados para convocá-los à graça do sacramento recebido e à consequente coerência de vida. O provável autor é Silvano, isto é, Silas, colaborador de Paulo (cf. At 15,22) e agora secretário e colaborador de Pedro. Após a morte do apóstolo em 64, ele recolheu sua lembrança e seu pensamento nesse escrito enviado às comunidades cristãs da Anatólia (1Pd 1,1).

A 2 Pedro diferencia-se bastante da primeira quanto à língua, ao estilo e à impostação teológica; é escrita por volta do início do século II, numa situação histórica muito mudada, caracterizada pelo aparecimento de correntes heréticas e por um libertinismo moral. Apresentando-se como o Apóstolo Pedro, já próximo à morte, o autor quer deixar como que um testamento espiritual que salvaguarde e marque o testemunho apostólico sobre Jesus. Trata-se de um discípulo do apóstolo, que vive e age provavelmente no Egito, onde de fato a carta começou a ser ouvida e estimada.

A Carta de Judas é uma breve homilia de caráter judeu-helenista, na qual se polemiza contra as nascentes heresias e se exorta a uma digna conduta cristã. Quem escreve é um judeu-cristão de cultura helenista, que, querendo defender a mensagem apostólica de interpretações arbitrárias, a atribui ao Apóstolo Judas, uma figura que no seu ambiente gozava de uma autoridade particular.

---

93. De *per si*, no elenco canônico, também as três cartas de João pertencem a esse grupo; consideramo-las a parte enquanto pertencentes ao ambiente joanino de Éfeso.

4

O grande código

Premissa

Nos últimos decênios apareceu um novo interesse pelo caráter estético da Bíblia. De fato, também numa primeira leitura, ela se oferece, ao menos em algumas partes, como uma obra literária dotada de uma ineludível qualidade estética. Portanto, uma adequada consideração sua comporta não só uma análise histórico-crítica, mas também uma análise estética.

A Bíblia é "um sistema imaginativo – um universo mitológico, como eu o chamo – dentro do qual a literatura ocidental agiu até o século XVIII, e está agindo ainda em grande escala": como refere Northrop Frye em seu esplêndido ensaio *Il grande codigo*[94]. Com efeito, por séculos, a Bíblia foi o imenso vocabulário iconográfico e ideológico do qual se alimentou a cultura ocidental. Para E. Auerbach, a influência bíblica na literatura ocidente é tão crucial que, na sua célebre obra *Mimesis*[95], chega a distinguir como fundamentais só dois estilos, precisamente o da Bíblia e o da *Odisseia*. Afinal, é significativo o juízo que Nietzsche, uma testemunha acima de qualquer suspeita apologética, dá sobre a Bíblia:

> Para nós, Abraão é mais do que qualquer outra pessoa da história grega ou alemã. Entre o que sentimos na leitura dos Salmos e o

---

94. FRYE, N. *Il grande codice* – La Bibbia e la letteratura. Turim: Einaudi, 1986 [orig. inglês: 1982], p. 3.

95. AUERBACH, E. *Mimesis* – Il realismo nella letteratura occidentale. 10. ed. Turim: Einaudi, 1983 [orig. alemão: 1946].

que provamos na leitura de Píndaro ou de Petrarca existe a mesma diferença que entre a pátria e a terra estrangeira[96].

Essa tomada de consciência da importância estética da Bíblia está produzindo efeitos benéficos, tanto entre os biblistas como entre os críticos literários e artistas, levando os primeiros a apreciar sempre mais o rosto artístico do Livro Sagrado e os segundos a redescobrir quão vasta tenha sido e ainda é a inspiração que ele exerceu sobre a produção artística. Assim, começa a surgir um profícuo diálogo entre Bíblia e Arte, voltado não só para o reconhecimento do papel inspirador exercido por séculos pelo Livro Sagrado, mas também para o reconhecimento da maneira pela qual, através da obra artística, a Bíblia, por sua vez, foi lida e interpretada[97].

Assim, é superado o inveterado preconceito segundo o qual a forma artístico-simbólica é simplesmente um expediente ornamental que não influi para captar a verdade do texto bíblico; ao contrário, forma e conteúdo são indissoluvelmente unidos, como esplendidamente comenta P. Ricœur:

> Os símbolos e os gêneros literários não são absolutamente uma fachada retórica que é possível derrubar a fim de fazer aparecer um conteúdo de pensamento indiferente em relação ao veículo literário[98].

Trata-se fundamentalmente de evitar qualquer tentação monofisita, repudiando toda divisão entre a Palavra e as palavras; seria necessário deixar de pensar que só a linguagem formal seja séria em exegese. Sem dúvida, o longuíssimo processo de formação da Bíblia comportou multiplicidade de autores, descontinuidade de estilo, acréscimos e releituras, prosa e poesia, páginas sumamente artísticas e páginas de áridos elencos[99]. Todavia, prescindindo do fato que, como se anotou acima, todo o *corpus* bíblico oferece um

---

96. NIETZSCHE, F.W. *Morgenröte* [Werke XI]. Chemnitz, 1881, p. 320. Apud RAVASI, G. Per un'estetica biblica. *Rassegna di Teologia*, 30, 1989 [p. 36-51], p. 36.

97. Cf., p. ex., EXUM, J.C. "Toward a genuine dialogue between the Bible and Art". In: MISSINEM, M. (org.). *Congress Volume Helsinki 2010*. Leiden/Boston: Brill, 2012, p. 473-503. • O'KANE, M. Interpreting the Biblie through the Visual Arts. *Hebrew Bible and Ancient Israel*, 1, 2012, p. 388-423.

98. RICŒUR, P. "Herméneutique de l'idée de Révélation". In: RICŒUR, P. et al. *La Révélation*. Bruxelas: Facultés universitaires Saint-Louis, 1977, p. 30-31.

99. Cf., a esse propósito, o ceticismo quanto a uma aproximação artística da Bíblia de BERLINERBLAU, J. The Bible as Literature? *Historische Studien*, 45, 2004, p. 9-26.

plano da sequência dos livros e dos dois testamentos, é essencial reconhecer a presença não só de páginas de altíssima poesia, mas também de livros inteiros de refinada execução artística, como por exemplo, o Cântico dos Cânticos ou o Livro de Jó.

Se o célebre escritor russo Fiódor M. Dostoiévski no romance *O idiota* escreve que "a beleza salvará o mundo", o Evangelho de João proclama Jesus como o "belo pastor [*ho poimén ho kalós*]" (Jo 10,11). Por que, então, sua Palavra não deveria ser bela? É o que procuraremos mostrar nos parágrafos seguintes.

O vocabulário da estética bíblica

O termo que no léxico veterotestamentário designa mais plenamente o conceito de belo é *tob*. Ele é atestado 741 vezes no Antigo Testamento e é usado num âmbito muito vasto. De fato, segundo o contexto pode ser traduzido por "bom", mas também com muitos outros adjetivos: "belo, agradável, prático, idôneo, útil, proporcional, perfumado, alegre, honesto, verdadeiro..." Nesse termo confluem, entrelaçando-se mutuamente, os valores de bondade, beleza, verdade, vida, unificados pela comum intenção de definir não somente um dado estético, mas também uma qualidade ontológica. De fato, *tob* supõe certamente a própria e verdadeira beleza, como a beleza da criação (Gn 1,1–2,4a) ou a da terra que Deus promete a Israel (Ex 3,8; Dt 1,35), mas define também a bondade ética: a bondade do rei prometido a Israel (1Sm 15,28), a ternura do sentimento de Elcana por Ana (1Sm 1,8), o bem que a observância da Lei produz no crente (Sl 119,72) e, sobretudo, a bondade que Deus, na sua condescendência, dá ao homem (Sl 73,1). A LXX exprime essa riqueza semântica com três registros lexicais: *kalós* [belo], *agathós* [bom], *chrestós* [útil, agradável].

Neste quadro, compreende-se, então, porque *tob* define essencialmente o ser da criatura, como aparece em algumas passagens bíblicas significativas. No primeiro relato da criação (Gn 1,1–2,4a) emerge com surpresa um estupendo hino à beleza da criação saída das mãos de Deus; de fato, a narração é ritmada por uma expressão que, como um refrão, ocorre sete vezes para comentar a obra criadora de Deus: "E Deus viu que era coisa boa/bela [*ki tob*]" (Gn 1,4.10.12.18.21.25.31). A beleza-bondade de cada ser criado é aqui fundamentada no próprio juízo de Deus; não se trata só de uma beleza reconhecida ou redescoberta e já antes existente, mas de uma beleza fundamentada no próprio juízo do Criador e dele proveniente. Essa qualificação de *tob* estende-se a todas as criaturas, não se excluindo nenhuma; toda a criação corresponde à expectativa divina, sendo tal e qual Deus a queria; o mal mostra-se só mais tarde, com a triste experiência da desobediência (Gn 3). No cume de toda a criação está o homem, qualificado como *tob m$^{e'}$ód* (muito bom/belo: Gn 1,31), onde o advérbio "muito" acentua expressamente a beleza-bondade do homem. Graças a essa sua eminente participação na beleza divina, o homem será chamado, por sua vez, a reconhecer essa beleza em Deus e nas criaturas. Todo o discurso estético encontra aqui seu fundamento, porque, como já havia intuído Agostinho, não se pode captar a beleza a não ser no fundamento que a origina[100].

Também nos capítulos finais de Jó (38-41) resplandece essa beleza ontológica da criação, onde ela aparece novamente à luz do olhar de Deus, continuação ideal do olhar de Gn 1, na aurora da criação. Deus torna Jó consciente de sua ignorância e impotência, não para pisá-lo e desdenhosamente deixá-lo sem resposta, mas para mostrar-lhe a beleza imanente e transcendente da criação: imanente, porque ela é oferecida ao olhar de Jó, mas também transcendente, porque ela provém de Deus. A palavra com a qual Deus vai revelando a beleza incomparável da criação é a mesma palavra altamente poética que transfigura os seres e que cria uma presença, sugerindo uma profundidade inaudita. Assim, o homem descobre o universo em que vive e os animais que, desde o princípio, lhe foram submissos; com esperança e surpresa vai descobrindo a própria ignorância e seu limitado poder, mas também a beleza infundida por Deus na criação, onde tudo é ordem, medida e beleza. Certamente, tudo é maravilhoso e aparentemente incompreensível: que a chuva caia sobre a estepe não aproveita a ninguém, assim como a vida que o cavalo selvagem e o búfalo levam, para não falar da estranha fêmea do avestruz. Mas em tudo isso se reconhece uma serena participação de Deus nas suas criaturas, o olhar de complacência que, desde o alvorecer da criação, Ele lançava sobre suas criaturas. É precisamente essa descoberta e esse reconhecimento da beleza ontológica da criação o último convite de Deus a Jó.

Os cânones estéticos da Bíblia

A Bíblia não se contenta em falar de Deus de modo verdadeiro, mas também de maneira bela; isso não significa eliminar a aproximação científica,

---

100. RAVASI, G. Per un'estetica biblica. Op. cit., p. 40.

mas exaltá-la. De fato, é precisamente a partir de uma rigorosa análise filológica que brota um texto rico de matizes sutis, de alusões e de polissemias. A riqueza dos procedimentos poéticos presentes na Bíblia não pode ser mostrada num breve parágrafo. Por isso, limitar-nos-emos a alguns acenos e exemplos significativos, com a intenção, porém, de deixar entrever quanto a beleza artística desse Livro Sagrado é importante para captar sua mensagem[101].

Uma leitura fiel ao texto original

Uma leitura que se dispense do conhecimento atento e fiel da língua original perde inevitavelmente sutilezas e sugestões preciosas, que nenhuma tradução pode fazer brotar. Tome-se, por exemplo, Jó 7,6: "Meus dias correm [*qallú*] mais rápido do que a lançadeira ['*éreg*], e consomem-se [*wayyiklú*] sem um fio ['*épes*] de esperança". No texto hebraico aparece a associação fonética entre *qallú* e *wayyiklú*, inexprimível na tradução; e, sobretudo, emerge a homofonia entre dois termos diversos '*éreg* [lançadeira] e '*épes* [fio], mas que exprimem ao mesmo tempo o primeiro, através do símbolo da lançadeira, isto é, o extinguir-se da esperança, e o segundo, através do símbolo do fio, o persistir da esperança.

A comparação de Ct 7,6 no seu teor hebraico, à primeira vista, parece incompreensível: "Tua cabeça ergue-se como o Carmelo; e os teus cabelos são como fios de púrpura: um rei ficou preso em teus canais [*bar͑chatím*]". Se a metáfora da púrpura é clara, aludindo assim à cor ruiva dos cabelos, não se compreende bem o significado dos canais. E, de fato, normalmente se traduz o termo hebraico *r͑chatím* com "tranças": as tranças dos cabelos da esposa são tão fascinantes que pegam um rei nos laços. A tradução poderia justificar-se comparando o movimento flexível das tranças da esposa ao fluxo doce das águas de um canal, mas não sem a sombra da dúvida. Isso, porém, desaparece se se considerar que no Oriente nos canais se curtia e se tingia a púrpura; daí a aproximação viva do poeta entre cabelos e púrpura, que suplanta até a alusão à cor.

As técnicas sonoras

Um povo que conserva largamente a tradição oral e que, portanto, recita oralmente a poesia ama a qualidade sonora da linguagem poética. Daí os

---

101. Remetemos, em particular, para RAVASI, G. "Bibbia e cultura. Bibbia e arte". In: ROSSANO, P.; RAVASI, G. & GIRLANDA, A. (orgs.). *Nuovo Dizionario di Teologia Biblica*. Cinisello Balsamo: San Paolo, 1988, p. 176-178.

vários recursos literários da aliteração, da assonância, da rima e do som dominante. Isaías descreve sonoramente a tremenda ilusão de Deus a respeito de Israel, comparando-a à do camponês que vai para a vinha procurando uva, mas encontra só bagos azedos; daí a expressividade lapidar e sonora da antítese:

> *way^eqáw l^emishpát w^ehinnéh mispách / lits^edaqáh w^ehinnéh s^e'aqáh* [ele esperava a justiça e eis a violência, a retidão e eis gritos de aflição] (Is 5,7).

No Sl 29 retumba sete vezes o termo onomatopaico *qol*, que significa tanto "tom" como "voz"; assim o clamor profundo e tenebroso da tempestade (*qol... qol... qol...*), se, por um lado, descreve seu desenvolvimento sempre mais violento, por outro, torna-se, sobretudo, o sinal da senhoria cósmica de YHWH diante das pretensões do deus Baal.

Assim em Ct 4,1, o poeta devolve quase tactilmente o gesto das mãos do amado que se afundam nos cabelos da amada numa longa carícia com a evocação de uma carícia sobre a lã das ovelhas:

> *hinnák yapáh ra^eyáti / hinnák yapáh^cenáyik... k^e'éder ha'izzím sh^eggaleshú mehár gil'ád* [como és formosa, minha querida, como és linda... Teus cabelos são como um rebanho de cabras, esparramando-se pelas encostas do Monte Galaad] (Ct 4,1).

O paralelismo

Outro procedimento literário da poesia hebraica, provavelmente o mais frequente e o mais conhecido, é o paralelismo: é uma espécie de rima interior que na aparente repetição de termos ou de expressões propõe novas acentuações e complementos. A forma fundamental é constituída pelo monóstico, construído sobre dois membros (hemistíquios) em paralelismo entre si. Essa expressão, por causa de sua sinteticidade, exige uma elaboração precisa e elevada.

O paralelismo dos membros, típico da poesia hebraica, não propõe inúteis repetições, como uma leitura superficial poderia sugerir, mas permite determinações e acentuações particulares e significativas, como aparece, por exemplo, no monóstico de Pr 18,5: "Não é bom ser parcial com o culpado para prejudicar o justo no tribunal". A uma verdade largamente compartilhada acrescenta-se um importante esclarecimento, isto é, que essa injustiça é particularmente grave quando, no tribunal, provoca uma afronta ao justo.

Um provérbio monóstico pode assumir tonalidades particulares, como a comparação (cf. Pr 16,8) e o confronto (cf. Pr 25,28), ou se alarga em agregações temáticas como a instrução e a exortação (cf. Pr 1,8-19) e o provérbio numérico. A característica deste último é a enumeração ordenada de uma série que desemboca num último dado, que constitui evidentemente o ápice e sobre o qual se quer chamar a atenção do ouvinte. A particularidade dessa forma é a de reunir, sob uma comum identidade, elementos diferentes entre si e focalizar a atenção num elemento particular no contexto-confronto dos outros. Um belo exemplo de provérbio numérico é encontrado em Pr. 30,18-19.

As técnicas de montagem

A poesia hebraica conhece também precisas técnicas de montagem, como, por exemplo, no cântico de Débora (Jz 5), onde a intensas invocações seguem quadros fortes e impressionistas e *intermezzos* altamente líricos. Assim, ao grito de batalha "Desperta, desperta, Débora! Desperta, desperta, entoa um cântico! Levanta-te, Barac! Faze teus prisioneiros, filho de Abinoem!" (v. 12) segue a cena dramática e rapidíssima da morte de Sísara com uma tríplice repetição em *decrescendo*: Dobrou-se a seus pés, caiu e dormiu; onde se dobrou, aí caiu esmagado" (v. 27). Em contraponto, com uma repentina mudança espacial, segue a pungente cena da espera ansiosa da mãe de Sísara por trás da veneziana da casa: "A mãe de Sísara olha pela janela e se lamenta por trás das venezianas: 'Por que demora o carro a vir? Por que é lento o ritmo dos carros?' As princesas mais sábias lhe respondem, e ela mesma repete para si: 'Certamente repartem os despojos encontrados, uma ou duas moças para cada guerreiro; um butim de vestes coloridas para Sísara, um butim colorido, recamado; uma veste colorida, duas bordadas, um butim para o pescoço'" (v. 28-30). Todavia, o poeta não quebra o sonho da mãe, mas o deixa suspenso em sua ilusão, enquanto ressoa ao longe o grito de vitória dos israelitas: "Assim pereçam todos os teus inimigos, Senhor!" (v. 31).

Os símbolos

"Batam palmas os rios, os montes, em coro, cantem de júbilo" (Sl 98,8), "Ele te cobre com suas plumas, e debaixo de suas asas te refugias" (Sl 91,4). É totalmente evidente que os rios não têm mãos, nem se pode crer que Deus tenha penas ou asas; trata-se, com efeito, de símbolos, expressos através das imagens. O símbolo é a aproximação de dois elementos, o primeiro dos quais é sempre material; é uma aproximação que gera uma novidade de sentido, por exemplo, as "asas" referidas a Deus.

O símbolo está ligado à experiência real do homem; mas, ao mesmo tempo a transcende, remetendo a significados sempre novos, em particular à realidade do sagrado, que o símbolo revela e esconde ao mesmo tempo. O termo grego *symbolon* vem do verbo *symbállo*, que significa "pôr junto"; é o contrário de *diabállo* = "dispersar", do qual vem *diábolos*, isto é, o dispersor. Ler a realidade em chave simbólica significa, pois, "pôr junto" os muitos aspectos do real e nele descobrir significados sempre novos à luz do Outro, a quem todos os significados remetem; ao contrário, ler a realidade de maneira fragmentária significa realizar uma obra "diabólica".

É o que fez o mundo contemporâneo, que, por muito tempo liquidou o símbolo como uma linguagem pré-lógica. A reavaliação do símbolo na leitura da Bíblia, em particular dos Salmos, vai junto com a reavaliação da experiência do poeta. Com efeito, o símbolo não se dirige só à mente, mas ao homem todo, na sua concreta experiência de vida. O símbolo, portanto, está em condições de carregar-se de uma vasta gama de significados; sendo polissêmico, ele "faz pensar". O uso dos símbolos na Bíblia convida a ler o mundo como uma realidade dotada de sentido e, ao mesmo tempo, como um mistério que o símbolo revela só em parte, remetendo a um Outro, que supera o próprio símbolo. Assim, compreende-se por que o Deus de Israel, imanente e transcendente ao mesmo tempo, não podia encontrar melhor expressão a não ser no símbolo. A linguagem do símbolo faz que os autores bíblicos evitem dois obstáculos: primeiramente o risco da imanência, isto é, de querer dizer que "Deus é como...", pensando que de alguma maneira o reduziria à realidade criada; por outro lado, a Palavra de Deus evita o risco de dizer só "Deus não é como...", eliminando a possibilidade de qualquer discurso sobre Deus. O uso dos símbolos permite re-velar e velar junto, falar do Presente e também esconder o Ausente.

Concretamente, são três os âmbitos nos quais a simbologia bíblica se move: teológico, antropológico, cósmico. O primeiro usa o antropomorfismo para descrever um Deus justiceiro do mal, mas também paterno e materno: se YHWH tem na mão uma taça e seu vinho espuma, cheio de mistura; dele dá a beber; sorvem-no até à borra, tragam-no todos os ímpios da terra (Sl 75,9), e se contra Jó se levantar como uma fera, como um guerreiro sanguinário e como um arqueiro implacável numa sádica luta de tiro ao alvo (Jó 16,9-14), Ele é também o Deus que guarda seu fiel como a pupila de seus olhos e o protege à sombra de suas asas (Sl 17,8). Se, para descrever o mistério de Deus, o autor bíblico usa imagens antropomórficas, para descrever o mistério do homem, com frequência, usa imagens teriomórficas; assim o homem aparece como uma corça que suspira pelas águas correntes (Sl 42,2), como uma andorinha que prepara um ninho para seus filhotes (Sl 84,4), como um rebanho que repousa junto a fontes tranquilas (Sl 23,2), mas também como um abandonado às fauces de um leão carnívoro (Sl 22,14) ou às gargantas escancaradas das feras (Sl 35,21). Enfim, também a natureza oferece ao poeta bíblico um repertório rico e sugestivo: o temente a Deus aparece como uma árvore luxuriante plantada à beira da água corrente (Sl 1,3); Deus é descrito como um orvalho portador de vida numa terra árida e rachada pelo sol (Os 14,6) ou como o sol que, semelhante a um esposo, sai de manhã de sua tenda nupcial e semelhante a um atleta percorre o céu para aquecer a terra (Sl 19,6-7). E se a terra prometida é descrita com a fragrância primaveril das glebas amolecidas pela chuva, dos pastos vastos e abundantes e dos vales cheios de messes (Sl 65,10-14), ela é também marcada pela tragédia da seca, que deixa o solo ressequido, onde as corças abandonam seus filhotes e os jumentos farejam o ar como os chacais, porque não existe pasto (Jr 14,4-6).

A poética narrativa

Um aceno apenas, para lembrar que o narrador bíblico não exprime sua arte somente em algumas passagens, como poderia fazer pensar a análise precedente, mas no complexo de livros inteiros[102]. Ele vê longe; *master of the tale*, constrói a narração em vista de um *télos*, ao qual faz referência, mesmo com discrição, desde os primeiros dados: por exemplo, em 1Sm 2,10, onde introduz o tema da realeza (que será precisamente o tema dominante do livro), ou como em Ex 3,14, onde na misteriosa expressão do nome divino (*'ehyéh 'ashér 'ehyéh*: eu serei aquele que serei) prefigura já toda a narração do Êxodo, orientada precisamente para descrever o rosto de YHWH.

Claramente, essa dimensão teológico-narrativa surge apenas no amplo horizonte de um livro, isto é, num olhar que saiba abraçar o conjunto da

---

102. Cf., p. ex., SONNET, J.-P. Un drame au long cours – Enjeux de la 'lecture continue' dans la Bible hébraïque. *Revue théologique de Louvain*, 42, 2011, p. 371-407.

narração, sobre o exemplo do Deus bíblico, que, como um agrimensor sabe ocupar toda a cena da história (cf. Hab 3,3-19). Alargando mais o horizonte, é todo o livro bíblico, apesar de suas fragmentações, que aparece num desenho harmonioso que vai da primeira criação do Gênesis à criação escatológica do Apocalipse. Por isso, ao leitor bíblico é exigido um fôlego amplo, como o do nome divino YHWH ("Eu sou aquele que sou", mas também "Eu fui aquele que fui" e "Eu serei aquele que serei"), convidando a um horizonte que compreende toda a história, na sua dimensão passada, presente e futura.

A poética do Novo Testamento

Também o Novo Testamento, embora de maneira diferente, exprime o *tob* da criação que brilhou em plenitude naquele que se revelou "o pastor belo [*ho poimén ho kalós*]" por excelência (Jo 10,11): Como não pensar que a descrição de sua obra não participe dessa beleza? Quem pode esquecer o olhar de Jesus que se fixa no voo dos pássaros do céu e se inclina sobre os lírios do campo e sobre a erva dos prados, para descrever a mão do Pai que nutre e sustenta suas criaturas? (Mt 6,26-34). Limitamo-nos a poucos, mas significativos acenos[103].

Em 614 d.C. o rei persa Cosroe, que já havia destruído completamente todos os edifícios cristãos da Palestina, quando chegou diante da Basílica da Natividade de Belém, ao ver representados no frontispício os Magos vestidos de suntuosas roupas persas, poupou-a da destruição em homenagem à beleza, embora ele a tenha entendido somente em sentido nacionalista. A beleza não só salvou a basílica, mas tornou-se sinal de uma salvação oferecida a todos os homens. De fato, a correspondente página de Mateus (estamos no início do Novo Testamento), com o delicado relato da procissão dos Magos em direção ao menino e sua mãe... a fim de prostrar-se e adorá-lo (Mt 2,11), mostra em filigrana aquela que será a procissão dos povos anunciada por Jesus: "Digo-vos, pois: Muitos virão do Oriente e do Ocidente sentar-se à mesa com Abraão, Isaac e Jacó no Reino dos Céus" (Mt 8,11).

Depois do encontro de Maria com a prima Isabel, o Evangelista Lucas, o cantor de Maria por excelência, coloca nos lábios da Virgem o *Magnificat* (Lc 1,46-55), uma reprodução de expressões bíblicas, particularmente do

---

103. Para uma consideração mais ampla da beleza do NT, cf. RAVASI, G. *Il bello della Bibbia*. Vol. II.: Nuovo Testamento. Cinisello Balsamo: San Paolo, 2004.

cântico de Ana (1Sm 2,1-10): um texto de altíssima qualidade, ele próprio fonte de inúmeras composições artísticas, da pureza do gregoriano à obra-prima de Bach. O *Magnificat* se abre com uma voz solista, a de Maria, que fala em primeira pessoa: "A minha alma... o meu espírito... meu salvador... chamar-me-ão bem-aventurada... fez por mim..."; à sua voz une-se depois o povo dos fiéis, os pobres de YHWH, para cantar os feitos salvíficos de Deus em defesa dos últimos contra a arrogância dos ricos e dos poderosos da terra. Sete verbos marcam a ação de Deus: "Mostrou o poder... dispersou os soberbos... derrubou os poderosos... exaltou os humildes... encheu de bens os famintos... despediu os ricos de mãos vazias... acolheu Israel..." Maria, em nome do verdadeiro Israel, introduz assim o relato evangélico, testemunha fiel e única da ação salvífica divina em Jesus.

Às acima citadas acrescentam-se outras passagens sugestivas. Quem não lê comovido na outra extremidade da narração lucana a pungente cena do bom ladrão, ou melhor, do bom malfeitor? (Lc 23,39-43). Comenta admiravelmente J.L. Borges:

>Gentio ou hebreu ou somente homem,
>cujo vulto no tempo se perdeu;
>não resgataremos do esquecimento
>as silenciosas letras do nome.
>No último esforço de morrer crucificado,
>compreendeu do escárnio das pessoas
>que o homem que morria a seu lado
>era Deus e lhe disse cegamente:
>Lembra-te de mim quando estiveres
>no teu reino...
>A voz inconcebível
>que será juiz de todos os seres
>da tremenda cruz lhe prometeu
>o Paraíso. Nada mais se disseram
>até que chegou o fim, mas a história
>não deixará que morra a memória
>da remota tarde em que morreram[104].

---

104. Apud RAVASI, G. *Il bello della Bibbia*. Op. cit., vol. II, p. 56.

O Novo Testamento e a Bíblia inteira se fecham com a admirável descrição da Jerusalém celeste (Ap 21,22), descrita de uma planta teológico-urbana, onde emergem números colossais, compreensíveis somente pelo ritmo regular do número doze, o número das tribos de Israel, mas também do grupo dos apóstolos, para significar o povo definitivo de Deus. A preciosidade das pérolas, também elas ritmadas pelo número doze, exprime a qualidade dessa cidade, que expele de seus muros os lúgubres habitantes que trazem o nome de Morte, Luto, Pranto, Dor (21,3-4) e que, ao contrário, acolhe a "tenda" do Deus-Emanuel ao lado das casas dos homens (21,3). No centro da cidade já se ergue "a árvore da vida" (22,2), não mais proibida ao homem pecador (Gn 3,24), mas agora oferecida a todos os salvos pelo sangue do Cordeiro. Utopia infantil? Não, porque apesar da perseguição do maligno e o esforço da fé que ainda caracterizam o tempo presente, sobressai a promessa que fecha toda a revelação: "Sim, eu venho em breve!" (Ap 22,20), à qual faz eco a oração por excelência: "Vem, Senhor Jesus!", em aramaico *Maranatha'*, susceptível de duas possíveis leituras, não contrárias, mas perfeitamente complementares: *Marana' thá* [Senhor, vem!] e *Maran atha'* [o Senhor veio].

Os gêneros literários

Toda a riqueza estética acima mencionada exprime-se naturalmente dentro de modalidades literárias convencionalmente definidas "gêneros literários"[105]. Eles são procedimentos expressivos próprios de uma determinada cultura, a médio-oriental antiga, e caracterizados por elementos específicos, como uma estrutura ou forma interna peculiar, um vocabulário, um tema específico um repertório de procedimentos correntes ou dominantes, um "contexto vital" [*Sitz im Leben*]. Porque eles são mostrados especificamente nos tratados de cada um dos volumes da coleção, aqui bastará um brevíssimo aceno.

Mantida a riqueza do material bíblico e também a grande variedade dos autores, não existe uma classificação uniforme dos gêneros literários bíblicos; todavia, já a própria articulação do Livro Sagrado testemunha uma es-

---

[105]. O tratado dos gêneros literários pertence também ao capítulo sobre a verdade da Bíblia, enquanto constituem um elemento indispensável para discernir a qualidade da verdade bíblica. No âmbito católico foi reconhecida sua importância sobretudo pela encíclica *Divino Afflante Spiritu* (1943) de Pio XII; na história da pesquisa bíblica sua importância hermenêutica e sua acurada classificação foi obra de H. Gunkel (1862-1932).

trutura fundamentada sobre alguns grandes gêneros literários: para o Antigo Testamento, a Torá, os Profetas, os Escritos; para o Novo Testamento, os Evangelhos, os Atos dos Apóstolos, as Cartas, o Apocalipse. Na Torá domina a narração histórico-mítica e a prosa legal; nos Profetas sobressai a historiografia (particularmente nos Profetas anteriores) e em geral mais propriamente oracular; se nos Escritos predomina o gênero sapiencial, estão presentes também outros gêneros, como o gênero hinário (Sl), a historiografia cronista (Esd, Ne, 1-2Cr) e dramática (2Mc), a novela exemplar histórica (Rt, Tb, Jt, Est) e a apocalíptica (Dn).

Característica do gênero literário dos Evangelhos é ser uma síntese da tradição apostólica relativa a Jesus, onde conflui toda uma série de formas literárias menores: *lóghia*, parábolas, controvérsias, histórias de milagres... Os Atos dos Apóstolos participam mais do gênero literário "evangelho" do que da biografia. As cartas não são literariamente homogêneas; se as paulinas pertencem ao gênero epistolar helenista, as outras são antes diversificadas: assim a Carta aos Hebreus é mais uma homilia, a Carta de Tiago parece pertencer ao gênero parenético, 1-2 Pedro refletem o gênero homilético-hagádico. O Apocalipse, enfim, pertence claramente ao gênero apocalíptico, que floresceu nos séculos da primeira era cristã.

Um mandamento antiestético?

Existe um mandamento no decálogo que parece negar qualquer legitimidade artística: "Não farás para ti ídolos [*pésel*], nem figura alguma [*w^{e}kol-t^{e}munáh*] do que existe em cima, nos céus, nem embaixo, na terra, nem do que existe nas águas, debaixo da terra" (Ex 20,4). Não obstante a imprecisão gramatical, o sentido do acréscimo do versículo é claro: à proibição das imagens esculpidas acrescenta-se, esclarecendo-a, a interdição de qualquer tipo de representação ou de figura tirada do mundo criado, concebido segundo a cosmologia do tempo (cf. Gn 1). O termo *pésel* designa primeiramente uma imagem, sobretudo de madeira ou de pedra, mas também de metal fundido, entalhada e esculpida pelo homem; daí seu significado cultual de "ídolo" ou de "imagem sacra". A especificação posterior estende a proibição de toda a possível representação [*wekol-temunáh*], cuja universalidade é reforçada pela ulterior especificação dos três âmbitos da criação (céu, terra, água): trata-se, pois, de uma onicompreensividade total.

Mas a que imagens alude? O contexto do segundo mandamento concerne ao verdadeiro culto de YHWH e é dirigido a seus adoradores, por isso, trata-se da proibição das imagens cultuais, não do uso de artes visivas no santuário de YHWH, muito menos da atividade artística em geral[106]. É possível que originariamente o segundo mandamento dissesse respeito unicamente à proibição de fazer imagens de YHWH; de fato, essa proibição constitui um traço distintivo da religião de Israel, cujas raízes podem remontar ao ambiente seminômade do Israel primitivo, no contexto de um culto a YHWH que não comportava imagem sua alguma[107]. Mas isso não significa que essa característica anicônica do culto de YHWH tenha sido expressa logo na forma de um mandamento. De fato, o primeiro testemunho paralelo da proibição das imagens remonta só ao Profeta Oseias, por volta da segunda metade do século VIII (cf. 8,6; 13,2).

É provável que o segundo mandamento, que proíbe qualquer imagem de YHWH, encontre sua origem e seu desenvolvimento no primeiro mandamento, isto é, na proibição de qualquer outro deus. A luta para impor o javismo, especialmente a partir do século IX com o ministério do Profeta Elias, comportou sobretudo a exclusão absoluta de qualquer outro deus, para desembocar, depois, na proibição de qualquer imagem de YHWH. A atual configuração do segundo mandamento, mesmo incorporando-o na estrutura do primeiro, não anula sua forte interpelação primitiva; antes, ajuda a compreendê-la em todo o seu alcance existencial: Israel não só não deve adorar outros deuses ou ídolos vazios, mas não pode nem fazer imagens de YHWH. O confronto-choque com o culto politeísta dos povos vizinhos, cheio de ídolos e de representações grosseiras, leva Israel a uma purificação de sua fé, que se exprime admiravelmente na esplêndida meditação deuteronômica

---

106. O projeto da *Morada* prevê a presença de querubins (Ex 25,18-20; 26,1.31). Assim, o talento artístico de Bezaleel e de seus companheiros é um dom do próprio YHWH para a construção de sua *Morada*; também o Templo de Salomão conhece a presença de estátuas de querubins, de esculturas de palmeiras e de flores desabrochando e de uma bacia de bronze ricamente ornada (2Rs 6,23-30; 7,23-26).

107. Tal afirmação parece contradita pela presença de imagens representativas cultuais relativas a YHWH, como as encontramos mencionadas pela Bíblia: o *efód*, os *terafim*, a serpente de bronze, os bezerros de ouro introduzidos por Jeroboão... Trata-se, porém, de símbolos associados ao culto que indicam a presença de YHWH, mais do que representar sua forma; por outro lado, sabemos quanto seja ampla a sobra entre lei e vida vivida (cf. DE VAUX, R. *Histoire ancienne d'Israël* – Des origines à l'installation en Canaan. Paris: Gabalda, 1971, p. 433-434).

da teofania sinaítica (Dt 4,10-20): assim como YHWH não se autorrevelou numa forma visível, mas somente através da palavra, Israel não pode representá-lo com imagens esculpidas. Nada do que existe no mundo criado pode representar o rosto de Deus; nenhuma criatura pode representar o Criador, sob pena de sua redução a ídolo. Excetua-se o homem, criado à imagem de Deus (Gn 1,26-27): ao seu "culto" será convidado Israel nos mandamentos finais do decálogo.

Portanto, a opção anicônica do segundo mandamento orienta a estética e a teologia para a vida; primeiramente para a vida do homem, imagem viva de Deus. Mas o homem é um ser social, vive com os irmãos no contexto de uma história e é no contexto de uma história que Deus se revela. De fato, ele não pode ser fixado e localizado por uma representação concreta, porque escolheu a história como lugar da revelação (cf. Dt 26,5-9; Js 24,1-13; Sl 136); assim proclama sobretudo Jo 1,14, porque o evento Jesus constitui precisamente a celebração suprema da visibilidade do divino na carne do homem e na história. Existe, pois, uma possibilidade autêntica de ver a Deus, mesmo que seja através do limite do mistério, como compreende Moisés no Sinai (Ex 33,23). O Saltério, por sua vez, recolhe no seu interior um estupendo diálogo dos olhos entre YHWH e o fiel: "O Senhor tem os olhos sobre os justos" (Sl 34,16a), "Guarda-me como a pupila dos olhos" (Sl 17,8), "Como os olhos dos escravos se fixam na mão de seus senhores, e como os olhos da escrava na mão de sua senhora, assim nossos olhos se fixam no Senhor nosso Deus até que tenha piedade de nós" (Sl 123,2). Em Cristo, pois, o ver a Deus chega ao cume: "Quem me viu, viu o Pai" (Jo 14,9).

O outro caminho estético é o da palavra, segundo a admirável expressão de Dt 4,15: "Devereis prestar muita atenção. Pois, no dia em que o Senhor vos falou do meio do fogo no Horeb, não vistes figura alguma". Se se acentua a invisibilidade de Deus, põe-se também o acento sobre a importância da palavra de YHWH, porque é exatamente através dela que nos aproximamos de Deus. A palavra é inseparável da outra manifestação, da qual acenávamos acima, isto é, da história, porque é exatamente a palavra que permite superar a ambiguidade do fato histórico e transformar uma série de acontecimentos em história salvífica; por outro lado, o acontecimento confere à palavra a espessura da realidade, permitindo-lhe superar o simples plano da promessa ou do sonho.

Com seu relampejar e esconder, a palavra mostra a oposta grandeza dos contrários divinos sem apagar um só: transcendência e imanência, eternidade e tempo, protologia e escatologia, história e salvação. É assim que o texto bíblico acolhe com abundância símbolos, mitos e figuras concretas, tornando-se paradoxalmente o mais rico repertório iconográfico, superior ao grego e ao indiano. Longe de ser adoradora do bezerro, mas também não uma página branca iconoclasta, a Bíblia oferece-se à nossa leitura como um estupendo jardim de arte e de símbolo, capaz de captar o *tob* divino através da beleza da criatura, sinal e reflexo da ilimitada e imensa beleza divina.

5

O contexto literário da Bíblia

Textos literários e epigráficos do Oriente Próximo antigo[108]

A Bíblia é um texto, e como tal, inscreve-se num quadro cultural e literário determinado, apesar da especificidade absoluta de sua mensagem religiosa. Graças às modernas descobertas arqueológicas aparece sempre mais o laço literário que a une à literatura do Oriente Próximo antigo; por isso, o conhecimento dessa literatura revela-se um precioso instrumento para a compreensão do texto sagrado. Não se trata de recair em paixões particulares, como, por exemplo, a referência exclusiva à literatura mesopotâmica ou à ugarítica, que logo se apresentam unilaterais e datadas, mas de considerar com a devida atenção textos literários e artísticos (mitológicos, épicos, sapienciais...), e também textos epigráficos não estritamente artísticos (históricos, econômico-administrativos, inscrições reais...), que se revelam úteis para a leitura da Bíblia.

O centro geográfico mais significativo é constituído pela Mesopotâmia, a região que forneceu o material mais amplo e mais interessante. Trata-se de textos que se referem aos mitos da criação (p. ex., *Atrahásis, Gilgamesh, Enúma élish*), à área sapiencial (p. ex., *O poema do justo sofredor*), à tradição jurídica (p. ex., *O Código de Hamurabi*), à área administrativo-profética (os *Testos de Mari*) e à área histórica (*Anais e Crônicas*).

Também a documentação egípcia é abundante; ela é importante sobretudo para a área da história antiga (os *Textos de execração*, a *Inscrição de*

---

108. Aqui o tema é apenas acenado, porque será tratado nos volumes da coleção relativos ao Pentateuco e aos Livros Históricos.

Tutmés III, as *Cartas de Tell-el-Amarna*, a *Estela de Merneptá* – não obstante as grandes dificuldades levantadas pela pesquisa recente – e depois para a área sapiencial, onde os contatos com a literatura bíblica aparecem mais consistentes (p. ex., o *Diálogo de um desesperado com sua alma*, *O ensinamento de Amenémope*).

Em Ugarit, uma cidade da costa siríaca desaparecida por volta da metade do século XII a.C. após a invasão dos povos do mar, as escavações ofereceram documentos importantes, que atestam o tipo de religião que se praticava em Canaã, e descrevem as figuras do deus El e do deus Baal, com muita frequência lembradas nas narrações bíblicas (cf. *A lenda de Keret*, *A lenda de Aqhat*, os mitos de *Baal e a Morte* e de *Baal e o Mar*).

Lembremos, enfim, *A Estela de Mésa*, descoberta em 1868 em Moab. Importante porque permite compreender melhor as relações entre o Reino do Norte, sob a dinastia de Amri, e o reino moabita; e *A inscrição de Deir 'Allah*, uma inscrição sobre gesso, em dialeto aramaico antigo, descoberta no Vale do Jordão, interessante porque fala, quase nos mesmos termos, de um personagem conhecido da Bíblia, Balaão, filho de Beor.

Literatura hebraica não canônica

A qualificação "não canônica" compreende todas as obras surgidas em âmbito hebraico, tanto palestinense quanto da diáspora. As denominações são várias: literatura apócrifa, pseudepigráfica, extracanônica, intertestamentária. Trata-se de obras em geral atinentes ao tema bíblico, em parte conservadas no texto original, mas frequentemente em tradução e de maneira fragmentária. Elas surgem entre o século III a.C. e o século II d.C. Citaremos as mais importantes e segundo seu gênero literário.

Comentários bíblicos

Trata-se de obras que comentam livros ou textos bíblicos, atualizando-os; pertencem, em sentido lato, ao gênero midráshico, porque seguindo o texto bíblico o interpretam e o ampliam segundo necessidades ideológicas ou sectárias. Recordamos algumas mais importantes.

Livro dos Jubileus

É uma obra pertencente à corrente essênia, que, lá pelo fim do século II a.C., relê o Gênesis e os primeiros capítulos do Êxodo. Ali é descrito um

Moisés que sobe ao Sinai e recebe a revelação da história precedente, a partir da criação até aquele momento, e do futuro destino de Israel, segundo o qual no fim do período de cinquenta jubileus de anos poderá entrar na terra prometida. É dada muita atenção à celebração das várias festas judaicas e também à angelologia e à demonologia. Dessa obra, redigida originariamente em hebraico, foram encontrados diversos fragmentos em Qumran.

Genesis Apocryphon (1QGenAp)

É um texto encontrado em Qumran, parcial e malconservado, datado entre 50 a.C. e 50 d.C. É escrito em aramaico e se apresenta como uma paráfrase do Livro do Gênesis; tem um caráter não ideológico, mas edificante e popular, como sugere também o uso da língua aramaica.

Liber Antiquitatum biblicarum

A obra, erroneamente transmitida junto com as obras de Fílon, é um interessante *midrash* hagádico, que narra a história bíblica de Adão a Saul; normalmente segue a narração bíblica, mas com omissões e interessantes acréscimos. Não é um escrito sectário e é importante porque recolhe antigas lendas pertencentes à tradição judaica. Sua redação é geralmente colocada na segunda metade do século I d.C., provavelmente num ambiente próximo à corrente farisaica. Desta obra possui-se somente uma tradução latina.

Vida de Adão e Eva

Desta obra possuímos uma recensão grega com o título impróprio de *Apocalipse de Moisés* e uma recensão latina com o título mais correto de *Vita Adæ et Evæ*. Trata-se de um *midrash* hagádico sobre Gn 1–4, edificante, que narra as vicissitudes dos dois progenitores após a expulsão do paraíso. Apesar das abundantes interpolações cristãs aparece como uma obra fundamentalmente judaica, que poderia ter sido escrita no século I d.C.

Escritos apocalípticos

Embora o sentido do termo "apocalíptico" seja discutido, em geral, podemos afirmar que se trata de uma literatura que, por um lado, devido também ao longo período histórico em que aparece (séc. V-IV a.C.-135 d.C., desenvolve ideologias também muito diferentes entre si; por outro, compartilha características literárias comuns: visões, revelações de segredos celestes, periodização da história, conclusão da história, simbolismo... Em particular, essa literatura desenvolve uma concepção do bem e do mal como realidades autônomas em relação ao homem; o mal ter-se-ia introduzido no mundo por causa do pecado angélico, portanto, não diretamente imputável à livre-opção do homem.

Henoc etiópico

É uma obra combatida pela corrente farisaica, mas importante na Igreja dos primeiros séculos (cf. Jd 14–15). Na Igreja etiópica é até um livro canônico; daí sua conservação em tradução etiópica; conservaram-se fragmentos em aramaico, em Qumran, e em grego. A obra é constituída de cinco escritos de épocas e de origens diversas:

• O *Livro dos Vigilantes* (cap. 1-36) – O interesse tem por objeto sobretudo o problema do mal. O livro narra detalhadamente a queda dos anjos e a viagem de Henoc para interceder por eles; foi redigido lá pelo fim do século III a.C., mas suas partes mais antigas são anteriores ao século V a.C., como demonstram os fragmentos de Qumran.

• O *Livro das Parábolas* (cap. 37-71) – É articulado em três visões, chamadas parábolas: na primeira, Henoc visita o firmamento e a residência dos justos; na segunda, é-lhe revelado o mistério do "Filho do homem" e o juízo que exercerá sobre o mundo; na terceira, descreve-se a felicidade eterna dos eleitos e a assunção final de Henoc ao céu. Trata-se de uma obra judaica escrita lá pelo fim do século II d.C. e integrada na obra de Henoc.

• O *Livro da Astronomia* (cap. 72-82) – Narra como Henoc recebeu do Anjo Uriel os ensinamentos sobre a astronomia, entre os quais a noção do calendário solar de 364 dias, posto em relação com as fases lunares. Como o *Livro dos Vigilantes*, remonta ao fim do século III a.C.

• O *Livro dos Sonhos* (cap. 83-90) – Narra que Henoc mostra ao filho duas visões, a primeira, concernente ao dilúvio, a segunda, à história universal da criação ao advento do Reino de Deus no fim dos tempos. A datação remonta por volta da metade do século II a.C.

• A *Epístola de Henoc* (cap. 91-105) – Diferentemente dos livros precedentes, a *Epístola* ignora o episódio do pecado dos anjos, destacando, ao invés, a plena responsabilidade do homem. Sua composição deve ser posta entre o século II e o I a.C.

Henoc eslavo

É uma obra de origem judaica, que remonta ao século I d.C., antes da destruição do Templo e conservada somente em eslavo em duas recensões diferentes. A obra expõe as visões do patriarca conduzido pelos anjos através dos sete céus, após ter saudado os filhos. Aparecem expressões semelhantes às do Novo Testamento e são visíveis as influências do Eclesiástico. A moral, centrada sobre o amor por todas as criaturas, fez pensar em influências cristãs.

Testamento (Assunção) de Moisés

Trata-se de um comentário apocalíptico a Dt 31–34, no qual Moisés, antes de morrer, revela a Josué o futuro de Israel e traça sua história até o tempo de Herodes e de seus filhos. Encontramos ecos neotestamentários dessa obra em At 7,36 e Jd 9. Do original semita possuímos uma tradução latina completa.

Testamento de Abraão

Como a precedente, também esta obra, apesar do título, é uma narração apocalíptica. Ao Arcanjo Miguel, que antes da morte lhe pede a entrega de sua alma, Abraão responde com uma recusa e pede para visitar o mundo inteiro. Atendido, toma consciência dos muitos pecados que enchem a terra e, enfim, chega ao lugar do juízo das almas, juízo baseado unicamente sobre o critério ético, sem distinções entre judeus e gentios. A obra chegou até nós em grego, de um original hebraico escrito por volta do século I d.C.

Quarto Livro de Esdras

Escrito em hebraico por volta do fim do século I d.C., a obra chegou até nós em várias traduções (latina, siríaca, georgiana, etiópica, copta, árabe). É o apocalipse mais popular nos círculos cristãos, tanto que sua versão latina se conserva em apêndice à edição clementina da Vulgata. Expõe sete visões, durante as quais, conversando com Deus ou com um anjo seu, o protagonista recebe revelações relativas à sorte dos justos e dos ímpios, ao juízo divino e ao sentido da história.

Apocalipse siríaco de Baruc (2 Br)

Está em estreita conexão com 4 Esdras. Foi escrito, provavelmente em siríaco, depois da destruição do Templo, lá pelo fim do século I d.C., com a intenção de explicar o porquê daquela catástrofe: trata-se de um ato divino precedente ao juízo e à salvação final de Israel.

Apocalipse de Abraão

A obra, redigida originariamente em língua semita por volta do fim do século I d.C., é conservada unicamente na tradução eslava. Contém a narração da conversão de Abraão da idolatria ao monoteísmo, um apocalipse construído sobre um *Midrash* a Gn 15 e, enfim, uma viagem celeste de Abraão.

Oráculos Sibilinos

Trata-se de uma coleção originariamente de 14 livros (sobraram os livros 1-8 e 11-14) de época e de proveniência diversas, que giram em torno das profecias dessas mulheres chamadas "sibilas". Os elementos judaicos aparecem nos livros III-V. O III livro, composto por volta de 150 a.C., mostra a figura salvífica de um Rei Ptolomeu, a quem se atribui a inauguração de um reino de paz. O IV livro inspira-se num oráculo pagão do tempo de Alexandre Magno, que mostrava a história até esse rei, e reelabora, articulando a história em quatro reinos num espaço de dez gerações e completando-a com a narração da destruição do Templo e a erupção do Vesúvio; esta última é apresentada como o castigo divino pela devastação de Jerusalém; daí datar-se a obra por volta de 80 d.C. O V livro é constituído por uma resenha histórica de Alexandre Magno até Marco Aurélio e de quatro oráculos contra diversas nações; foi escrito antes do fim do século I d.C.

Apocalipse de Baruc (3 Br)

É um escrito judaico do fim do século I d.C., atestado por uma tradução em grego e em eslavo antigo. Contém uma série de revelações que Baruc recebe enquanto estava chorando sobre Jerusalém destruída por Nabucodonosor. É um escrito judaico do fim do século I.

Literatura testamentária

Seguindo modelos bíblicos (cf. Gn 49; Dt 33; Js 23–24), o gênero literário do "testamento" é retomado em época helenista e dá lugar a diversas obras. O esquema é o mesmo: o antepassado, antes de morrer, passa aos filhos uma série de instruções a serem transmitidas à sua descendência, comunica as revelações recebidas e, enfim, dá indicações sobre seu futuro, chamando-lhes a atenção sobre os perigos que encontrarão.

Testamentos dos Doze Patriarcas

A obra contém doze discursos de adeus dos doze filhos de Jacó a seus filhos antes de morrer. O esquema é estereotipado: breve biografia do patriarca; denúncia de um vício que o manchou ou que soube vencer; exortações e encorajamentos finais. O núcleo originário, testemunhado em Qumran, é escrito em hebraico ou em aramaico, e remonta ao século II a.C.; depois é reelaborado em grego e, enfim, retomado por uma redação cristã.

Testamento de Jó

É um discurso de adeus de Jó, que, no leito de morte, comunica suas vontades aos filhos. A parênese trata sobretudo da virtude da paciência; no fim, a alma de Jó é levada ao céu pelos anjos. Escrita originariamente em grego, a obra remonta provavelmente ao século I. d.C.

Textos filosóficos, sapienciais e poéticos

Terceiro Livro dos Macabeus

Apesar do título, a obra não se refere aos Macabeus, mas narra a perseguição de Ptolomeu Filópator (221-203 a.C.) contra os judeus do Egito e o posterior arrependimento do rei. É evidenciada a soberania do verdadeiro Deus, que pode impedir os projetos perversos do homem, fazendo que os esqueça, como no caso de Ptolomeu, e a eficácia da oração. A obra, composta em grego por volta do fim do século I a.C., encontra-se em alguns códices bíblicos, como o Alexandrino. Para as comunidades cristãs podia constituir uma leitura edificante e consoladora, especialmente no tempo da perseguição.

Quarto Livro dos Macabeus

Através da análise de exemplos bíblicos, em particular do episódio do martírio de Eleazar e dos sete irmãos (2Mc 6,18–7,42), o autor mostra o domínio da razão sobre as paixões e exalta a coragem e o espírito de sacrifício dos mártires. A obra, escrita em grego por volta da metade do século I d.C., encontra-se em vários códices bíblicos, entre os quais o Sinaítico e o Alexandrino e em muitos manuscritos das obras de Flávio Josefo.

Carta de Aristeias

É um escrito que defende a tradução grega da Torá sob a forma de uma carta, que Aristeias, um imaginário oficial de Ptolomeu II Filadelfo, envia ao irmão Filócrates. Ali se narra que o rei envia a Jerusalém uma embaixada para obter uma cópia da Torá e que, depois, acontece a tradução. Mas o episódio é apenas a moldura que permite ao autor, um judeu alexandrino, exaltar a tradição jurídico-sapiencial dos hebreus. Provavelmente, a obra remonta à metade do século II a.C.

José e Asenet

Composta provavelmente no Egito entre o século I a.C; e o século I d.C., a obra é um *midrash* do relato bíblico de José (Gn 41,41-52; 46,20) na forma literária do romance helenista. Ali se narra o matrimônio de José com a filha de um sacerdote egípcio, Asenet; a oposição do faraó e de seu filho; enfim, sua morte, seguida da proclamação de José como rei do país. O autor quer encorajar o proselitismo e mostrar os benefícios dos matrimônios mistos.

Pseudo-Focilides

É a obra de um autor judaico, que, sob o nome do poeta grego Focilides (séc. VI a.C.), compõe um poema que contém máximas e instruções morais; seu caráter aparentemente apenas filosófico-moral, na realidade, reflete a legislação mosaica. O objetivo é mostrar a validade da tradição judaica e a partilha dos valores éticos com a tradição helenista. A obra foi usada no período bizantino como manual escolástico e por isso chegou até nós. A época da composição, não bem identificável, é a helenista e o provável lugar é Alexandria.

Pseudo-Menandro

Também esta é uma obra de um autor judaico, que, sob o nome do poeta grego Menandro (séc. IV a.C.), deixou-nos uma coleção de máximas morais sem referências diretas à tradição bíblica, mas a ela conexas. Os paralelos são especialmente com Provérbios, Jó e Eclesiástico. Escrita provavelmente em grego por volta do século III d.C., a obra chegou até nós através de um manuscrito siríaco do século VII d.C.

Outros escritos

Com referência à filosofia, além do já citado 4 Macabeus, o mais importante e conhecido filósofo judeu-helenista é Aristóbulo, que viveu por volta da metade do século II a.C. em Alexandria. Sustentava que, bem compreendida, a Torá continha já o que depois seria dito pela filosofia grega. Dele não se possui mais nenhuma obra, exceto algumas citações.

Também da poesia judeu-helenista chegaram-nos apenas citações de outros autores. Lembramos o poeta épico Fílon, do qual sobrevivem alguns hexâmetros da obra *Sobre Jerusalém*, e Ezequiel o Trágico, do qual chegou uma longa passagem (270 versos) do *Exagoghé*, uma obra referente ao êxodo do Egito.

Literatura profética

Trata-se de uma hagiografia judaica que, reelaborando os dados bíblicos, exalta as figuras proféticas, apontando-as como modelos de fidelidade; essas obras chegam até nós graças à hagiografia cristã, que assume os profetas como santos do Antigo Testamento.

O martírio de Isaías

É uma espécie de *midrash* de 2Rs 20–21, que narra a profecia de Isaías ao Rei Ezequias sobre a própria morte por obra de Manassés e a confirmação de tal profecia: efetivamente, depois que Manassés subiu ao trono, Isaías é encarcerado e condenado a ser cortado ao meio com uma serra para madeira. A obra, chegada até nós como prólogo de um escrito cristão conhecido como *Ascensão de Isaías*, existia já no século I d.C., como confirma a alusão de Hb 11,13.

Crônica de Jeremias

Através da figura de Jeremias no exílio com os deportados para a Babilônia, a obra é um convite à esperança no retorno para Jerusalém, na retomada do culto e no convite a não se contaminar com os costumes pagãos. Não obstante a reelaboração cristã, o corpo principal da obra é judaico e remonta a fins do século I ou inícios do século II d.C. Em chave cristã, a obra poderia representar o convite à conversão dirigido aos judeus depois do decreto de Adriano, que proibia seu ingresso na Palestina.

Vidas dos profetas

A obra narra alguns aspectos da vida daqueles profetas aos quais se atribui um livro do Antigo Testamento, com a intenção principal de dar notícia sobre o lugar onde se encontra seu túmulo. O escrito testemunha um aprofundado conhecimento da topografia da Palestina e de Jerusalém e um tipo de religiosidade popular inclinada à veneração dos profetas e de seus túmulos. Os paralelos com o Novo Testamento (cf. Mt 5,12; 23,23-27) indicam uma provável tradição comum. A obra remonta, provavelmente, ao século I ou II d.C.

Literatura devocional

Salmos de Salomão

É uma coleção de 18 salmos, segundo o gênero literário dos Salmos canônicos, originariamente escrita em hebraico e agora conservada em grego e em siríaco. A redação poderia remontar a 40 a.C., já que o salmo 2 alude à morte de Pompeu no Egito. Provavelmente, a obra provém de círculos farisaicos, como mostram a insistência na obediência à Torá, a doutrina do livre arbítrio e da retribuição e o destaque dado à ressurreição.

Oração de Manassés

Trata-se de um salmo penitencial, na esteira de composições análogas, que em muitos códices bíblicos é colocado no fim do Saltério; em alguns códices latinos medievais é posto como integração de 2Cr 33,18-19. É um exemplo da piedade judaica, na esteira das orações de Mardoqueu e de Ester (Est 4,17ª-17²) ou do cântico de Azarias (Dn 3,24-90). Provavelmente, o salmo foi composto em grego por um autor judeu-helenista, que o atribui a Manassés para mostrar que a conversão é sempre possível, não obstante os graves pecados cometidos. Foi composto provavelmente no Egito, entre o século I a.C. e o século I d.C.

Historiografia

Se a tradição bíblica privilegia uma história estritamente teológica (cf. a história deuteronomista e a das Crônicas), no ambiente judeu-helenista surge uma historiografia da nação hebraica, que se propõe primeiramente exaltar suas qualidades e seus méritos diante do público helenista. Porque não possuímos mais nenhuma obra desses autores, a não ser citações de Alexandre Polistor, um compilador grego do século I a.C., autor de uma obra *Sobre os judeus*, limitamo-nos a citar os três mais importantes: Demétrio, autor da obra *Sobre os reis da Judeia*; Artapano, autor da obra *Sobre os judeus*; Eupolemo, autor da obra *Sobre os reis da Judeia*. Trata-se, em geral, de obras, ao menos pelo que podemos deduzir das passagens citadas, que releem de maneira hagádica o texto bíblico, para exaltar os heróis israelitas e sua contribuição para a história da humanidade.

Além disso, é oportuno recordar os *textos de Elefantina*, porque fontes de notícias sobretudo para a época pós-exílica. Na Ilha de Efefantina, próximo a Syene (Assuã), no Egito, existia uma colônia judaica com um templo próprio dedicado a Yaho. São notáveis algumas cartas enviadas a Jerusalém referentes a temas cultuais, como a celebração da páscoa.

Todavia, merecem um tratado particular dois autores eminentes: Flávio Josefo, o historiógrafo hebreu mais importante; e Fílon de Alexandria, o mais notável representante do judaísmo alexandrino.

Flávio Josefo

Natural de Jerusalém (37/38 d.C.), de família sacerdotal, seguidor da corrente farisaica, depois da revolta antirromana se estabelece em Roma, onde, protegido pela dinastia dos Flavii (das quais recebe o *nomen*), escreve suas obras. Morre ali nos inícios do século II d.C. Chegaram-nos quatro obras.

Guerra judaica – Narra a história da Palestina do tempo de Antíoco IV até a conclusão da revolta antirromana. A primeira edição (em aramaico), agora perdida, devia servir de propaganda romana nas regiões orientais do império; a segunda edição (em grego) busca uma clara finalidade apologética, a de impor às correntes extremistas, em particular ao grupo dos zelotes, a responsabilidade pela catástrofe. A obra constitui a fonte histórica mais importante para o período neotestamentário, apesar do fato que as fontes utilizadas sejam de difícil identificação.

Antiguidades judaicas – É uma obra em vinte volumes, em que Flávio Josefo narra a história do povo judaico das origens até o início da revolta antirromana, seguindo o texto bíblico na parte que a ele se refere e servindo-se, para o período posterior, de outros historiadores, como Políbio, Estrabão e Nicolau de Damasco; aliás, não despreza elementos hagádicos e lendários. A obra é dirigida a leitores pagãos com a intenção de elogiar a nação judaica, mostrar seus traços essenciais e dispor favoravelmente o público pagão para a causa hebraica.

Vida – Em apêndice à segunda edição das *Antiguidades*, Flávio Josefo escreve a *Vida*. Mais que uma biografia, é uma resposta às acusações que lhe dirigiu um certo Justo de Tiberíades sobre seu ambíguo comportamento durante a revolta antirromana.

Contra Apião – É uma apologia do judaísmo visando combater críticas e ataques antijudaicos, em particular vindos do gramático alexandrino Apião.

Fílon de Alexandria

Fílon nasce em Alexandria por volta de 13 a.C. de uma das famílias mais eminentes da cidade. Como nos informa seu escrito *Legatio ad Gaium*, nos anos 39-40 d.C. guia a delegação judaica a Roma para defender os direitos da comunidade judaico-alexandrina. Profundamente helenizado, continua, porém, um judeu fiel, utilizando a reflexão filosófica grega para mostrar que a Torá exprime a revelação suprema da sabedoria divina, da qual brota toda a sabedoria grega. O instrumento de sua reflexão é o método alegórico, que lhe consente tanto mostrar a seus correligionários os tesouros da filosofia grega como convencer os gregos que sua filosofia tem origem na Torá. Das numerosas obras de Fílon lembramos sobretudo três grandes complexos:

- *Quæstiones et solutiones* – Trata-se de breves exposições catequéticas em forma de pergunta e resposta sobre a interpretação de alguns capítulos do Gênesis e do Êxodo.
- *Comentário alegórico* – É a obra maior na qual Fílon comenta alegoricamente trechos escolhidos do Gênesis.
- *Exposição da Lei* – É uma ilustração sistemática e de divulgação das leis mosaicas, das quais Fílon explica o conteúdo, o valor e o significado.

Literatura qumrânica

Os textos descobertos a partir de 1947 junto ao Mar Morto não contêm somente textos bíblicos e apócrifos, mas também uma série de textos próprios dessa seita. Eles revelam o grande pluralismo presente no judaísmo dos dois séculos na passagem para a era cristã e são uma ajuda preciosa para a compreensão dos escritos neotestamentários. Podem ser agrupados em três categorias:

Regras

Regra da comunidade – É o manuscrito mais completo e contém as normas de vida da seita, sua organização e a teologia inspiradora.

Documento de Damasco – É uma obra já conhecida pela *Guenizá* do Cairo e um pouco mais recente do que a *Regra da comunidade*, cujas disposições completa e confirma.

Regra da guerra – Descreve o combate final entre os "filhos da luz", isto é, os pertencentes à comunidade, e os "filhos das trevas", isto é, todos os não qumranianos, um choque que durará quarenta anos e que terminará com a vitória dos "filhos da luz".

Regra da assembleia – Sobraram só duas colunas, que contêm as normas para a comunidade dos tempos escatológicos.

Carta haláquica (*Disposições*) – É uma carta escrita aos sacerdotes do Templo, com o objetivo de mostrar as diferenças haláquicas dos dois grupos; surpreende o tom amigável do escrito.

Rolo do Templo – É uma coleção de regras referentes ao Templo e sua liturgia, apresentado como uma revelação direta de YHWH. Parece mais antigo do que os outros escritos de Qumran, com os quais, porém, apresenta analogias.

Interpretação bíblica

Uma das atividades fundamentais da comunidade qumrânica era aquela colocada no *scriptorium*, precisamente onde se redigiam os textos. Os textos por excelência eram os bíblicos, cuja presença penetra todos os escritos, também os de caráter mais prático, como as regras. A tarefa principal era certamente a transcrição dos textos escriturísticos, que eram também objeto de comentários. De fato, grande parte dos manuscritos conservados são comentários midráshicos aos livros bíblicos. Recordamos particularmente:

• o *Apócrifo do Gênesis*, as *Bênçãos dos Patriarcas*, os *Salmos de Josué*, as *Palavras de Moisés*;
• os *Apócrifos Mosaicos* e as *Paráfrases do Pentateuco*;
• as composições pseudepigráficas: *Pseudo-Jeremias, Pseudo-Ezequiel, Pseudo-Daniel*;
• as obras em aramaico: *Descrição da Nova Jerusalém, Oração de Nabonedo*.

Os escritos exegéticos mais característicos são, todavia, os *pesharím*, isto é, as *Interpretações* (*pésher* = interpretação). Trata-se de interpretações que atualizam o texto bíblico, aplicando-o diretamente à comunidade. Recordamos:

• o *Pésher de Habacuc*, o mais bem conservado.
• o *Pésher de Naum*;
• os fragmentos dos *pesharím* de *Isaías*, de alguns Salmos e dos *Profetas Menores*;

- entre os *pesharím* temáticos: o *Midrash de Melkísedeq*, o *Pésher dos Períodos*, as *Correntes*, os *Tanchumím*, o *Florilegium*, e os *Testimonia*.

Textos poéticos e litúrgicos

A liturgia devia constituir um elemento essencial da vida comunitária; infelizmente não nos é conhecida, motivo pelo qual é difícil estabelecer qual seria o material propriamente litúrgico e qual, ao invés, é mais pessoal e devocional. Recordamos particularmente:

Hinos – São uma coleção de orações sob a forma de salmos de ação de graças, de louvor e de penitência; compostos provavelmente pelo próprio Mestre de justiça; trata-se de orações muito pessoais, sem referências à liturgia.

Salmos apócrifos – Três cópias do saltério bíblico contêm intercalados aos salmos canônicos uma série de salmos não canônicos, alguns dos quais eram já conhecidos pela tradição manuscrita.

Cantos do holocausto do sábado ou *Liturgia angélica* – São treze cantos a serem recitados por treze sábados consecutivos. Provavelmente sua função era a de substituir os sacrifícios do Templo – de fato a oferta do sábado – com a participação na liturgia e no culto celeste do sábado, refletido nos cantos. Em Qumran, o louvor substituía os sacrifícios materiais e a comunidade se autocompreendia como um templo espiritual em íntima comunhão com o mundo angélico.

Literatura rabínica

Se a destruição do Templo (70 d.C.) e a sucessiva expulsão dos hebreus após a segunda revolta (135 d.C.) comportaram necessariamente a irrelevância da classe sacerdotal, por outro lado significaram a centralidade da corrente farisaica e, portanto, da Torá, objeto apaixonado de seu ensinamento numa densa rede de escolas e de sinagogas. Assim, ela se torna o eixo da religião hebraica. Daí a necessidade de definir escrupulosamente o texto bíblico[109] e, depois, de codificar as várias e ricas tradições que tinham o objetivo de explicar e de atualizar a Torá escrita, adaptando-a às novas situações históricas. Essas tradições, antes transmitidas de forma oral, eram fixadas por escrito no início do século III, tomando o nome de Mishná (= repetição). É verdade que a redação da Mishná é tardia em relação à formação do

---

109. Cf. o que foi considerado sobre a história do cânon, às p. 35-38.

Novo Testamento, mas ela veicula tradições mais antigas, que remontam à época neotestamentária e também a um tempo antecedente.

As tradições que não haviam confluído na Mishná encontram depois uma redação escrita na chamada *Toseftáh* (= acréscimo) por volta de 250 d.C. A Mishná, por sua vez, é comentada e interpretada oralmente, encontrando depois uma formulação escrita na Guemará (= complemento). Por fim, a Mishná e a Guemará, unidas a tradições que ficaram fora da Mishná (as assim chamadas *baraitót* [= tradições "externas"], confluíram no Talmude (= ensinamento), primeiro no *Talmude de Jerusalém* (séc. IV), depois no *Talmude da Babilônia* (fim do séc. V).

6

A geografia da terra da Bíblia

Como a arqueologia, a geografia é uma ciência autônoma e é enquanto tal que ela pode fornecer ao leitor da Bíblia instrumentos e elementos úteis para sua interpretação. Além disso, a geografia tornou-se uma ciência complexa, não mais limitada a áridas enumerações de limites, extensões, cidades e populações, mas aberta a traçar o quadro de um território, que vai dos dados físicos aos econômicos, políticos e sociais. É nesse contexto que o quadro geográfico pode ajudar a compreender também a realidade literária nascida num certo território. O estudo da geografia do país onde nasceu a Bíblia coloca, pois, o livro no contexto concreto de um ambiente físico, onde vive uma população vista em todos os seus aspectos, não por último o religioso, exatamente o aspecto que, em nosso caso, produziu o Livro Sagrado. Portanto, embora sucintamente, veremos a geografia física do país da Bíblia, sua geografia humana, econômica e histórica, para chegar, enfim, ao aspecto religioso, isto é, o significado teológico que essa terra tem no texto bíblico.

A geografia física

O contexto médio-oriental

Por sua forma, a Palestina pertence à região chamada de "Crescente Fértil", que, partindo do Golfo Pérsico corre ao longo do Tigre e do Eufrates, desvia a ocidente para o Mediterrâneo, desce ao longo da costa desse mar para chegar, enfim, ao Delta do Nilo. É nessa faixa de países, cortados pelos rios Tigre, Eufrates, Jordão e Nilo, que, a partir do terceiro milênio, nasceram as civilizações do Oriente Próximo antigo. Nesse quadro geográfico, a

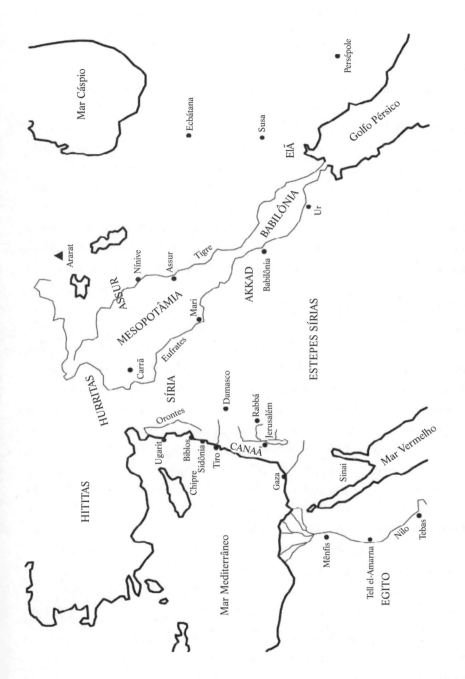

Palestina encontra-se na passagem obrigatória da Mesopotâmia para o Egito; e são precisamente essas duas vastas regiões que constituem a grande moldura geográfica do país da Bíblia.

A Mesopotâmia

De *per si*, etimologicamente, a terra "entre os rios", a Mesopotâmia indica propriamente a região ao Norte do ponto em que o Eufrates e o Tigre se unem; na realidade, no uso comum, indica toda a grande planície na qual correm os dois rios, das montanhas da atual Turquia até a foz no Golfo Pérsico. O Tigre nasce nos montes da Armênia, passa junto à antiga Nínive, banha Assur e, enfim, no extremo sul, une-se ao Eufrates, alcançando o mar junto com ele. Note-se, porém, que ainda no século IV a.C., os dois rios desembocavam no mar separadamente e que, na época suméria, o Golfo Pérsico estendia-se 150km mais ao Norte, tanto que a antiga Ur encontrava-se junto ao mar; o atual delta é totalmente formado pelos detritos aluvionais dos dois rios.

O Eufrates tem um curso mais longo. Nasce do Ararate, dirigindo-se para o Mediterrâneo, dobra depois para o Sul perto de Cárquemis, tendo à sua esquerda a região que a Bíblia chama *'Aram Nacharáyim* ("Aram dos dois rios": Gn 24,10) e a bíblica Harã (Gn 11,31); margeando o Deserto Siro-arábico, toca a antiga Mari – e em época sumério-babilônica também a cidade de Babilônia, Sippar, Nippur e Uruk –, desembocando, enfim, no Golfo Pérsico.

A regulação das águas dos dois rios constituiu sempre o objetivo primário dos governantes, alcançado graças à construção de uma densa rede de canais e diques. Todavia, o perigo das inundações era constante e é assim que se compreende que o mito do dilúvio pôde nascer nessa região. Além disso, o controle dos dois rios impunha a necessidade de um controle político de toda a região, que, de fato, aconteceu constantemente, seja por parte de grupos setentrionais seja de grupos meridionais.

Os dois grandes rios constituíram assim não somente o esqueleto da estrutura econômica da região mesopotâmica, mas também o meio graças ao qual sua grande civilização pôde ser transmitida a todo o Oriente Próximo antigo. Com efeito, eles eram as grandes vias de comunicação para o ocidente, usadas não só pelos exércitos, mas também pelos pastores, pelos comerciantes e pelos cultores da arte e da literatura. Ao longo dessas artérias caminharam os exilados hebreus depois da queda de Jerusalém e no retorno do exílio; mas a tradição lembrava que já muitos séculos antes alguns grupos de antepassados haviam partido dessa região, emigrando para o Oeste.

O Egito

O coração e a própria vida do Egito é constituída pelo Nilo, que, dos lagos africanos Vitória e Tana desce majestoso e rico em limo até o Mediterrâneo, fecundando uma estreita faixa de terra (15-20km) da atual Assuã até o atual Cairo; depois disso, divide-se em sete ramos principais, que, com uma rede de canais e de lagunas forma a região do Delta, assim chamada por sua forma triangular que lembra a quarta letra maiúscula do alfabeto grego. Trata-se de uma região com 100km de largura e 300km de comprimento, muito rica de peixes, de vegetação e de animais: um verdadeiro jardim luxuriante. À direita e à esquerda do Nilo estende-se o deserto oriental e ocidental, ponteado de algum oásis; mas, fundamentalmente, sem vida. De fato, é a água do Nilo que, durante a enchente de junho a outubro, transborda de seu leito e, depositando sobre o terreno um precioso limo, fecunda o terreno. Trata-se de uma enchente benéfica, e até, esperada e invocada, porque dela depende a vida de todo o país. Ela é muito diferente das enchentes mesopotâmicas, irregulares e violentas, com frequência causadoras de destruição. Compreende-se facilmente que as enchentes do Nilo jamais tenham conseguido inspirar o mito do dilúvio.

O Egito divide-se em duas regiões: a região meridional, que forma o assim chamado Alto Egito, e a região setentrional, isto é, o Baixo Egito, constituído pelo Delta: a primeira é uma região de clima seco e de calor tropical, a segunda é uma região úmida e temperada. A necessidade de controlar o longuíssimo curso do Nilo favoreceu um controle político unitário do país. Sua posição geográfica tornou sempre o Egito um país seguro, porque isolado e, portanto, facilmente defensável. Com efeito, ao Norte o Mediterrâneo, a Oeste o deserto, ao Sul as cataratas do Nilo e a Leste ainda o deserto e o Sinai, constituem um limite natural, que infunde segurança e tranquilidade, motivo porque poucas vezes, durante sua milenária história, o Egito foi invadido por potências estrangeiras através da única passagem possível, a atual zona do Canal de Suez.

A depressão libanês-palestinense

Situada entre o curso médio do Eufrates e o Mediterrâneo, surge a Síria, a bíblica Aram. Em sua parte setentrional é percorrida pelo Rio Orontes, que, correndo de Sul a Norte, desemboca no Mediterrâneo, perto de Antioquia; as cidades mais importantes são: a Leste Alepo e Ebla, a Oeste Ugarit. Na parte meridional, a partir de Emat (cf. 2Rs 14,28) inicia a depressão libanês-palestinense, constituída de três zonas: a Planície da Beqá entre a cadeia do Líbano a ocidente e a cadeia do Antilíbano a oriente; nesta última ergue-se o Monte Hermon (2.814m) e aos pés de sua encosta oriental surge a cidade de Damasco. A segunda zona é constituída pela fossa jordaniana, que inicia nos flancos do Hermon, desce com o Rio Jordão até o Lago de Tiberíades e, depois, até o Mar Morto, alcançando este último a profundidade de 400m abaixo do nível do mar. Enfim, a terceira zona é constituída pela assim chamada *'Arabá*, que se estende do Mar Morto até o Golfo de Aqaba por 180km. A ocidente dessas duas últimas zonas estende-se o país da Bíblia.

O país da Bíblia

O nome

Através das várias épocas históricas, a designação da região a Oeste do Jordão conheceu denominações variadas, correspondentes também a diversas extensões territoriais[110]. Nas fontes acádicas antigas, a região não tem um nome próprio, é simplesmente incluída na expressão geral *Mat Amúrru* [a terra do Oeste]; nas fontes egípcias do Médio Reino (2040-1650 a.C.) a Palestina e a Síria são denominadas juntas com o nome de *Reténu*, enquanto durante o Novo Reino (1551-1070 a.C.) aparecem duas denominações: *Djahi*, de significado desconhecido, e "terra de Hurru", isto é, a terra habitada pelo novo grupo étnico que entrou nessa região, os hurritas.

Nos textos cuneiformes de Mari, Alalakah, Nuzi e Ugarit, como também nas cartas de *Tell el-'Amarna*, a região é chamada, embora com grafias diferentes, *Canaã*, de origem incerta. Esse é o termo que a Bíblia usa para indicar o território onde os grupos israelitas se instalaram. O termo Israel, que na origem designava um grupo étnico (cf. *Estela de Merneptá*), depois da divisão dos dois reinos, ocorrida com a morte de Salomão, passa a indicar

---

110. Cf. FRITZ, F. *Introduzione all'archeologia biblica*. Bréscia: Paideia, 1991 [orig. alemão: 1985], p. 22-25.

o Reino do Norte, habitado pelas dez tribos, conservando ao mesmo tempo o significado de denominação étnica do povo hebraico e também a mais especificamente religiosa de "povo de Deus". O termo Judá, que na origem era, provavelmente, o nome da região montanhosa meridional do país de Canaã, passa depois a designar as tribos do Sul que ali se fixaram; sob Davi e Salomão indica o território meridional do reino e, depois da cisão, o Reino do Sul até o exílio babilônico. Durante o período persa, o termo sobrevive na forma aramaica de *Y^{e}húd*, como denominação de província do Império Persa, para tornar-se depois a denominação do Estado asmoneu. Enfim, com a conquista romana, o termo Judeia designa a província por eles administrada e que fazia parte da Síria.

Depois da segunda revolta antirromana (132-135 d.C.) o nome da província passa a ser *Syria Palæstina*. O termo Palæstina deriva de *plsht*, nome que indica o território ocupado pelos filisteus na planície costeira meridional. Todavia, *Palashtu* em assírio, como *Palaistíne* em grego, indicavam toda a Cisjordânia. Em época bizantina, enfim, a província de *Syria Palæstina* foi dividida em *Palæstina Prima*, em *Palæstina Secunda* e em *Palæstina Tertia*. O nome "Palestina" sobreviveu também depois da conquista árabe na forma *Filastín* e, por fim, foi retomado pelos viajantes do século XIX para indicar a região da história bíblica.

Descrição física do país

O país é limitado a Oeste pelo Mediterrâneo e ao Norte pelo Rio Litani, que separa os montes da alta Galileia do Monte Líbano; o limite oriental, de *per si*, seria constituído pelo Jordão, mas a ocupação israelense se estendeu também à região de Galaad a Leste do rio; o limite meridional, enfim, é dado pelo Neguev.

Do Norte ao Sul, seguem-se as montanhas e, depois, as colinas da Galileia, dominadas a distância pelo Hermon (2.814m; cf. Dt 3,8). Ao Sul da Planície de Jezrael, onde sobressai solitário o Tabor (588m), alongam-se as montanhas da Samaria, marcadas ao centro por dois montes paralelos: o Garizim (881m) e o Ebal (940m); ao Sul ainda a montanha de Judá, que desce até o Neguev. A baixa cadeia do Carmelo (600-500m), porém, prolonga as montanhas da Samaria em direção Norte-Oeste. Na encosta transjordânica, partindo do Norte, temos primeiramente o Planalto de Basã (Sl 22,13; Am 4,1), o atual Golã, que dos 1.000m da parte setentrional cai para os 400m da parte meridional, marcada pelo Rio Jarmuc. Ao Sul desse rio estende-se a região bíblica de Galaad (cf. Dt 2,36) até o Rio Jaboc (cf. Gn 32,23); mais ao Sul, entre o Jaboc e o Arnon, o país de Amon (cf. Nm 21,13-14), e entre o Arnon e o Rio Zared, o país de Moab. Contudo, o limite entre Amon e Moab é variável, como indicam as repetidas menções bíblicas das "estepes de Moab" (cf. Nm 21,20; 22,1; 36,13) uma pequena, mas importante, planície voltada para o Jordão em seu trecho final antes de desembocar no Mar Morto. É aqui que o redator bíblico localiza o Deuteronômio (Dt 1,5) e também a morte de Moisés e de Elias (Dt 34; 2Rs 2).

Além das estepes de Moab, são cinco as planícies mais significativas do país: a pequena Planície de Asher, que se estende do Carmelo ao Litani; a Planície de Jezrael (Jz 6,33) ou de Esdrelão em grego (Jt 3,9), que separa as colinas da Galileia das montanhas da Samaria e é cortada pelo Rio Quison (Jz 4–5); a pequena Planície de Dora (Js 17,11) entre a ponta mediterrânea do Carmelo e o Rio Taninim; ao Sul, ao longo da costa mediterrânea, a Planície do Saron, que se estende até o Rio Jarcom ao Norte de Jafa; e enfim, a Planície Filisteia que de Jafa chega até Gaza.

Em nível intermédio entre as zonas montanhosas e as planas coloca-se a assim chamada *Sefelá* (Js 9,1), uma zona de colinas, muito fértil e rica de instalações, que se estende entre a Planície de Saron e a montanha de Judá. Uma zona à parte é constituída pelo Neguev (literalmente: "País do Sul"), que designa a região semiárida entre a zona cultivada de um lado e os territórios desérticos do Sinai e da Península Arábica de outro.

O rio mais importante da região palestinense é constituído pelo Jordão, que nasce das encostas do Monte Hermon, introduz-se no Lago de Tiberíades, prossegue por 320km (mas em linha reta são apenas 104), lançando-se por fim no Mar Morto, nome devido ao seu elevado grau de salinidade, que torna impossível a vida dos peixes e de qualquer ser vivo. O Lago de Tiberíades, ao contrário, é um lago de água-doce, com 21km de comprimento e 12 de largura na parte mais larga. Centro da vida econômica da Galileia.

O clima do país é subtropical, mas com grandes variações, segundo as regiões: desértico no Neguev Meridional e Oriental, como também no baixo Vale do Jordão e até o Mar Morto; estépico no Neguev ocidental, no meio Vale do Jordão até o Lago de Tiberíades; mediterrâneo no resto do país. São duas as estações: invernal, de novembro a março, fria e chuvosa, e estiva, de abril a outubro, seca e sem chuva. Diferentemente da chuva, que é antes

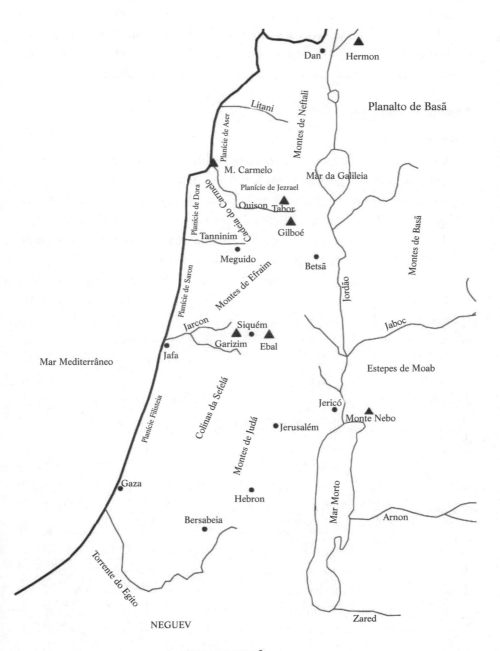

A TERRA DE CANAÃ

escassa, o orvalho é abundante e este, nos meses áridos do verão, mantém a vida da escassa vegetação do deserto. Característico, embora não frequente, é o vento *chamsín* (cf. Gn 41,6; 1Rs 17,1; Ct 5,2), proveniente do deserto, que traz areia, ofusca o céu e causa graves danos à agricultura.

A geografia humana

Cidades e populações

Um centro urbano é caracterizado por edifícios administrativos, com frequência por um *scriptorium*, e por um artesanato; um sistema hídrico consente o abastecimento regular da água, às vezes também em caso de cerco; muitas vezes é dotado de um sistema defensivo graças a uma cinta de muros. Sendo raros os achados arqueológicos antes da divisão dos dois reinos, serão oferecidos alguns dados relativos ao período posterior[111].

No Reino de Israel, temos centros urbanos completos, como Samaria (1Rs 16,24) e Dã (1Rs 15,20) e centros com funções antes militares, como Meguido (1Rs 4,12; 2Rs 9,27) e Hasor (1Rs 9,15). No Reino de Judá, a partir do século VII, aparecem sobretudo dois centros urbanos: Laquis, na Sefelá (2Rs 14,19; Mq 1,13) e especialmente Jerusalém, com uma população estimada em cerca de 15 mil habitantes. A Jerusalém pós-exílica, porém, é muito mais modesta: uma cidade por muito tempo desprovida de muros (cf. Ne 3–6), sede da administração da província de *Yᵉhúd* e, sobretudo, sede do Templo.

É difícil estimar a população global dos dois reinos antes do exílio: talvez 300 mil habitantes no Reino do Norte e 100 mil habitantes no Reino do Sul. No tempo do Novo Testamento, a população da Palestina podia chegar a 500 ou 600 mil habitantes e a de Jerusalém a 20 mil habitantes dentro dos muros e de 5 a 10 mil fora dos muros.

Entre as outras cidades célebres no tempo do protetorado romano podem ser citadas: Séforis, o centro administrativo da Galileia, situado a Noroeste de Nazaré; Tiberíades, fundada por Herodes Agripa, na margem ocidental do lago homônimo; por fim, Cesareia Marítima, fundada por Herodes o Grande, na costa mediterrânea, capital da província romana da Judeia após o afastamento de Arquelau. Esses centros urbanos, inclusive Jerusalém, embora em

---

111. Cf. esp. ARTUS, O. La géographie de la Bible. *Cahiers Évangile*, 122, 2002 [p. 5-61], p. 27-34.

medida menor, caracterizam-se por uma forte presença da cultura greco-romana; deles depende uma rede de pequenos centros, habitados essencialmente por populações autóctones.

Os povos circunvizinhos

Os fenícios

Os fenícios são uma população semita, que vive ao longo da costa mediterrânea ao norte da Palestina, concentrada em algumas cidades importantes, como Tiro, Sidônia, Beirute, Biblos. Certamente, elas têm o interior necessário para sua subsistência, mas dedicam-se, sobretudo, às relações marítimas com o Ocidente[112]. A partir do século X a.C. sobressai a cidade-Estado de Tiro, parceira comercial de Salomão (1Rs 9,27; 10,11.12). Durante a dinastia de Amri, o Reino de Israel inicia profundas relações políticas e comerciais com as cidades fenícias por causa da complementariedade das duas economias: florescente agricultura na Samaria, técnica e comércio nas cidades fenícias. A aliança se concretizou com o casamento de Jezabel, filha do rei de Sidon, com Acab, filho de Amri (1Rs 16,31). Os Evangelhos recordam a entrada de Jesus na região de Tiro e Sidônia, onde cura a filha de uma mulher pagã (Mc 7,24-30; Mt 15,21-28), e a parada de Paulo em Sidônia na sua viagem como prisioneiro para Roma (At 27,3).

Os filisteus

Constitui um grupo pertencente aos assim chamados "povos do mar", que, no século XII a.C. se estabeleceu na planície costeira meridional, ao Sul de Jafa, onde fundam cinco cidades: Gaza, Ascalon, Azoto, Gat e Acaron (1Sm 6,17). Durante o século XI, os filisteus alargam sua zona de influência até a montanha habitada pelos israelitas, garantindo-se o monopólio do ferro (1Sm 13,19-20) e, consequentemente, a superioridade militar. Serão derrotados somente por Davi, que limita sua esfera de ação ao seu território original. As cidades filisteias mantêm sua autonomia de cidades-estados até a época da dominação assíria.

Os arameus

Os arameus são tribos semitas, reunidas sob a comum denominação de "arameus", que, por volta do século XII a.C. penetram pelo Leste na

---

112. Já Homero define os fenícios como um "povo famoso pelos navios" (*Odisseia* XV, 415).

Mesopotâmia Setentrional e na Síria e dão lugar à fundação de pequenas entidades estatais. Segundo os relatos bíblicos, é desses estabelecimentos aramaicos da Mesopotâmia Setentrional que provêm os patriarcas (cf. *Aram Nacharáim*: Gn 24,10; *Padã-Aram*: Gn 25,20; 28,2). Entre os estados arameus sobressai especialmente o de Damasco, muitas vezes em guerra contra o Reino de Israel; as hostilidades se interrompem só por volta da metade do século IX a.C., quando a comum ameaça assíria reúne os contendentes. Se, num primeiro tempo, a coalizão antiassíria, guiada pelo rei de Damasco Adadezer, da qual participa também Acab de Israel, consegue segurar a invasão de Salmanasar III em Carcar, em 853 a.C., a subsequente vitória de Teglat-Falasar III põe fim aos estados arameus, que são divididos em províncias e anexados ao Império Assírio.

Os amonitas, os moabitas e os edomitas

Esses três povos fixam-se na Transjordânia, lá pelo fim do Bronze antigo (3000-2000 a.C.) e iniciam, provavelmente já na época do Ferro I (1180-900 a.C.), a formação de estados: os amonitas em torno de sua capital Rabat-Amon; os moabitas no planalto a oriente do Mar Morto, com a capital, ao menos por um certo período Kir-Moab (*el Kérak*); aos edomitas ao Sul de Moab e a ocidente do Arabá num território que tomou o nome da "arenaria nubiana" vermelha florescente, com a capital Bozra, nos séculos VIII-VI a.C.

Davi sujeitou-os a estados vassalos (2Sm 8,12); mas essa supremacia termina já com Salomão (1Rs 11,14-22). Na época seguinte é o Reino do Norte que entra em guerra contra Amon e Moab, com êxitos alternados. Os três reinos se unem ao Reino de Israel e aos estados arameus na coalizão antiassíria contra Salmanasar III; mas com a conquista assíria dos estados siro-palestinos por parte de Teglat-Falasar III termina também a autonomia desses estados limítrofes, que, como o Reino de Israel, tornam-se províncias assírias.

A geografia econômica

Estradas e comércio

A posição estratégica da Palestina faz desse país uma encruzilhada essencial para as comunicações entre o Egito, a Fenícia, a Síria e a Mesopotâmia. Desde a Antiguidade, uma estrada costeira, conhecida como Via Maris, partindo do Egito, atravessa Gaza, sobe ao longo da Planície de Saron (mas pelo interior, para evitar as regiões pantanosas da costa), entra, depois do promontório do Carmelo, na Planície de Jezrael, ladeia a costa ocidental do Lago de Tiberíades (cf. Mt 4,15), para depois entrar no alto Vale do Jordão e chegar a Damasco e Mesopotâmia. Paralelamente a ela, outra estrada corre aos pés das colinas de Sefelá e das montanhas ocidentais da Samaria, atravessa a passagem de Meguido, para assim chegar ao vale de Jezrael.

Mais para o interior, as comunicações Norte-Sul são garantidas por uma estrada que corre ao longo dos cumes das montanhas de Judá e da Samaria, para evitar a travessia dos numerosos wadis que correm tanto para o Mediterrâneo como para o Jordão. Partindo de Bersheva no Neguev, essa estrada atravessa Hebron e Belém, passa a Leste de Jerusalém, chega a Ramá e Siquém, para enfim chegar a Beisã e assim atingir a extremidade oriental da Planície de Jezrael.

O Vale do Jordão constitui um corredor natural de comunicação Sul-Norte. De fato, uma estrada, partindo de Jerusalém chega a Jericó e, entrando pelo Vale do Jordão, chega a Beisã e à Galileia. Quanto às comunicações Leste-Oeste é o Neguev que garante a ligação da Arábia com Gaza e o Mediterrâneo. Na época nabateia, sobretudo em função do comércio do incenso e das especiarias, uma estrada parte da cidade de Petra na Transjordânia, percorre o Arabá e voltando-se para o ocidente atravessa o Neguev e chega a Gaza. Mais ao Norte, outra estrada liga a Arábia com Gaza passando por Bersheva.

São essas as estradas que os protagonistas do relato bíblico percorrem: do levita de Jz 19 que vai das montanhas de Efraim até Belém e vice-versa, ao samaritano de Lc 10,30-37 que desce de Jerusalém a Jericó. O relato da morte do Rei Josias em Meguido em 609 a.C. (2Rs 23,29) testemunha a importância estratégica da Planície de Jezrael. E são ainda essas estradas que permitem medir a estrutura econômico-social dos dois reinos israelitas. No coração do Reino do Norte está situada a Planície de Jezrael com seu cruzamento fundamental de estradas internacionais. Compreende-se, então, a integração desse reino nos circuitos comerciais internacionais, com a consequente contaminação cultural-religiosa denunciada pelos profetas. Ao contrário, compreende-se por que o Reino de Judá, privado de saídas para o mar e longe da Via Maris, esteja à margem dos grandes circuitos comerciais. Daí a existência de uma economia essencialmente rural, sua dependência dos circuitos econômicos do Império Assírio e, enfim, a tentativa expansionista de Josias para o Norte, a fim de abrir o reino à economia ocidental mediterrânea. Por fim, compreende-se que a fundação de Cesareia Marítima por parte de Herodes o Grande, não constitui simplesmente um ato de homenagem ao imperador romano, mas um preciso plano econômico-social: colocada ao longo da artéria da Via Maris e dotada de um eficiente porto, ela abria o reino aos circuitos econômicos da bacia mediterrânea. Daí seu rápido desenvolvimento e a obtenção de uma indiscutível centralidade, em nada prejudicada por uma Jerusalém periférica e organizada somente sobre a vida do Templo.

Agricultura, pecuária e artesanato

Tanto no tempo do Antigo Testamento como do Novo Testamento, a economia da Palestina continua essencialmente agrícola. Está baseada na produção de trigo, cevada, favas, lentilhas, milho e espelta (Ez 4,9) e no produto das videiras e das oliveiras (Nm 13,23; 1Rs 21,1; Am 4,9). As escavações feitas em *Tel Miqné,* no lugar da antiga cidade filisteia de Acaron, trouxeram à luz mais de cem prensas para azeitonas e, portanto, a presença no século VII de uma verdadeira indústria de óleo, que servia não só para as necessidades locais, mas também para o exterior. Deve-se notar que Acaron está situada fora do território do Reino de Judá, e por isso as azeitonas produzidas aqui são exportadas para a cidade filisteia a fim de serem tratadas de maneira industrial; isso significa que a estrutura econômica de Judá é atrasada, isto é, a de um país fornecedor de matéria-prima, mas sem os meios econômicos para transformá-la.

A pecuária é concentrada nas regiões suficientemente ricas de água, como o território de Basã (cf. Dt 32,14; Am 4,1; Mq 7,14); enquanto é mais difusa a criação de ovinos e de cabras. Esta faz que na primavera se faça a transumância dos pastos invernais nas estepes meridionais para as regiões mais ricas de água.

A Bíblia não dá notícias sobre a pesca no Mediterrâneo, a não ser uma breve alusão em Nm 11,22; todavia, é provável que ela tenha sido praticada pelas tribos costeiras, particularmente pela tribo de Aser, instalada na costa ao Norte do Carmelo. Mas é testemunhada, especialmente no Novo Testamento, a pesca no Lago de Tiberíades. As recentes escavações realizadas em Magdala fizeram emergir uma rica atividade relativa ao porto e à pesca.

A existência de um artesanato é garantida pela necessidade de prover as populações dos vasos necessários ao uso doméstico: cozinha, refeições, conservação dos alimentos, iluminação, transporte de produtos agrícolas.

O artesanato de luxo, porém, pressupõe a urbanização e uma certa cultura. Ele é encontrável particularmente no Reino do Norte, mesmo que se trate com frequência de objetos importados, como, por exemplo, os marfins da Samaria. Uma determinada produção litúrgica está ligada ao Templo de Jerusalém, porém, sempre no ambiente de uma tradição anicônica que impedia o desenvolvimento da arte.

Se, para a construção do primeiro Templo, Salomão teve de confiar-se a artesãos de Tiro, os imponentes trabalhos públicos financiados por Herodes o Grande, promoveram certamente uma indústria edil de primeiro plano, como é possível deduzir das descobertas arqueológicas.

Organização social e circuitos econômicos

É pela denúncia profética no Reino do Norte que se pode deduzir, ao menos em parte, a organização socioeconômica da população. Sobre isso, são particularmente significativas as invectivas de Amós:

• ...vendem o justo por dinheiro e o pobre por um par de sandálias. Esmagam sobre o pó da terra a cabeça dos fracos... (2,6-7).

• Derrubarei a casa de inverno e a casa de verão; as casas de marfim serão destruídas e grandes mansões desaparecerão (3,15).

• Ouvi esta palavra, vacas de Basã, que estais sobre o Monte da Samaria, que oprimis os fracos, explorais os pobres e dizeis aos vossos maridos: "Trazei-nos o que beber!" (4,1).

• Deitados em leitos de marfim, estendidos em divãs, eles comem cordeiros do rebanho e novilhos do curral. Improvisam ao som da harpa, como Davi, inventam instrumentos de música. Bebem vinho em copos e se ungem com o melhor dos óleos, mas não se preocupam com a ruína de José (6,4-6).

• Ouvi isto, vós que esmagais o pobre e quereis eliminar os humildes do país. Vós que dizeis: "Quando passará a luz nova, para que possamos vender o grão, e o sábado, para que possamos oferecer o trigo, para diminuir a medida, aumentar o preço e falsificar as balanças para enganar, para comprar os indigentes com prata e o pobre por um par de sandálias, para vender até os refugos do trigo?" (8,4-6).

Se o Reino da Samaria conhece um notável desenvolvimento econômico, a denúncia profética revela sua consequência social, isto é, a formação de uma limitada classe dirigente faminta de poder e de riqueza em prejuízo das classes marginalizadas.

Também as leis apodíticas do *código da aliança* (Ex 20,22–23,19) testemunham as condições sociais do Reino de Judá entre o século VIII e o VII a.C. De fato, elas retomam a precedente denúncia profética de Amós, Miqueias e Isaías, advertem contra o perigo do empobrecimento de inteiras categorias: órfãos, viúvas, estrangeiros residentes, camponeses endividados (cf. Ex 22,20-26). Trata-se de pessoas que, possuindo algum bem terreno, correm o risco de endividamento e, portanto, de escravidão econômica; a isso, acrescente-se o fluxo migratório do Reino do Norte após sua queda (722 a.C.), com o consequente aumento de pessoas necessitadas de ajuda[113]; a notável expansão da área urbana de Jerusalém, testemunhada pelas escavações arqueológicas, evidencia a amplidão do fenômeno.

Na mesma linha coloca-se, no fim do século VIII, o *código deuteronômico* (Dt 12–26) quando convida os proprietários de terras a fazer justiça aos que nada possuem: imigrados, viúvas, órfãos, levitas[114]. No contexto de uma economia mais fraca e essencialmente rural, como a do Reino de Judá, essas categorias, privadas de propriedades, estão particularmente expostas ao empobrecimento e ao endividamento.

A estrutura social na província de Y^{e}húd depois do exílio é heterogênea. Ali, podem-se distinguir ao menos três grupos: o assim chamado "povo da terra" (Esd 9,1; 10,2), majoritário, formado pela população hebreia que permaneceu em Judá depois da destruição de Jerusalém; o grupo dos exilados que progressivamente retorna da Babilônia; e, enfim, a população estrangeira residente no território. Em Lv 25,47 aparecem dois termos para designar aqueles que não pertencem ao grupo dos regressados do exílio: *gher* e *tosháb*. É provável que o primeiro não indique o residente estrangeiro, mas o residente em relação ao regressado do exílio, pertencente à população que sempre permaneceu em Judá. Com o retorno do exílio de grupos sempre

---

113. O *gher* de que fala o *código da aliança* (Ex 22,20; 23,9) é provavelmente o refugiado samaritano emigrado para Judá depois da queda do Reino do Norte (722 a.C.), que não possui mais propriedades terrenas (cf. PRIOTTO, M. *Esodo*. Op. cit., p. 439-440).

114. Os levitas representam o clero dos santuários javistas, que, com a centralização do culto em Jerusalém, vê-se privado da renda ligada aos santuários.

mais numerosos crescem as tensões com a população local; daí a preocupação, especialmente dos textos sacerdotais tardios (p. ex., Lv 19,34; Nm 15,16.29), de construir uma comunhão efetiva entre os dois grupos através da comum participação na liturgia do Templo de Jerusalém. O segundo termo, *tosháb*, ao invés indica o estrangeiro que se instalou no país, provavelmente o estrangeiro persa proeminente, ao qual pode suceder que o hebreu endividado deva vender-se. O problema da relação com os estrangeiros foi particularmente agudo no período pós-exílico. Se a legislação de Esdras e Neemias contra os matrimônios mistos testemunha a exigência de combater o sincretismo e de construir uma comunidade religiosamente homogênea, outros livros bíblicos (como Rt e Jn) destacam a necessidade de uma atitude de abertura para os estrangeiros.

Durante a dominação ptolomaica, a Palestina conhece um forte fluxo migratório para o Egito, onde surgem muitas e importantes comunidades, a partir da mais importante de Alexandria. Os hebreus emigrados dedicam-se a todo tipo de profissão e estão distribuídos em todas as classes sociais: agricultores, exatores de impostos, artesãos, preceptores, militares do exército e da polícia. Essas comunidades judaicas são de língua grega e parecem gozar de notáveis privilégios jurídicos; tal integração manifesta-se também no florescimento de uma literatura judaica em língua grega, a começar pela importante tradução da Bíblia para o grego. A helenização das comunidades judaicas da diáspora representou um fator estimulante da progressiva helenização do judaísmo palestinense, embora esta última seja menor do que a egípcia. De fato, com o advento do poder selêucida não tardarão a emergir fortes tensões, que culminarão na revolta dos Macabeus.

Mais do que no reino asmoneu, com frequência atravessado por guerras e por lutas clandestinas, é durante o reinado de Herodes o Grande (37-4 a.C.) e, em parte, até a revolta antirromana (67 d.C.) que a Palestina conhece uma certa estabilidade e prosperidade econômica. O território administrado por Herodes ocupa uma posição estratégica, sendo o eixo de comunicação entre o Oceano Índico e o Mar Vermelho por um lado e o Mediterrâneo, por outro; o espírito empreendedor dos nabateus e a atividade do Porto de Cesareia Marítima garantem um comércio florescente e rentável. Além disso, a economia local é estimulada pela política herodiana dos grandes trabalhos de construção civil, que ocupam milhares de pessoas e promovem um vasto campo de atividades. Também a própria atividade do Templo de Jerusalém representa um fator de desenvolvimento econômico, devido não só aos imponentes trabalhos de reestruturação, mas também ao grande afluxo de peregrinos de toda a bacia mediterrânea.

Tudo isso termina com a revolta antirromana e a subsequente destruição do Templo e de parte da cidade. O imposto do Templo hebraico é transferido para o templo pagão de Júpiter capitolino; a situação econômica do país torna-se precária, sem contar com a deportação de milhares de combatentes, vendidos como escravos. Será somente após a segunda revolta antirromana (132-135 d.C.) que o império retomará uma política de desenvolvimento econômico, graças à transformação urbana de Jerusalém em cidade greco-romana.

A geografia histórica

A geografia histórica do país da Bíblia está estreitamente ligada às várias fases de sua vicissitude histórica; aqui nos limitamos a alguns acenos essenciais, que servem, porém, de premissa para o tratado histórico do próximo capítulo.

Tradição patriarcal

O ciclo de Abraão, embora na variedade de seus itinerários migratórios, faz referência, sobretudo, a Hebron, no território meridional do país; o episódio da campanha dos quatro reis orientais (Gn 14) diz respeito à zona do Mar Morto com sua pentápole (Sodoma, Gomorra, Adama, Seboim e Segor), presumivelmente sepultada sob suas águas. O ciclo de Jacó está ligado ao Norte do país, sobretudo à região de Siquém e, depois, à região Norte-mesopotâmica de Carrã. Portanto, as tradições patriarcais testemunham uma geografia centrada sobretudo nas duas cidades de Hebron e Siquém com os respectivos territórios.

Época dos juízes

Enquanto os cananeus ocupam as zonas mais férteis e estratégicas do país, estabelecidos em pequenas cidades-estados (Ghezer, Bet-Sames, Meguido, Taanak, Bet-Sã) e os filisteus estão estabelecidos em sua pentápole (Asdod, Ascalon, Gaza, Acaron e Gat), os grupos israelitas ocupam a parte mais pobre do país, ou seja, a montanha. Nas nascentes do Jordão encontramos o grupo de Dã; na região dos lagos de Hule e de Genesaré está fixada a tribo de Neftali; Aser ocupa a zona montanhosa mais ocidental da Galileia, enquanto Zabulon e Issacar habitam as colinas da baixa Galileia. Ao norte da montanha de Samaria, com a importante cidade de Siquém, está presente a tribo de Manassés, com seu clã (Makír) além do Jordão; o poderoso grupo de Efraim ocupa a parte meridional da Samaria, com o importante santuário de Silo. A tribo de Benjamim está estabelecida na parte central da montanha entre a Samaria e Judá, com as importantes cidades de Betel, Gabaon, Mispá e Jericó. Enfim, a tribo de Judá, com o grupo afim de Simeão, habita a montanha homônima ao Sul de Benjamim até o Neguev.

Época monárquica

A conquista de Jerusalém por parte de Davi faz dessa cidade o centro político do reino, cuja extensão efetiva, apesar das campanhas vitoriosas contra os povos circunvizinhos, não devia compreender muito mais do que o território das tribos: de Dã a Bersabeia. O território do reino salomônico corresponde ao davídico com o provável acréscimo de uma saída para o Mar Vermelho, como atesta a construção do Porto de Asiongaber no Golfo de Ácaba.

Após a morte de Salomão, uma nova fronteira divide o Reino das dez tribos do Norte do Reino de Judá, incluindo, porém, neste último uma larga faixa do território de Benjamim: Betel e Jericó permanecem com Israel; Ghézer, Aialon, Mispá, Ramá e Gabaa passam para Judá. No Reino do Norte, por causa dos dois santuários nacionais, sobressaem as localidades de Betel e de Dã. A capital passa sucessivamente de Siquém para Tirsa e, enfim, para Samaria. Com a conquista assíria da Samaria em 722 a.C., o Reino do Norte, já privado do território setentrional, torna-se uma província do Império Assírio com o mesmo nome da capital: Samaria. Quanto ao Reino de Judá, a invasão de Senaquerib em 701 a.C. o reduz às circunvizinhanças de Jerusalém; se com Josias alarga-se novamente às fronteiras precedentes, incluindo até alguns territórios do antigo Reino do Norte, com as duas invasões de Nabucodonosor (597; 587 a.C.) perde a independência e é reduzido a província babilônica.

Época pós-exílica

Sob o Império Persa, o território judaico torna-se muito restrito, entre o território edomita ao Sul e a Samaria ao Norte: compreende Betel ao Norte, Jericó a Leste, Bet-Sur ao Sul e Lod a Oeste. Após a morte de Alexandre

Magno, a Judeia passa a fazer parte da Celessíria, uma grande região que se estende do Orontes até o Egito, com a exclusão da Fenícia; a passagem do controle da região dos ptolomeus para os selêucidas não muda a situação geográfica. Após várias vicissitudes, a revolta dos Macabeus leva à constituição do reino judaico dos asmoneus, que, na sua máxima extensão, recompõe todo o território palestinense, com o acréscimo de algumas regiões limítrofes setentrionais e orientais (Itureia, Galaad, Amon e Moab) e ocidentais (a costa mediterrânea, de Gaza até o Carmelo, com exceção da cidade de Ascalon).

Época romana

Com Herodes, proclamado rei dos judeus pelo senado romano, seu reino readquire mais uma vez todos os territórios do reino de Davi: da Idumeia até as regiões Norte-orientais (Bataneia, Traconítide, Auranítide, Gaulanítide), a Pereia e a região costeira até a Torre de Estratão (depois Cesareia), embora sob o alto controle de Roma. Na sua morte, o reino foi desmembrado entre três de seus filhos: Arquelau ficou com a Idumeia, a Judeia e a Samaria; Herodes Agripa com a tetrarquia da Galileia e da Pereia; Felipe com a região da Gaulanítide, da Bataneia, da Traconítide, da Auranítide e da Itureia. Em 6 d.C., Arquelau foi deposto e seu território torna-se a província romana da Judeia, governada por um prefeito residente em Cesareia Marítima. Com Herodes Agripa I, neto de Herodes o Grande, todos os territórios do avô são mais uma última vez reunidos num único reino, mas por breve tempo (41-44 d.C.). Por fim, após as duas revoltas antirromanas, em 135 d.C. a velha província da Judeia foi unificada à Síria com o nome de *Syria Palæstina*.

A geografia teológica

Os dados recolhidos nos dois parágrafos precedentes não são simplesmente descritivos da realidade física e humana de uma terra; mas, no contexto do Livro Sagrado, assumem também um valor teológico. O significado teológico da terra da Palestina atravessa toda a Bíblia; será forçoso limitar-nos a alguns pontos essenciais.

O significado da terra no Pentateuco

Uma concepção pluralista

Na Antiguidade (e não só) um dos elementos que define o grupo étnico é a terra que ele habita com seus antepassados e com seus deuses; por isso o país ocupa necessariamente um lugar importante na memória do grupo. Em Israel isso é particularmente evidente, porque a terra que ele ocupa não é uma terra sempre habitada, mas uma nova terra, primeiro prometida e depois dada por YHWH. Não causa admiração, pois, que no texto fundador da Torá o tema da terra tenha um lugar de destaque, embora diversamente interpretado. São quatro os filões teológicos atinentes ao tema, correspondentes ao Livro do Gênesis por um lado e aos outros quatro livros por outro.

Uma coabitação pacífica

Nos relatos sobre os patriarcas, o tema da terra é importante, como aparece desde o momento do chamado de Abraão (Gn 12,1) e da primeira promessa divina (12,7). O patriarca percorre o país de Canaã e simbolicamente toma posse erigindo alguns altares a YHWH em lugares significativos: primeiro em Siquém, um lugar tradicional situado ao Norte (12,7); depois entre Betel e Hai, no território de Benjamim ao centro do país (12,8); finalmente em Hebron, a cidade mais ao Sul (13,8) tradicionalmente associada a Davi (cf. 2Sm 2,1-4). Parece que não se trata de altares destinados ao sacrifício – em todo o caso o texto não o diz –, mas de sinais tangíveis da tomada de posse da terra de Canaã; a tomada de posse de Abraão não é certamente uma tomada de posse jurídica, mas é o sinal de uma presença na terra que YHWH lhe havia indicado e prometido.

A seguir, uma primeira tomada de posse jurídica, embora ainda muito limitada, é constituída pela aquisição de um poço em Bersabeia (21,22-34) e, sobretudo, pela aquisição do campo de Macpela com a caverna sepulcral de Sara (cap. 23). Essa ocupação da terra por parte de Abraão é nitidamente pacífica, afinal não existe aceno algum a uma expulsão de habitantes, mas a partilha pacífica do território, liberdade de pastagens e até compartilhamento do mesmo deus, El. O patriarca tem consciência de ser um forasteiro (Gn 20,1; 21,23.34; 35,27), mas isso não o impede de usufruir dessa terra. A mesma dinâmica revela-se nos relatos referentes a Jacó.

Uma terra conquistada

Em particular no Deuteronômio, o dom da terra toma forma de uma conquista militar sob a guia de YHWH. Uma vez entrados na terra, os israelitas não devem imitar os costumes dos habitantes que ali residiam (Dt 12,29-31), não deviam manter relação alguma com eles (7,1-6), antes, deviam expulsá-los (7,1-2), porque não é possível convivência alguma com eles. Nessa concepção, sente-se fortemente a influência da ideologia real neoassíria: YHWH é o soberano absoluto que conclui um tratado de aliança com Israel, seu vassalo, dando-lhe um território e exigindo o compromisso de uma fidelidade absoluta. Os povos representam a idolatria, por isso não se pode manter colaboração alguma com eles, antes devem ser expulsos do território.

Uma terra sagrada

No Levítico, a terra é representada como um espaço ritual, quase um prolongamento do Templo: deve ser uma terra pura, por isso incompatível com a presença de populações pagãs ali residentes. YHWH as expulsa do país, porque elas tornaram impura a terra com seus nefandos costumes (18,24-30; 20,22-26). Nesta ótica, o exílio é visto como um tempo de purificação, um tempo sabático para que o país possa reencontrar sua pureza ritual (26,34-35). Sendo um espaço sagrado, o país é posse absoluta de YHWH; os israelitas são simplesmente seus usufrutuários. Daí a legislação sobre o jubileu (cap. 25), que impede a venda da terra, exatamente porque os israelitas são somente usufrutuários e não possuidores.

Terra prometida e diáspora

Depois do exílio, quando o fenômeno da diáspora assume dimensões consideráveis e a terra prometida perdeu definitivamente a independência política, desenvolve-se também uma concepção que aceita a legitimidade de uma residência no exterior. Nesse sentido, a história de José (Gn 37–50) é significativa, pois mostra que a presença hebraica pode trazer bem-estar ao país hóspede. O voto pronunciado por José de ser sepultado em Israel (Gn 50,25; Js 24,32) sugere, porém, uma espécie de compromisso: pode-se viver na diáspora na condição de repousar na terra de Israel.

Uma terra de várias memórias

No Pentateuco, pois, emergem várias concepções da terra, provenientes de âmbitos e de períodos diversos. Elas compartilham a ideia de que o país foi dado por YHWH a Israel, mas interpretam esse dom de modo diferente à luz de realidades e preocupações novas.

A concepção deuteronomista reflete sobretudo a urgência de conservar a pureza da fé e, interpretando a perda da terra como a consequência da conivência pecaminosa com os povos, anuncia o retorno a uma terra purificada de qualquer presença pagã. Em outra perspectiva, a meditação sobre a figura de Abraão convida a eliminar qualquer plano de restauração política e aceitar uma convivência pacífica com outros grupos presentes no país.

Por sua vez, a concepção do Levítico destaca a exigência primária de uma comunidade de fé que, graças à santidade de sua conduta, foge de qualquer contaminação ritual do país. Enfim, numa ótica de realismo histórico, outra corrente supera uma concepção apenas física da terra, evidenciando uma possível pertença pela diáspora, graças a outras formas, como a peregrinação e a sepultura.

A redação final do Pentateuco acolhe essas concepções diferentes, somando-as num quadro mais amplo, que respeita a tradição, mas é também inovador. A figura exemplo é o Moisés de Dt 34: do Nebo, ele contempla a terra prometida e, com isso, não a reduz a mera parábola, mas ao mesmo tempo fica fora dela, como se indicasse os limites de uma concepção fisicista da terra e propusesse novos horizontes e novas formas de pertença.

A concepção simbólica da terra no Pentateuco

Limitamo-nos a oferecer três exemplos que testemunham a dimensão simbólico-teológica da geografia dos textos bíblicos.

A geografia simbólica do ciclo de Jacó

A sequência dos relatos do ciclo de Jacó (Gn 25,19–37,1) não mostra somente um itinerário biográfico, mas pretende também delimitar progressivamente as fronteiras da terra prometida por YHWH. O confronto entre Isaac e os filisteus em Gn 26 garante a linha de demarcação entre estes e o clã de Isaac; assim foi delimitada a fronteira Sul-ocidental do país. O longo confronto entre Jacó e Labão (25–31) termina com sua separação e a fixação de um limite (31,46-52); assim é limitada a fronteira Norte-oriental da terra prometida. Enfim, a difícil e longa rivalidade entre Jacó e Esaú desemboca num acordo, que atribui ao primeiro o país de Canaã e ao segundo o país de Edom (33,12-17; 36); assim delimita-se a fronteira Sul-oriental da terra prometida.

A essa progressiva delimitação dos limites, acrescenta-se ao mesmo tempo a progressiva tomada de posse da terra por parte de Jacó; é uma tomada de posse não jurídica, mas não menos real. Ele chega a Siquém, onde adquire uma porção de campos e erige um altar a El, deus de Israel (33,18-20);

dirige-se a Betel, onde igualmente erige um altar de acordo com a promessa (28,20-22; 35,1-8); prossegue para Belém, onde sepulta Raquel e erige uma estela sobre seu túmulo (35,16-20); chega, enfim, a Hebron, o lugar onde haviam morado seus pais (35,27). Trata-se de um itinerário que leva Jacó a percorrer todo o país, de Norte a Sul, recebendo assim, com sua presença e com vários sinais de sua passagem, o dom que lhe faz o Senhor.

As tradições sobre Jacó estão radicadas no Norte do país; os redatores pós-exílicos do Pentateuco afirmam a autoridade do patriarca sobre todo o país não só através de uma genealogia, mas também através de um quadro geográfico fortemente simbólico. Assim, ele se torna o antepassado comum de todo Israel, ao lado de Abraão e Isaac.

A simbologia do deserto

Com Ex 15,22–18,27 inicia o tempo intermediário, conhecido como o tempo do deserto, isto é, o tempo que vai da saída do Egito até a entrada na terra prometida[115]. É um tempo longo e articulado, porque compreende uma caminhada inicial (Ex 15,22–18,27), uma longa permanência de Israel no Sinai (Ex 19,1–Nm 10,10) e, enfim, uma caminhada/permanência no deserto até a chegada ao Jordão (Nm 10,11–Dt 34,12). É sobretudo uma caminhada teológica, porque nela se realiza a plena revelação de YHWH a Israel.

A primeira etapa dessa caminhada (Ex 15,22–18,27) vê o grupo israelita, já livre do vínculo faraônico, entrar pelo deserto oriental e chegar aos pés da montanha santa, o Sinai. Nas várias promessas divinas relativas à terra prometida não havia aparecido nenhuma data, nem qualquer indicação precisa de itinerário, a não ser a de chegar à montanha santa para servir YHWH como sinal do cumprimento da promessa a Ele feita (Ex 3,12). De modo que iniciando essa nova aventura, após a euforia da libertação, os israelitas tomam consciência de quão difícil e comprometedora seria a caminhada da fé.

O percurso iniciado em Ex 15,22 é a experiência de uma caminhada na qual, na presença de duras provas, YHWH parece ausente e Moisés impotente. E, todavia, para Israel trata-se de uma caminhada necessária para que a presença salvífica de YHWH entre verdadeiramente na sua vida; com efeito, o grito de fé lançado a YHWH e a Moisés no alvorecer da libertação (14,31) é ainda demasiado emotivo para ser definitivo. Aconteceu para Israel

---

115. Cf. PRIOTTO, M. *Esodo*. Op. cit., p. 725-726.

como um rito de passagem: a saída do Egito constitui o ato de separação da precedente condição sociocultural, a caminhada pelo deserto, a entrada numa condição marginal, e o ingresso na terra prometida, a incorporação numa nova estrutura social. Com a diferença, porém, que essa passagem não é determinada simplesmente por um *transfert* geográfico, mas pela presença acompanhante e educadora de YHWH.

De fato, Israel inicia uma caminhada que poderemos definir como uma peregrinação da fé, uma caminhada em busca de sua verdadeira identidade de povo de Deus. Se o historiador vê na experiência do deserto uma caminhada de um povo em busca de uma própria liberdade e identidade, o narrador bíblico, ao contrário, descreve a caminhada de Deus para Israel. Na realidade, caminhando para o Sinai, Israel está caminhando para Deus que lhe vem ao encontro e do qual descobre dia após dia a presença constante e libertadora. Em Mara (15,22-27), o saneamento da água torna-se o sinal de uma presença divina que cura e o convite à escuta e à observância da Palavra. No Deserto de Sin, o dom do maná torna-se o sinal de um alimento, o da Palavra, com o qual YHWH nutre amorosamente o seu povo (cap. 16). Em Rafidim, o dom da água (17,1-7) e a vitória sobre os amalecitas (17,8-16) tornam-se o sinal de uma presença que sempre acompanhará Israel. No monte de Deus, o Sinai, o itinerário de Jetro é o itinerário do homem que através da escuta da Palavra chega à fé (cap. 18).

O "além Jordão" do Deuteronômio

O lugar geográfico em que Moisés dirige o testamento espiritual que é o Deuteronômio é "o outro lado do Jordão, no deserto, na Arabá que se estende defronte de Suf, entre Farã, Tofel, Labã, Haserot e Dizaab" (Dt 1,1). Trata-se de um lugar paradoxal, porque a primeira redação desse livro acontece por volta do fim do século VII a.C. sob Josias, portanto, séculos depois do ingresso dos israelitas na terra prometida; e sua redação final no período pós-exílico, depois da nova reinstalação em Judá. Essa localização geográfica tem evidentemente um significado teológico: o Deuteronômio dirige-se a um Israel que ainda não possui a terra, porque ela não é um bem adquirido uma vez por todas, mas um dom de Deus que deve ser acolhido como tal todos os dias. É significativa a insistência do Deuteronômio sobre o advérbio "hoje" (cf., p. ex., Dt 4,8.26.39.40): está em jogo uma Palavra dirigida ao hoje de cada geração.

O relato da vinha de Nabot (1Rs 21), pertencente à teologia deuteronomista, mostra plasticamente as contrárias concepções sobre a terra de Jezabel e de Nabot. Para a rainha fenícia, o rei é o possuidor absoluto da terra; Nabot, porém, não se considera como o proprietário da vinha, mas como o usufrutuário, motivo pelo qual não pode dispor dela a seu bel-prazer. Com efeito, YHWH é o verdadeiro e único proprietário do país.

A distância geográfica de Israel da terra no Deuteronômio torna-se assim uma distância teológica para que ele não a açambarque e faça dela um ídolo.

A geografia simbólica da terra no Novo Testamento

Limitamo-nos a oferecer três exemplos, que testemunham a dimensão simbólico-teológica da geografia dos Evangelhos sinóticos e dos Atos dos Apóstolos. Seguirá um parágrafo dedicado a um tema joanino particular: Jesus, novo templo.

Mateus

O destaque de Belém como lugar do nascimento de Jesus (Mt 2,1-12) não é simplesmente um dado geográfico, mas messiânico. De fato, é o cumprimento da profecia do Profeta Miqueias, que preanunciava exatamente para Belém o futuro nascimento do Messias. Com o episódio da fuga para o Egito e a volta para a terra de Israel (2,13-23), o evangelista faz Jesus percorrer o mesmo itinerário do povo israelita, que, com Jacó desce para o Egito e, depois, sob a guia de Moisés, sai do Egito e entra na terra prometida. Assim, Jesus aparece como o verdadeiro Israel, aquele que realiza o êxodo definitivo.

O monte do qual Jesus proclama as bem-aventuranças e o longo discurso que segue (Mt 5–7) recorda o Monte Sinai, onde YHWH dá a Lei a Israel (Ex 19,1–Nm 10,10): o evangelista conota assim a figura de Jesus como novo e definitivo Moisés.

Assim também o relato da transfiguração (17,1-13), contextualizado "sobre um alto monte" e caracterizado pela presença de uma "nuvem luminosa", recorda novamente a teofania sinaítica, onde YHWH se manifesta a Moisés (Ex 19,20), e a teofania do Horeb, onde YHWH se manifesta a Elias (1Rs 19,8-18): assim Jesus é representado como o profeta por excelência, revelador do Pai.

Esses exemplos mostram que Mateus, através da geografia do relato, convida o leitor a discernir progressivamente a identidade de Jesus à luz das Escrituras.

Territórios hebraicos e territórios pagãos em Marcos

O contexto geográfico da Galileia e, em particular, do Lago de Tiberíades faz que Marcos trate, já durante o ministério de Jesus, do problema da missão aos pagãos. De fato, a Galileia limita-se com o território de Tiro e de Sidônia, a margem oriental do Lago de Tiberíades está em estreita ligação com o território de Hippos e as duas margens do Jordão ao Sul do lago pertencem ao território helenista da Decápole.

Dois episódios são significativos. Primeiramente, a cura do endemoniado de Gérasa (Mc 5,1-20): trata-se de um episódio paralelo ao da cura de um endemoniado na sinagoga de Cafarnaum (1,21-28). A entrada de Jesus num território pagão é ulteriormente acentuada pelo fato que o endemoniado pagão mora entre os túmulos, lugares impuros para os hebreus, e na proximidade de uma enorme manada de porcos (dois mil), animais impuros por antonomásia. O testemunho do pagão curado é um anúncio evangélico (cf. o verbo *keryssein*, anunciar em 5,20); o evangelista, por meio da *transferência* geográfica de Jesus, prefigura assim a futura missão aos pagãos. Também no episódio de Mc 7,24-30 o transferimento geográfico de Jesus para a região de Tiro tem um papel decisivo: não só se torna sinal da missão aos pagãos, mas mostra também plasticamente as reticências da comunidade judeu-cristã primitiva para abrir-se aos pagãos.

A geografia simbólica de Lucas

Bastarão poucos acenos para mostrar a riqueza deste tema lucano: o centro geográfico-teológico de toda a obra lucana é constituído por Jerusalém.

É para ela que, desde os dois primeiros capítulos, aponta a direção do relato: subida de Maria para uma cidadezinha da periferia de Jerusalém (Lc 1,39); viagem de Maria e de José a Belém, igualmente nas vizinhanças da cidade santa (2,4); apresentação de Jesus no Templo de Jerusalém (2,22-38); peregrinação, aos doze anos, de Jesus a Jerusalém para a Páscoa (2,41-50).

Também o ministério de Jesus converge para Jerusalém, como mostra, especialmente, a longa viagem que, da Galileia, leva Jesus ao ingresso messiânico na cidade santa (9,51–19,44). As aparições pascais acontecem somente em Jerusalém e o episódio dos dois discípulos de Emaús (24,13-35) mostra bem que a incompreensão da paixão provoca o afastamento de Jerusalém, assim como a fé na ressurreição de Jesus leva imediatamente os dois discípulos a voltar para Jerusalém.

Os Atos dos Apóstolos descrevem plasticamente que o anúncio do Evangelho se expande progressivamente de Jerusalém para a Samaria, para as cidades da costa mediterrânea, para Antioquia e, depois, com a missão paulina, para toda a bacia do Mediterrâneo oriental até alcançar o centro do império, Roma. Esse alargamento geográfico não é simplesmente o fruto de uma inteligente estratégia pastoral, nem a virada da missão veterotestamentária essencialmente centrípeta, mas o cumprimento autêntico da profecia de Isaías que, depois do exílio, anunciava uma Jerusalém universalista e escatológica (Is 60). A missão paulina começa a realizar o sonho messiânico de Is 2,1-5, que descreve a peregrinação dos povos para Jerusalém, como fruto do anúncio de uma Palavra chegada a eles exatamente do lugar de sua encarnação, Jerusalém.

Jesus, novo templo

Se a terra de Israel é a "terra de YHWH" (*'érets YHWH*: Os 9,3), o coração dessa terra é constituído pelo Templo de Jerusalém: é nele que YHWH escolhe morar em meio a seu povo (cf., p. ex., 1Rs 8,12-13; Is 6,1). A crítica profética contra o culto formalista e exterior e, depois, a experiência dolorosa do exílio evidenciam a relatividade do templo material (Ez 11,16), abrindo para a esperança de um novo templo (Ez 40–48). É nessa perspectiva que João apresenta Jesus como o novo templo. Recordemos três passagens significativas.

A passagem mais célebre é constituída pelas palavras de Jesus depois da expulsão dos vendedores do templo: "Destruí este templo e em três dias eu o levantarei" (Jo 2,19): assim comentadas pelo evangelista: "Mas Ele falava do templo de seu corpo" (2,21). Jesus realiza o anúncio profético de um novo templo; a realidade do velho Templo não é negada, mas ela é apenas o ponto de partida e o sinal para a compreensão do mistério de Jesus, nova e definitiva habitação (1,14) de Deus entre os homens.

No contexto da Festa da Dedicação, que comemorava a reconsagração do Templo por parte de Judas Macabeu (1Mc 4,41-61), polemizando com os judeus, Jesus proclama:

> Não está escrito em vossa Lei: Eu disse, vós sois deuses? Se a Lei chama deuses àqueles a quem se dirigiu a Palavra de Deus – e a Escritura não pode falhar – como podeis dizer que blasfema aquele

que o Pai santificou [*heghyasen*] e enviou ao mundo só porque eu disse: Sou Filho de Deus? (Jo 10,34-36).

O verbo *haghyázo* [consagrar] na LXX é a tradução quase normal do verbo hebraico *qdsh*, que, na forma causativa, significa exatamente "consagrar". Na Festa da Dedicação, pois, Jesus proclama ser o verdadeiro templo consagrado ao Pai, e por isso, pouco depois, pode acrescentar: "O Pai está em mim e eu no Pai" (10,38).

Também a cena da reunião do Sinédrio, depois do milagre da ressurreição de Lázaro, é significativa:

> Então os sumos sacerdotes e os fariseus convocaram o Sinédrio e disseram: "O que faremos? Este homem faz muitos sinais. Se o deixarmos assim, todos vão acreditar nele; depois virão os romanos e destruirão nosso lugar santo e nossa nação". Um deles, Caifás, que era o sumo sacerdote daquele ano, disse-lhes: "Vós não entendeis nada! Não compreendeis que é melhor para nós que morra um só homem pelo povo para que não pereça a nação toda?" Ele não disse isso por si mesmo; mas, sendo o sumo sacerdote daquele ano, profetizou que Jesus iria morrer pelo povo; e não só pelo povo, mas também para reunir na unidade os filhos de Deus que estão dispersos (Jo 11,47-52).

Também esse texto apresenta Jesus como novo templo, porém não mais segundo a perspectiva precedente da habitação de Deus, mas como o centro de reunião dos povos dispersos. A reunião messiânica dos filhos de Deus dispersos anunciada pelos profetas em Jerusalém e no Templo (cf. Is 2,2-3; 60,3-21; Jr 23,2; Zc 14,16-21) realiza-se agora na pessoa de Jesus, novo templo e nova Jerusalém.

7

O contexto histórico da Bíblia

O problema historiográfico

Há pouco mais de dois decênios, o debate sobre a história de Israel se tornou aceso e revolucionário. Escreve T.L. Thompson:

> Quem escrever sobre os desenvolvimentos históricos na Palestina entre 1250 e 586 a.C. deve rejeitar todas as hipóteses tradicionais que foram dadas a propósito da origem e da evolução de Israel. Os patriarcas do Gênesis não são figuras históricas. A afirmação que Israel era já um povo antes de entrar na Palestina, tanto nesses relatos [do Gênesis] como nos relatos do Livro de Josué, não representa igualmente uma afirmação histórica. Nunca houve uma campanha militar maciça levada a efeito pelos israelitas nômades para conquistar a Palestina. Nunca houve uma população cananeia distinta etnicamente, população que os israelitas teriam expulsado. Na história, nunca houve um "período dos Juízes". Nunca uma "monarquia unida" teria exercido um poder imperial de Jerusalém. Nunca uma nação israelita, etnicamente coerente, existiu verdadeiramente. Nunca existiu um vínculo político, étnico ou histórico, entre o Estado que era chamado "Israel" ou "casa de Amri" e a cidade de Jerusalém e o Estado de Judá. No curso da história, nem Jerusalém nem Judá jamais tiveram uma identidade comum com Israel antes do advento dos asmoneus durante o período helenista[116].

---

116. THOMPSON, T.L. *The Bible in History* – Text and History: How Writers Create a Past. Londres: Jonathan Cape, 1999, p. 2-3.

Para esse e outros autores, a pesquisa atual sobre a história de Israel encontra-se diante da impossibilidade de conciliar os dados bíblicos acerca de tal história com os dados da historiografia moderna; tanto mais do que a sobra temporal que separa a redação dos livros bíblicos (época pós-exílica, persa e helenista) dos acontecimentos do Israel antigo é grandíssima. Acrescente-se a isso a contribuição da recente pesquisa arqueológica (nesse entretempo tornada "arqueologia siro-palestinense" e não mais "arqueologia bíblica"), quase unânime em observar a ausência de dados relativos à época antiga de Israel e, consequentemente, considerar historicamente inconsistentes os dados bíblicos. Sem chegar a juízos tão críticos, com frequência, tende-se a evitar o problema da historicidade dos textos bíblicos da época precedente à fixação em Canaã e, portanto, embora de maneira implícita, a redimensionar o valor da historicidade na revelação bíblica[117].

Se essas tomadas de posição subverteram a ordem tradicional da historiografia bíblica, foram, no entanto, salutares, porque permitiram reconsiderar a historiografia bíblica de maneira mais pertinente à intenção que aqueles escritores haviam se proposto. Consequentemente, antes de enfrentar o problema da historicidade do relato bíblico, é preciso definir o conceito de história, porque com muita frequência as contraposições e as incompreensões entre os estudiosos derivam exatamente de concepções diferentes e contrastantes.

Uma distinção de P. Ricœur, recordada por J.-L. Ska em sua resenha sobre a história de Israel de M. Noth até hoje[118], parece significativa e esclarecedora. Procurando compreender o tipo de verdade que os relatos bíblicos pretendem transmitir, o filósofo distingue três níveis da história na escritura: a história documentária, a história explicativa e a história literária ou poética.

A história documentária, como diz o termo, oferece um tipo de verdade baseado sobre os documentos que o pesquisador recolheu e que passou pelo

---

117. Cf., p. ex., a monumental introdução ao AT, organizada por E. Zenger, que ao problema da historicidade dos eventos fundadores dedica apenas poucas linhas: "Israel formou-se no século XII a.C. como uma 'sociedade mista', cujos membros não provinham do exterior, mas estavam já antes no país, em parte como seminômades nos espaços livres entre as cidades-Estado, mas em parte também como 'cananeus' que aceitam o novo sistema social" (ZENGER, E. (org.). *Introduzione all'Antico Testamento*. Bréscia: Queriniana, 2005 [orig. alemão: 2004], p. 317).

118. Cf. SKA, J.-L. " L'histoire d'Israël de Martin Noth à nos jours". In: DORE, D. (org.). *Comment la Bible saisit-elle l'histoire?* XXIᵉ congrès de l'Association catholique française pour l'étude de la Bible (Issy-les-Moulineaux 2005). Paris: Cerf, 2007 [p. 17-56], p. 52-55.

crivo da crítica; de fato, a tarefa do pesquisador não é só a de recolher a documentação mais vasta possível, mas de avaliar criticamente sua confiabilidade, porque só assim sua reconstrução histórica é fiel.

A verdade do segundo nível, porém, diz respeito à busca e à explicação das causas que provocaram os acontecimentos; por isso, a verdade histórica dependerá da correspondência ou não entre os acontecimentos analisados e as hipóteses interpretativas que os causaram. Aqui a margem de liberdade do historiador é menos ampla do que no nível precedente, porque a verdade das causas indicadas depende muito de sua avaliação, isto é, de seus pressupostos culturais. Pode-se não estar de acordo sobre a individuação de determinadas causas, mas nem por isso elas deixam de ser uma possibilidade.

Enfim, a verdade do terceiro nível é a das grandes composições nas quais um grupo ou uma nação se autocompreende, isto é, exprime a própria identidade. Trata-se dos relatos fundadores, onde os critérios de verdade são ainda diferentes em relação aos dois níveis precedentes; com efeito, o ato de partilhar ou não a proposta do historiador depende de sua capacidade de convencer ou não o leitor e da disposição deste de deixar-se interpelar positivamente ou não. Neste último nível, a qualidade da verdade toca muito a esfera existencial.

Considerando os relatos bíblicos, especialmente os mais antigos, nada temos a ver com uma verdadeira história documentária, não certamente no sentido moderno do termo. Os relatos bíblicos referem-se a documentos, algumas vezes os citam, especialmente nos livros mais tardios, mas é difícil provar sua autenticidade segundo os critérios de uma história objetiva. Por outro lado, a Bíblia conservou com frequência diversos testemunhos contraditórios sobre o mesmo acontecimento, todavia, sem tomar uma posição clara.

A história explicativa está, sem dúvida, presente por exemplo na história deuteronomista (Js–2Rs), mas as explicações ali propostas são em geral de ordem teológica e cultual. É sobre esse ponto que os historiadores de Israel mais se distinguem em relação aos historiadores gregos. Também estes procuraram escrever uma história para fundamentar ou reforçar a identidade de seu povo e alimentar o patriotismo, especialmente diante do Império Persa; todavia, recorrem com mais agrado a explicações de ordem política e militar. Seu mundo é mais antropocêntrico do que o mundo oriental (e bíblico), que é antes teocêntrico; por isso, o sentido crítico dos historiadores gregos se exerce sobre documentos e os testemunhos para verificar sua autenticidade, enquanto na Bíblia o sentido crítico se exerce muito unilateralmente contra as posições contrárias ao único dado aceitável, o da vontade divina. A Bíblia se constrói em torno de uma verdade absoluta, a "verdade" por antonomásia. Aos historiadores modernos compete reencontrar por trás dessas afirmações absolutas o mundo relativo, que a Bíblia, sem dúvida, esconde, mas que nunca apaga inteiramente.

Enfim, é difícil negar que os relatos bíblicos não correspondam com frequência ao terceiro nível da história segundo P. Ricœur, o nível literário e poético. Portanto, Israel produziu uma história, ou antes histórias literárias e poéticas, como seus vizinhos; e sobre esse ponto a crítica moderna ajudou muito a esclarecer a situação.

Em suma, convém ler a história de Israel segundo esses modelos e no quadro dessas formas literárias.

História de Israel

Época pré-monárquica

O problema das "origens"

As origens de Israel constituem um dos problemas mais difíceis de toda a história de Israel, porque já em si, prescindindo do problema das fontes, essa problemática não faz referência a um fenômeno bem determinado e circunscrito, que dá origem a uma realidade histórica nova, clara e documentada, mas a um fenômeno muito complexo, inconscientemente vivido. De fato, a fixação de um início corresponde a uma opção ideológica, que aconteceu mais tarde, isto é, quando já existe uma realidade bem constituída, e que exige um retorno no tempo para ser compreendida. O historiador romano Tito Lívio, por exemplo, faz a história de Roma retornar a Rômulo, no tempo de Augusto, quando o império é uma realidade já bem determinada, mas também bastante longe das origens.

Mas quando é que inicia uma nação? A resposta está sujeita a opiniões e, de qualquer forma, depende de uma opção ideológica. Assim, por exemplo, a historiografia moderna fixa o início da França com a invasão dos francos, mas poder-se-ia voltar também aos gauleses ou aos celtas. Nesse contexto, também a opção de estabelecer o início de Israel com Abraão representa uma opção ideológica, porque, de *per si*, Abraão não constitui um início absoluto, já que ele pertence a um território, a uma língua e a um povo. Portanto, além da identificação romântica daquilo que é originário e autêntico, tratar-se-á de indagar não tanto sobre os acontecimentos particulares quanto sobre os motivos pelos quais foi feita essa opção.

A pesquisa passada gostava de acentuar a unicidade de Israel em relação aos povos circunvizinhos; mas esse conceito de unicidade é muito posterior, devido às interpretações judaicas e cristãs da Bíblia. A sociedade de Israel não nasce, de um ponto de vista sociocultural, com modalidades diferentes das realidades limítrofes do Oriente Próximo antigo; a unicidade de Israel só será profundamente caracterizada no decurso da história. Portanto, deve-se colocar a emergência de Israel no quadro temporal do Oriente Próximo antigo, do qual oferecemos um prospecto resumido:

Período do Bronze	3000-2000	Bronze antigo
	2000-1550	Bronze médio
	1550-1200	Bronze recente
Período do Ferro	1200-900	Ferro I
	900-600	Ferro II
Período persa	600-332	
Período helenista	332-63 a.C.	
Período romano	63 a.C.-324 d.C.	
Período bizantino	324-640 d.C.	

Duas tradições distintas: patriarcas e êxodo[119]

Tradicionalmente coloca-se a história dos patriarcas bíblicos (Abraão, Isaac, Jacó e José) no contexto do Bronze médio, por volta do século XVIII e, em sequência temporal, o êxodo do Egito por volta do fim do século XIII; mas não temos nenhuma documentação, exceto a bíblica. Por isso, deve-se interpretar primeiro o relato bíblico, isto é, o Pentateuco, e só depois pôr a pergunta acerca da historicidade dos fatos ali narrados. É o que faremos.

À luz do critério histórico-poético ou histórico-literário acima acenado, as origens do povo assim como aparecem no Pentateuco não podem ser compreendidas como a crônica dos acontecimentos do segundo milênio a.C. Trata-se, antes, de uma reflexão endereçada a uma comunidade em crise, durante o exílio da Babilônia, para que através da tomada de consciência das

---

119. Cf. esp. RÖMER, T. "Les histoires des Patriarches et la légende de Moïse: une double origine?" In: DORE, D. (org.). *Comment la Bible saisit-elle l'histoire?* Op. cit., p. 155-196.

origens possa recuperar a própria identidade e, consequentemente, orientar as próprias opções. Caídos os fundamentos sobre os quais se apoiava a comunidade pré-exílica (a realeza, o Templo, a terra), os exilados se interrogam se, além daqueles fatos históricos, não existe uma identidade mais profunda que os qualifique verdadeiramente como povo de Deus. Daí a reflexão sobre sua origem. Portanto, não se deve pôr o problema histórico em relação à historicidade dos personagens e dos acontecimentos, mas em relação aos diversos contextos da produção desses relatos das origens; isso permite captar a função e a verdade que eles veiculam. Só num segundo momento, o exegeta poderá colocar também o problema de saber se a construção desses relatos das origens se baseia na lembrança de acontecimentos históricos, embora na consciência de que essa segunda pesquisa é muito mais teórica do que a primeira.

Tradicionalmente lê-se o Pentateuco como uma sucessão cronológica de várias épocas da pré-história de Israel. As histórias dos patriarcas e do êxodo, porém, na origem eram independentes, como mostram vários indícios: diferentemente da narração do Êxodo, onde a promessa do país é acompanhada pela ideia da expulsão dos habitantes autóctones (cf. Ex 23,31-32; 34,1-13), os textos do Gênesis veiculam antes a ideia de uma coabitação e de uma partilha pacífica do território (cf. Gn 13,14-17; 28,13). Quando em Ex 3,8 YHWH apresenta a terra prometida, fala dela como de um país desconhecido, do qual não se falou antes e as referências aos patriarcas em Ex 3–4 pertencem a uma das últimas redações do Pentateuco, redação que tenta reforçar o laço entre a história dos patriarcas e a de Moisés (como, p. ex., a identificação do Deus do pai de Moisés com o Deus de Abraão, Isaac, Jacó em Ex 3,6). Muitos salmos e sumários históricos da Bíblia não iniciam com a história dos patriarcas, mas com a história da opressão egípcia (pense-se no Sl 78; 106; 114; Dt 6,20-23; Jr 11; Ez 20). Nesse sentido, é particularmente significativo o Sl 136, porque depois de ter recordado a obra divina da criação (v. 4-9) passa diretamente para o êxodo (v. 10-15), sem mencionar os patriarcas. A passagem do capítulo 12 de Oseias resume o ciclo de Jacó e menciona ao mesmo tempo o êxodo, mas parece opor as duas tradições: ao Deus de Jacó (v. 3-9), chamado El, é oposto o Deus do êxodo e da mediação profética (v. 10-11); ao patriarca enganador e fraudulento (v. 3-4.8-9), que presta serviço por uma mulher (v. 13), opõe-se o profeta através do qual YHWH opera o êxodo (v. 14). Não se trata só de uma oposição moral: de fato, a epopeia de Jacó é caracterizada como um relato de origem genealógica (faz-se parte de Israel porque se faz parte da descendência de Jacó), enquanto a origem do êxodo aparece como um relato de identidade que passa através da mediação profética, isto é, a Palavra divina. Portanto, no tempo de Oseias as duas tradições eram conhecidas, mas não ligadas harmonicamente[120].

É evidente que a corrente sacerdotal quis harmonizar e combinar as duas tradições. Foi a primeira a fazer isso? Não sabemos, porque também Dt 26,5-6 parece pressupor um laço entre Jacó e o êxodo. Trata-se de um texto habitualmente considerado pré-sacerdotal, ainda que alguns agora o considerem pós-sacerdotal. Em todo o caso, parece consolidado que o laço entre os patriarcas e o êxodo é tardio, elaborado não antes do século VI a.C. Portanto, devemos ler os relatos da origem do Pentateuco não só como uma sucessão de épocas, em sentido cronológico, mas também como a síntese de tradições diversas sobre a origem de Israel.

A origem patriarcal

O título "Deus de Abraão, de Isaac e de Jacó" é tardio, não menciona o quarto patriarca, José, e dá espaço a Isaac, figura, aliás, que não tem um grande papel (o único capítulo que lhe é consagrado, Gn 26, nada mais é do que uma reelaboração de alguns episódios de Abraão). Eles são ligados a *habitat* diversos: Abraão é um antepassado do Sul, ligado em particular a Hebron; Jacó é ligado a Betel, Fanuel e Siquém e aparece assim como um antepassado do Norte; a história de José desenvolve-se em grande parte no Egito.

A figura patriarcal mais antiga é a de Jacó. Contrariamente a Abraão, o nome de Jacó aparece mais frequentemente e, muitas vezes, também em referência ao povo[121]. A tradição de Jacó apresenta as origens de um grupo tribal, provavelmente em conexão com o santuário de Betel; a maioria dos textos coloca Jacó em Carrã, mas está presente também em Galaad. Esse ciclo de

---

120. Somente um texto, Ex 6,2-8, afirma o laço cronológico entre a época dos patriarcas e a do êxodo. Mas ele remete claramente para Gn 17, um texto de proveniência sacerdotal, e constrói uma cronologia da revelação. Além disso, alarga a aliança com Abraão para Isaac e para Jacó e faz dela o motivo da intervenção de YHWH a favor dos israelitas oprimidos no Egito. Descrevendo a permanência dos patriarcas em Canaã com a raiz *gwr* (permanecer como forasteiros: Ex 6,4) confere à promessa do país própria do Gênesis uma conotação remota e assim transforma a história dos patriarcas num prólogo para a epopeia do êxodo.

121. Em referência do Reino do Norte, ao Reino do Sul e tb. ao conjunto dos dois reinos, cf. Is 2,5-6; 8,17; 14,1; 29,22; 58,1; Ez 20,5; Am 3,13; 9,8; Ab 17; Mq 2,7.

Jacó remonta provavelmente a uma época pré-monárquica, em conexão com o mito da origem de um clã chamado *b^{e}né ya'aqób* (os filhos de Jacó).

Mais difícil é determinar o nascimento e o crescimento da tradição sobre Abraão. Sua conexão com Hebron parece um dado adquirido da pesquisa. Provavelmente essa tradição foi posta por escrito depois daquela de Jacó. Ez 33,24 e Is 51,2 refletem uma tradição sobre Abraão ligada aos temas do país e da descendência. A tradição sacerdotal une esse ciclo com aquele dos outros patriarcas e destaca o caráter de um Abraão "antepassado ecumênico", modelo de fé e de fidelidade; a convergência das duas tradições serve para acentuar o laço entre o Norte e o Sul, entre a Judeia e a Samaria.

A história de José prepara a permanência dos israelitas no Egito e se apresenta como um relato unitário, como um romance. Em toda a Bíblia existe um só texto que faz alusão direta à história de José: o Sl 105,18-25, um salmo que pressupõe claramente o Pentateuco na sua forma final. Trata-se, pois, de um relato tardio, provavelmente na esteira da história de Daniel, de Mardoqueu e, em parte, de Tobias. De fato, para a trama do Pentateuco, a história de José não é indispensável, porque o laço entre patriarcas e êxodo na tradição sacerdotal acontece sem referência alguma a José. Para confirmar isso, no louvor dos Pais em Eclesiástico, José não aparece entre Jacó e Moisés, mas no fim da lista (Eclo 49,15). É provável que a história de José seja o produto da diáspora egípcia na época babilônica ou no início da época persa: uma confirmação poderia ser o fato que os costumes e as situações egípcias de Gn 37 são mais bem compreendidas no contexto do período saíta (664-525 a.C.) e das épocas seguintes[122].

Para além das diferenças entre os ciclos de Abraão, de Jacó e de José, em Gn 12–50 existe a comum preocupação de apresentar um grande mito de origem, que propõe ao judaísmo nascente uma identidade através da via genealógica. Às diferentes comunidades que são convidadas a se reencontrar na Torá (judeus, samaritanos, diáspora) se apresentam antepassados que provêm todos de uma mesma família. Trata-se de uma visão das origens baseada no modelo da descendência.

---

122. O romance de José, com sua teologia universal, que evita o nome de YHWH em favor do apelativo mais genérico de *Elohím* (Deus), pretende promover um judaísmo mais liberal em relação à ortodoxia de Jerusalém e da Babilônia. Em contraste com a legislação de Esdras e de Neemias e, mais em geral, com a teologia deuteronomista, José se torna genro de um sacerdote egípcio e contrai um matrimônio misto. Assim, aparece como o modelo de coabitação com o mundo extrajudaico.

A origem mosaica

Contrariamente aos patriarcas, Moisés não é um antepassado; certamente tem filhos, mas sua descendência não tem nenhum papel. Aliás, Moisés rejeita o projeto de YHWH que quer fazer dele o fundador de um novo povo (Ex 32,10; Nm 14,12). Esse relato de origem propõe um outro modelo: o de uma aliança, da qual Moisés é o mediador. Êxodo e Deuteronômio estão enquadrados pelos relatos do nascimento e da morte de Moisés (Ex 2; Dt 34), de forma que o Pentateuco aparece quase como uma biografia de Moisés com um prólogo patriarcal. Uma primeira tradição escrita sobre Moisés aparece provavelmente no século VII a.C., em época assíria (cf. Am 2,10 e Os 12). Mas sua figura assume toda a sua importância por volta do fim da época babilônica e o início da época persa, porque ela assume as funções desaparecidas da monarquia: mediador da lei e primeiro responsável do culto, primeiro dos profetas e intercessor por excelência.

O relato de Moisés propõe ao judaísmo uma identidade não baseada sobre a descendência, mas sobre a livre-adesão do povo à Lei: assim, delineia uma identidade e uma origem "vocacional" do povo. Certamente, a tradição mosaica é antiga, mas no plano literário não vai além da época assíria.

A integração das duas tradições

O Pentateuco une as duas tradições, da origem autóctone e da origem exódica de Israel. Do ponto de vista literário é difícil encontrar um atestado do laço entre os patriarcas e o êxodo; mas isso não significa que os autores literários das respectivas histórias, por volta do século VII-VI, não conheceram ambas as tradições.

As histórias de Jacó e de Abraão tiveram facilmente de aparecer juntas, já que ambas são relatos de antepassados. Jacó torna-se o antepassado que desce para o Egito, talvez por obra da corrente deuteronomista. A corrente sacerdotal, por sua vez, integra depois o êxodo à tradição patriarcal, dando a esta última um peso maior. No momento da redação final do Pentateuco, impor-se-á a visão sacerdotal e assim os últimos redatores ligarão com maior firmeza as duas tradições: identificando a promessa deuteronomista da terra com a promessa do país feita aos patriarcas; reunindo na figura de Moisés as duas tradições de origem do povo (cf. Dt 4,11); qualificando, enfim, a autoapresentação de Deus a Abraão com uma fórmula exódica ("Eu sou o

Senhor que te fez sair de Ur dos caldeus": Gn 15,7), preanunciando-lhe a futura permanência no Egito com a consequente libertação (Gn 15,13-20)[123].

O fundamento histórico

Depois de interrogar o testemunho bíblico e mostrar que, provavelmente, as duas tradições de origem constituíram-se no plano literário a partir da época assíria até a época persa, fica a pergunta acerca da historicidade dos patriarcas e de Moisés, com os acontecimentos a eles conexos.

Os patriarcas

É preciso abandonar a expressão "época patriarcal" como designação dos séculos XVIII-XVII. Com efeito, os relatos patriarcais não contêm nenhuma indicação histórica precisa que recorde o contexto do segundo milênio. Antes, deve-se reconhecer, em sintonia com a reconhecida redação tardia dos textos, a presença de determinados anacronismos[124].

Longe de ser uma descrição de Canaã, os relatos patriarcais do Gênesis descrevem a vida de alguns clãs de pastores seminômades de pequenos animais, com seus problemas característicos: falta de prole, poligamia, necessidade de pastos, transumâncias, rixas pelos poços, direitos de primogenitura... É normal que tal sociedade não deixe traços históricos, muito menos documentos escritos. Isso não significa, porém, que se trate de personagens inteiramente inventados muitos séculos depois, no momento da redação dos textos bíblicos. De fato, é muito difícil "inventar" os antepassados de um povo, porque, se a figura de um antepassado não está baseada na sua tradição oral, dificilmente poderá ser aceita. Nesse sentido, os patriarcas podem ser considerados como figuras populares, conhecidas em determinadas regiões e por determinados grupos do país de Canaã: pertencem ao patrimônio popular de alguns clãs nômades ou seminômades, que, depois, tornam-se o futuro povo de Israel. Quanto a perguntas mais precisas acerca de fatos particulares que os veem protagonistas é muito difícil, se não impossível,

---

123. Esse laço entre as duas origens encontra-se igualmente acentuado em alguns sumários históricos fora do Pentateuco: Ne 9; Sl 105; Js 24. Trata-se de textos da época persa, que têm em mira um objetivo catequético: inculcar o fato de que a dupla origem se tornou uma origem em duas etapas.

124. Pense-se, p. ex., na menção dos camelos (Gn 12,16; 24; 37,25), inexistentes na terra de Canaã do segundo milênio, ou na menção dos caldeus (Gn 11,28.31; 15,7), impossível antes do séc. VII.

distinguir o que é original daquilo que foi sendo acrescentado no decorrer do tempo. Permanece, porém, a verdade de uma história "poética", que descreve e reconhece neles a futura identidade do povo israelita.

A tradição do êxodo[125]

Sobre uma eventual documentação egípcia do êxodo, a resposta dos estudiosos é quase unânime: não existe documento egípcio algum que ateste o evento narrado pelo livro bíblico. Se não é disponível nenhuma documentação direta, é possível, porém, procurar uma eventual documentação indireta, que, mesmo não constituindo uma prova, possa demonstrar a verossimilitude de um núcleo histórico do êxodo. Nesse sentido, alguns dados são interessantes: primeiramente a presença Semita no Egito. Numerosos textos egípcios do segundo milênio a.C. mencionam a presença de estrangeiros no território nacional: núbios, líbios, asiáticos. Trata-se de comerciantes, de prisioneiros de guerra, de mão de obra requisitada nos territórios controlados pelo Egito e, enfim, de beduínos à procura de melhores pastagens. O papiro *Leiden* 348, por exemplo, traz um decreto de um oficial de Ramsés II referente a trabalhos de construção da nova capital Pi-Ramsés: "Distribuídas rações de trigo aos soldados e aos 'apiru que transportam pedras ao grande pilão de Ramsés"[126]. Embora o papiro não constitua uma prova da presença de mão de obra israelita nos trabalhos de construção de Pi-Ramsés, é todavia um real indício dessa possibilidade. A presença de grupos semitas no Egito não é o resultado de uma fronteira aberta, porque os papiros atestam que na segunda metade do século XIII o limite oriental era severamente controlado. Se o papiro *Anastasis VI* descreve a passagem para o Egito de uma tribo inteira proveniente de Edom por causa de uma seca, o papiro *Anastasis V*, datado do fim do século XIII, narra a fuga de dois escravos a serviço da residência faraônica de Pi-Ramsés. As analogias com o êxodo, embora em escala diferente, são significativas (fuga de escravos, perseguição de militares, um itinerário provavelmente semelhante, fuga noturna) e permitem, embora na diversidade dos dois casos, afirmar a verossimilhança da fuga do grupo israelita.

---

125. Cf. PRIOTTO, M. *Esodo*. Op. cit., p. 38-44.

126. A questão da identificação dos 'apiru e de sua relação com os hebreus é complexa. Trata-se provavelmente da designação de um grupo étnico difundido em todo o Oriente Próximo antigo, ao qual poderiam pertencer também grupos israelitas. Cf., p. ex., DE VAUX, R.G. *Histoire*. Op. cit., p. 106-112, 205-208. • GRABBE, L.L. *Ancient Israel*. Op. cit., p. 48-49.

Um documento egípcio muito citado é a assim chamada *Estela de Merneptá*, chamada também "Estela de Israel", porque traz precisamente o nome de Israel[127]. Certamente não representa um testemunho direto do evento êxodo, porque não se diz nada sobre a origem desse grupo; todavia, a estela atesta a presença de um grupo étnico chamado Israel, residente provavelmente na região interna da Siro-Palestina e envolvido num conflito local durante o reinado do Faraó Merneptá (1223-1204 a.C.). Esse testemunho consente afirmar a compatibilidade com o dado bíblico, que afirma a chegada dos clãs israelitas do Egito e sua instalação na montanha de Efraim.

Se passarmos depois para a evidência bíblica, os indícios a respeito não são numerosos e muito menos fáceis de interpretar, mas existem. E o primeiro indício é constituído de alguns importantes traços relativos à própria figura de Moisés: seu nome, as tradições do Êxodo no Reino do Norte, a parentela madianita e os inícios do culto de YHWH [128]; não se trata de uma documentação propriamente dita, mas de indícios que orientam para ela.

Em Ex 1,11 são lembradas duas cidades egípcias: Pitom e Ramsés. O nome da primeira, *P(r)-Itm* (a casa de *Atum*), menciona o deus *Atum*, o deus sol de Heliópolis e também o protetor do hodierno *wadi Tumilat*, cujo nome preserva ainda o nome do deus (*Tum-ilat*); por isso foi nessa região que se concentraram as pesquisas arqueológicas da antiga cidade, identificando-a tanto com *Tell el-Maskhuta*, como mais provavelmente com o vizinho sítio de Tell el-Retabeh[129]. Depois das recentes escavações de Manfred Bietak, a

---

127. A estela foi descoberta em 1896 por Flinders Petrie no templo funerário do Faraó Merneptá a Oeste de Tebas, próxima aos colossos de Memnon; remetemos para BRESCIANI, E. *Letteratura e poesia dell'antico Egitto*. 2. ed. Turim: Einaudi, 1990, p. 292-295. A passagem referente a Israel aparece no fim dos n. 26-28: "Os príncipes estão derrotados, gritam: paz! / Já nenhum levanta a cabeça entre os Nove Arcos. / Devastado está Tehenu, pacificado está Hatti, / saqueado está Pa-Canaã com todos os maus. / Deportado está Ascalon, capturado Gezer, aniquilado Yeno'am, / devastado *Israel*, ele não tem mais semente. / Kharu tornou-se uma viúva para o Egito. / Todos os países estão pacificados. / Cada um que vagava está capturado / graças ao rei do alto e baixo Egito, / que, como rei, tem como dom a vida dia após dia" (26-28).

128. Cf. PRIOTTO, M. *Esodo*. Op. cit., p. 747-752.

129. De fato, enquanto *Tell el-Maskhuta* foi desabitada entre o século XVII e o fim do século VII a.C., *Tell el Retabeh* foi ocupada durante o Novo Reino e depois, improvisamente, abandonada no século VII, precisamente no tempo da reocupação de *Tell el Maskhuta*. É provável que na reconstrução desta última tenham sido reusados materiais provenientes da *Tell el-Retabeh*; isso explicaria a presença em *Tell el-Maskhuta* de material do tempo de Ramsés e provavelmente a transferência do nome Pitom de um sítio a outro.

cidade de Ramsés é identificada com maior segurança com o sítio de *Tell el-Dab'a*, próximo a Qantir. Os três sítios foram habitados por colônias asiáticas durante o Reino Médio e o domínio dos hicsos (1991-1530 a.C.) e dois desses sítios, *Tell el-Dab'a* e *Tell el Retabeh*, após sua destruição, foram reocupados na época de Ramsés, respectivamente no século XIII (1304-1237 a.C.) e a partir de 1200 a.C.[130] Não faltam as objeções tanto no que se refere à identificação dos sítios quanto para o presumido anacronismo do termo *Ramsés*, que aparece sem o prefixo *"Pi"*[131]; mas é significativo que o texto bíblico mencione as duas cidades ramsessidas, apesar do anacronismo de Ramsés.

Considerando o evento êxodo no seu complexo, objetivamente as referências históricas são poucas e vagas; todavia, existe um dado importante: a celebração litúrgica da Páscoa. De fato, o relato bíblico não recorda só um evento épico, fundador da identidade israelita, mas comenta longamente (Ex 12,1–13,16) a instituição da Páscoa. Mesmo que as rubricas ali mencionadas sejam tardias e espelhem a celebração de uma época posterior, o núcleo da festa é antigo, inserindo-se já, com toda a probabilidade, numa celebração pré-israelita. Trata-se da festa mais importante do calendário litúrgico israelita e sua celebração precede o escrito bíblico, porque é no *Sitz im Leben* litúrgico que a memória exódica se consagrou ao longo dos séculos. Sua menção em todos os códices acentua sua importância (cf. Ex 23,18; 23,14; Lv 23,5-8; Nm 28,16-25; Dt 16,1-8); se nos textos narrativos a celebração da Páscoa é pouco lembrada, isso é devido ao fato que antes da reforma deuteronômica essa festa tem um caráter essencialmente familiar. Considerada a centralidade dessa festa e tendo presente o caráter conservador da liturgia, parece muito difícil – e em todo o caso deve ser provado – afirmar a invenção do êxodo e a subsequente instituição da Páscoa.

Enfim, existe ainda um elemento significativo presente no texto bíblico, isto é, a abertura do decálogo: "Eu sou o Senhor teu Deus, que te libertou

---

130. Cf. DEVER, W.G. "Is There Any Archaeological Evidence for the Exodus?" In: FRERICHS, E.S. & LESKO, L.H. (orgs.). *The Exodus Egyptian Evidence*. Winona Lake: Eisenbrauns, 1997, p. 70-71. • HOFFMEIER, J.K. The Archaeological Context of the Exodus – Out of Egypt. *Biblical Archaeology Review*, 2007, p. 35-39. • COLLINS, A. The Biblical Pithom and Tell el-Maskhuta – A Critique of Some Recent Theories on Exodus 1,11. *Scandinavian Journal of the Old Testament*, 22, 2008, p. 135-149.

131. Cf. REDFORD, D.B. "An Egyptological Perspective on the Exodus Narrative". In: RAINEY, A.F. (org.). *Egypt, Israel, Sinai* – Archaeological and Historical Relationship in the Biblical Period. Tel Aviv: Tel Aviv University Press, 1987, p. 137-161. • GRABBE, L.L. *Ancient Israel*. Op. cit., p. 86.

do Egito, lugar de escravidão" (Ex 20,1; Dt 5,6). Ainda que a redação final do decálogo seja recente, não escapa a importância dessa conexão, isto é, do fato que Israel não faz brotar só o decálogo, mas toda a legislação do evento histórico do êxodo. Mesmo não sendo uma prova estritamente documentária, essa autocompreensão de Israel pesa diante do historiador e não é facilmente evitável.

Instalação em Canaã e época dos juízes

Se a Estela de Merneptá testemunha a presença em Canaã de um grupo denominado Israel, continua ainda uma grande incerteza para determinar as modalidades pelas quais esse grupo havia se instalado naquela região[132]: Qual era sua consistência numérica? Provinha do exterior ou era o produto de uma evolução interna da região? Se provinha do exterior, houve uma conquista militar ou simplesmente uma infiltração pacífica? Qual era a extensão do território ocupado? Estava-se na presença de um grupo único ou de vários grupos unidos entre si por vínculos étnico-religiosos? A própria Bíblia contribui para criar essa incerteza, apresentando duas versões diversas: a do Livro de Josué, que descreve uma conquista militar, e a do Livro dos Juízes (1,1–2,5; 3,1-6), que descreve tribos distintas e independentes, uma longa lista de populações locais que não teriam sido conquistadas e uma instalação limitada a poucas regiões parcamente habitadas.

Não admira, pois, a variedade das soluções propostas, que, substancialmente, reduzem-se a três:

1) conquista militar de um grupo proveniente do Egito; a proposta reproduz o Livro de Josué, mas é também a que hoje é menos seguida;

2) infiltração pacífica de nômades, que pouco a pouco tornam-se sedentários;

3) revolta de camponeses contra as cidades-estados cananeias, causadas por um movimento interno ou por um grupo proveniente do Egito e entusiasmado pela nova religião javista.

Abandonada a primeira solução, agora defendida por poucos estudiosos, nem a segunda ou a terceira proposta receberam um consenso suficientemente unânime; porém, algumas considerações podem ser feitas. Deve-se

---

132. Cf. MAZZINGHI, L. *Storia di Israele dalle origini al periodo romano*. Bolonha: EDB, 2007, p. 30-36 [trad. bras. *História de Israel das origens ao período romano*. Petrópolis: Vozes, 2018].

destacar primeiramente um crescimento rápido da população em Canaã por volta do fim do Último Bronze e o início do Ferro I (1200 a.C.), devido sobretudo ao aumento de lugares habitados na zona montanhosa central até então pouco habitada e acompanhado por um notável crescimento econômico. É muito provável que entre essas novas instalações devam-se enumerar as dos israelitas. Mas de onde provêm eles, dado que os habitantes desses novos lugares não se diferenciam em relação à população cananeia? Considerado o que se disse acima, não é possível negar a contribuição de um grupo externo, proveniente do Egito e portador de uma experiência religiosa nova; todavia, essa contribuição deve ser apoiada por outros elementos, como: a presença de possíveis grupos israelitas que nunca desceram para o Egito, uma forte componente cananeia, a adoção de muitas expressões próprias dessa cultura; tudo isso no quadro de um processo que se prolongou no tempo. No que se refere à componente religiosa, deve-se admitir que também o aparecimento da religião javista deve ter sido lenta e laboriosa; não só o deus venerado pelos patriarcas, El, traz o mesmo nome do deus supremo do panteão cananeu, mas a batalha contra a baalização de YHWH foi longa e áspera, como testemunha ainda a ação profética de Elias no século IX (cf. 1Rs 18). Será somente com o exílio e a subsequente reconstrução (séc. VI) que, embora com limites persistentes, afirmar-se-á definitivamente a religião javista.

"Naquele tempo não havia rei em Israel; cada um fazia o que lhe parecia melhor" (Jz 17,6): assim o Livro dos Juízes descreve o período depois da instalação israelita em Canaã até o surgimento da monarquia (1200-1050 a.C.), aludindo com isso a um período de forte instabilidade político-social. Surgem algumas figuras carismáticas, precisamente os juízes, líderes carismáticos e temporários nos momentos de emergência. Seu número de doze é claramente simbólico, para representar todo o Israel. Politicamente os grupos israelitas estão divididos e, com frequência, também em luta entre si; às vezes, parcialmente ligados em função anticananeia, como mostra o episódio de Débora (Jz 4–5). A base sociológica é constituída da grande família patriarcal, que, alargada a outras famílias, forma um clã, isto é, com frequência um núcleo habitado; os clãs ligados entre si por um território e por tradições comuns formam uma tribo. As várias tribos são independentes entre si, mas compartilham a mesma pertença étnica e, sobretudo, a fé num mesmo Deus, YHWH; serão esses fatores, que, junto com a ameaça filisteia, estimularão para a unificação política da monarquia.

Do período dos juízes, além dos relatos folclóricos do livro, permanece a tradição de um tempo ainda caracterizado por um processo de sedentarização em curso, por uma ocupação parcial do território, por fortes tensões internas e externas e por uma moral rude e violenta. Competirá à monarquia tentar transformar esses grupos num povo unido por uma terra, por uma paz social e pela partilha da fé no mesmo Deus. Com que êxito, isso será dito pela história seguinte.

A monarquia

A monarquia unida

Os filisteus, um grupo dos assim chamados "povos do mar" proveniente do Egeu no início do Ferro I, haviam-se fixado estavelmente na região costeira compreendida entre Jafa e Gaza, com objetivos de expansão para todo o país graças à supremacia militar e econômica (cf. 1Sm 13,19-22). Constituíam, por isso, o inimigo por excelência dos grupos israelitas fixados na montanha.

Uma grave derrota em Afec convenceu os israelitas a confiar-se militar e politicamente a Saul, que marca, assim, tradicionalmente o início da monarquia israelita. Seu reinado é brevíssimo, de dois anos apenas (1Sm 13,1; 1011-1010 a.C.?), e, pior ainda, privado dos elementos essenciais de um reino, como uma capital, um governo e uma estrutura organizativa. Não sabemos quase nada de Saul, exceto o que nos narra o relato bíblico, um relato fortemente teológico e todo estruturado em função de Davi, o escolhido de Deus. A derrota de Gelboé com a morte de Saul (1Sm 31) marca o fim desse reinado.

Se a narração bíblica evidencia o motivo teológico da subida de Davi ao trono, isto é, sua eleição divina (1Sm 16,1-13), ele se impõe como sucessor de Saul e como primeiro rei propriamente dito por duas razões, sobretudo: primeiramente porque ele, diferentemente de Saul (proprietário de terras: 1Sm 9,1-3), possui uma força militar organizada (cap. 25; 27; 30) e, depois, porque com ele surge a supremacia da tribo de Judá. De fato, com o apoio dos filisteus, dos quais inicialmente é vassalo, Davi consegue muito cedo criar uma posição de força ao Sul, até se tornar rei de Judá em Hebron (2Sm 2,4). Assim, com a morte de Saul, criam-se as condições para tomar o poder também sobre as tribos do Norte.

Não obstante a centralidade da figura de Davi na Bíblia[133], surpreende o silêncio quase absoluto das fontes extrabíblicas[134]. O relato bíblico é claramente uma obra de propaganda política, que, depois da queda do Reino do Norte (722 a.C.), sobretudo no tempo de Josias (640-609), pretende acentuar a supremacia do Reino de Judá enquanto herdeiro do verdadeiro Israel: daí a descrição de um grande reino, que se estende do limite egípcio até quase o Eufrates, e de empresas reais excepcionais. Na realidade, aproveitando também a favorável situação internacional que via o Egito restringir-se em seu território e o poder assírio ainda em fase de ajuste, com suas campanhas militares vitoriosas, Davi consegue não só derrotar os filisteus, mas também assumir uma posição de força em relação aos outros estados circunvizinhos (Edom, Moab, Amon, Aram), consentindo-lhe provavelmente o direito a um tributo. Mas a efetiva extensão de seu reino não devia superar de muito os limites da montanhosa Judeia. Quanto à empresa da vitória sobre Golias (1Sm 17), parece mais uma lenda régia do que o relato de um fato real, como sugere a própria passagem bíblica de 2Sm 21,19, que atribui a vitória sobre Golias a Elcanã, filho de Jair, de Belém.

Nesse contexto literário e histórico, a narração bíblica recorda alguns elementos significativos, sobretudo a conquista da cidade-Estado de Jerusalém, para fazer dela a capital do novo reino, dada a sua posição equidistante entre Norte e Sul. De qualquer forma, ela continua uma cidade de dimensões reduzidas, porque será somente depois da queda do Reino do Norte que Jerusalém assumirá o posto de cidade de categoria mais importante.

Com o novo reino começa a surgir uma estrutura administrativa centralizada, como testemunham as listas de funcionários trazidas por 2Sm 8,15-18; 20,23-26: uma novidade importante em relação à precedente estrutura tribal. As duas narrações da "história da ascensão de Davi ao trono" (1Sm 16,1–2Sm 4,12) e da "história da sucessão ao trono de Davi" (2Sm 9,1–1Rs

---

133. Davi é mencionado 1.085 vezes, inferior somente às vezes de "YHWH" e de "Israel".

134. A única exceção é constituída por uma estela descoberta em 1993 em *Tel Dan*, perto das fontes do Jordão, que traz uma inscrição em aramaico com data de 835 a.C. aproximadamente, na qual Hazael, rei de Damasco, vangloria-se de ter morto reis da "casa de Davi"; trata-se provavelmente do rei mencionado nos relatos bíblicos de Elias e Eliseu (1Rs 19,15; 2Rs 8,7-15.28-29; 13,22-24). Não obstante seja um texto de propaganda política, é difícil pensar que esse rei se vanglorie de ter vencido um fantasma. A estela testemunha, pois, a existência de uma "casa de Davi" e, mesmo que seja indiretamente, do fundador de uma casa reinante.

2,46) destacam as tensões e os conflitos longamente presentes na família real e testemunham a existência de conflitos políticos, como o serpear da corrente antimonárquica e o jamais aplacado confronto entre as tribos do Norte e as do Sul.

Enfim, se o texto bíblico acentua fortemente a fé de Davi, como aparece pelo relato da transferência da arca para Jerusalém (2Sm 6), pelo oráculo de Natã (cap. 7) e também por sua profunda contrição pelo pecado de adultério e de homicídio cometido contra Urias (cap. 11-12), isso se deve à crescente importância que Davi havia adquirido na tradição judaica enquanto figura messiânica, cantor dos Salmos e javista fervoroso. Na realidade, Davi partilha com os contemporâneos uma religiosidade eivada de sincretismo, como atesta, por exemplo, o elenco de seus filhos, cujos nomes são, em grande parte, de origem cananeia e portadores do prefixo El, o principal deus dos cananeus. Por sua vez, a arqueologia confirma que naquele tempo o culto de YHWH convivia ainda com o culto dos deuses de Canaã.

Ao longo reinado de Davi (1010-970) sucede o igualmente longo de Salomão (970-931). A Bíblia o descreve como o ápice da monarquia israelita (1Rs 10,23), com uma extensão que vai do Eufrates à fronteira egípcia (5,1-4). São dados muito amplificados e teologizados; a própria figura de Salomão reflete a concepção ideal de que ela se reveste na tradição posterior, quando se torna o sábio por excelência, patrono da literatura sapiencial (Ct, Ecl, Pr, Sb). Já o final da história da sucessão ao trono de Davi (1Rs 1–2) descreve um Salomão cínico e ávido de poder, que elimina no sangue os possíveis concorrentes ao trono, um Salomão, pois, bem diferente do retrato ideal seguinte.

A longa descrição bíblica da construção do Templo reflete a intenção do redator de ver ali já prefigurada a futura realidade do único Templo legítimo na época da reforma deuteronomista. Na realidade, o Templo construído por Salomão reflete um modelo cananeu ou siro-palestinense, realizado por arquitetos fenícios (1Rs 5,15-31; 7,13-14) e coexistente com lugares de culto estrangeiros (11,5-8). Salomão desenvolve a estrutura administrativa central iniciada por Davi (4,1-19), institui um oneroso sistema de taxas e introduz um serviço de trabalhos públicos forçados para realizar as grandes obras, em primeiro lugar os seus palácios e o Templo. Essas serão as causas das tensões que, depois de sua morte, desembocarão na revolta das tribos setentrionais, guiadas por Jeroboão (11,26-40), e na sucessiva separação do reino.

Os dois reinos

A divisão

A fonte mais importante para a história dos dois reinos é o relato de 1Rs 12–2Rs 25, que pode ser colocado ao lado de mais numerosas fontes bíblicas e extrabíblicas. Em geral, a fonte bíblica tem um caráter essencialmente teológico motivo pelo qual, por exemplo, o espaço dedicado a um rei importante como Amri é de apenas cinco versículos (1Rs 16,23-28), enquanto a Josias, um rei que é muito menos importante, são dedicados bem cinquenta versículos (2Rs 11,1–23,30), por causa de sua importante reforma religiosa. As causas da divisão, como acenado acima, são profundas e já presentes sob Salomão. Acrescente-se a isso a incapacidade política de seu filho e sucessor Roboão, em evidente contraste com a brilhante figura do concorrente Jeroboão. Formam-se assim duas entidades políticas: o Reino do Norte, chamado também Israel, muito mais vasto e rico, compreendendo a Samaria, a Galileia e parte do território transjordânio, e o Reino do Sul, Judá, compreendendo a montanha de Judá e sem saída alguma para o mar. A divisão é também religiosa, no sentido de que o Reino do Norte tem uma população mais heterogênea, motivo pelo qual Jeroboão institui um culto paralelo icônico (cf. os dois bezerros de ouro) nos santuários de Betel e de Dã, em contraposição ao Templo de Jerusalém. Durante o reinado de Roboão (931-914) e de Jeroboão (930-910) o fato político mais importante foi a fulminante campanha do Faraó Sesac em 925, objetivando reafirmar o controle egípcio sobre a região palestinense. O faraó invadiu o Reino do Norte, penetrando até a Transjordânia, enquanto o Reino de Judá, provavelmente por causa de sua marginalidade, foi poupado da invasão, mas teve de pagar um tributo em sinal de vassalagem.

O Reino de Israel (930-722 a.C.)

Num espaço de 25 anos, uns quatro reis sucedem a Jeroboão: Nadab (910-908), Baasa (908-886), Ela (886-885) e Zamri (885), sinal de uma instabilidade política que caracterizará boa parte do Reino do Norte.

Após o assassinato de Zamri, que reina apenas sete dias, toma o poder Amri (885-874), um alto oficial do exército, que funda a dinastia mais importante do Reino do Norte (885-841). Constrói uma nova capital, Samaria, e se alia ao rei de Tiro, abrindo assim o território israelita ao lucrativo comércio com o ocidente fenício; ao mesmo tempo, expande-se militarmente para oriente, conquistando uma parte do território moabita, como testemunha a Estela de Mesa[135].

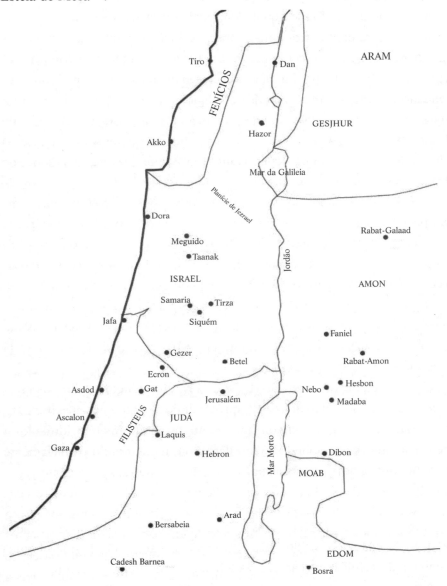

OS DOIS REINOS

---

135. Trata-se de uma estela, semidestruída pelos beduínos, descoberta casualmente na Jordânia em 1868, que testemunha as conquistas moabitas feitas por Amri, mas sobretudo a sucessiva reconquista da independência sob o sucessor de Amri, Acab.

O filho Acab continua a política do pai, mas deve enfrentar o crescente e ameaçador poder assírio, com o qual se bate em Carcar, sobre o Rio Orontes; a coalizão antiassíria, da qual ele participa provavelmente na qualidade de *líder*[136], sofre uma derrota, mas consegue frear momentaneamente a expansão assíria. Sob o aspecto econômico, Israel vive uma prosperidade sem precedentes, marcada, porém, por uma crescente injustiça social. Sobre essa realidade e sobre o forte sincretismo religioso, atém-se particularmente a Bíblia com a narração da atividade profética de Elias (1Rs 17–2Rs 2) e de Eliseu (2Rs 3–13). Precisamente num quadro de sincretismo religioso, o culto de Baal, garantido particularmente pela Rainha Jezabel, filha do rei de Tiro, encontra amplo espaço ao lado do culto a YHWH.

Jeú (841-814), apoiado pelos círculos proféticos e provavelmente também pela Assíria, com um sanguinolento golpe de estado toma o poder. Se, por um lado combate o culto de Baal, não elimina, porém, o culto do bezerro inaugurado por Jeroboão; sobretudo, não hesita seguir uma política filoassíria, provavelmente para obter uma ajuda contra a expansiva política síria de Hazael. Os sucessores de Joacaz (814-798) e Joás (798-783) continuam a política filoassíria de Jeú, que inclui uma condição de vassalagem, como demonstra a estela assíria de Adadnirari III (810-783), onde Joás aparece já como um simples vassalo da Assíria.

Joás é sucedido por Jeroboão II (783-743), que inaugura o último período de esplendor do Reino de Israel. Aproveitando a contemporânea fraqueza da Assíria, ele consegue reconquistar os antigos territórios transjordânios e impor sua autoridade sobre o Reino de Amon, inaugurando paralelamente um período de grande prosperidade econômica. Todavia, aos quarenta e um anos do reinado de Jeroboão II, a narração histórica da Bíblia dedica somente sete versículos (2Rs 14,23-29). Em compensação é conhecida a vigorosa crítica profética de Oseias e de Amós, dirigida sobretudo a denunciar os compromissos político-religiosos com a Assíria, o luxo destoante da classe dominante, a injustiça social e a corrupção dos juízes e dos sacerdotes. Basta recordar a invectiva de Amós:

---

136. A batalha é recordada numa inscrição do tempo de Salmanasar III (810-783 a.C.), na qual se atribuem a Acab 2.000 carros e 10 mil soldados de infantaria: uma força militar notável, sinal do poder alcançado pelo Reino do Norte e tb. de seu provável papel de chefe da coalizão.

> ...porque vendem o justo por dinheiro e o pobre por um par de sandálias. Esmagam sobre o pó da terra a cabeça dos fracos e tornam torto o caminho dos humildes; pai e filho vão à mesma jovem, profanando meu santo nome (Am 2,6-7).

Depois da morte de Jeroboão II, o país cai numa crise da qual não conseguirá mais sair. Dois reis, Zacarias e Selum são assassinados no mesmo ano (743); sucede Manaém (743-738), que é obrigado a pagar um pesado tributo de 1.000 talentos de prata à Assíria; seu filho Faceias (738-737) reina por dois anos apenas, assassinado por Faceia (737-732). Este organiza uma aliança antiassíria com o rei de Damasco, Rasin II, e com outros reis da região, com os quais declara guerra ao rei de Judá, Acaz, para forçá-lo a participar da aliança: é a assim chamada "Guerra Siro-efraimita" (cf. Is 7,1-17), em cujo contexto aparece a célebre profecia do Emanuel (Is 7,14). Acaz consegue repelir a agressão apoiando-se no novo rei da Assíria, Teglat-Falasar, mas tornar-se-á política e religiosamente seu vassalo (cf. 2Rs 16,7.10).

O ataque de Teglat-Falasar à coalizão Israel-Damasco priva o Reino do Norte de grande parte dos territórios da Galileia e de Galaad, reduzindo-os a Estado vassalo. Faceia é assassinado por um certo Oseias (732-724), que o sucede como novo rei; este, depois de nove anos de fidelidade, por um motivo que nos é desconhecido, rebela-se contra o novo rei assírio Salmanasar V, o qual, em 722, depois de dois anos de cerco, destrói Samaria, deportando para a Assíria grande parte da população. O Reino de Israel termina assim sua existência, tornando-se uma província assíria, com a fixação de novas populações não israelitas e, consequentemente, com o surgimento de formas de sincretismo, causa remota daquilo que será a futura divisão entre samaritanos e judeus. Coerentemente com sua impostação teológica, o narrador bíblico comenta: "Isso aconteceu porque os israelitas tinham pecado contra o Senhor, seu Deus" (2Rs 17,7).

O Reino de Judá (931-586 a.C.)

Durante o reinado de Roboão (931-914) e do filho Abiam (914-911) continuam as hostilidades com o Reino do Norte. O sucessor Asa (911-870) muda de estratégia, aliando-se a Ben-Adad, rei dos arameus de Damasco, contra Israel, obrigando-o a uma atitude mais pacífica em relação a Judá. Do relato bíblico (1Rs 15,9-15; 2Cr 14,1-4) sabemos que Asa combate toda a forma de culto idolátrico, merecendo assim o elogio do narrador deuteronomista.

Durante os sucessivos reinados de Josafá (870-848) e de Jorão (848-841) a prosperidade da dinastia de Amri ao Norte ofusca certamente Judá, mas as relações entre os dois reinos permanecem boas, tanto de Jorão casa-se com Atália, filha do Rei Acab de Israel. No trono de Judá, sucede-o o filho Ocozias, que foi assassinado menos de um ano depois. Então, assume a regência de Judá a rainha-mãe Atália (841-835), que, por sua vez, é eliminada por obra das classes sacerdotais e nobres, ou, mais provavelmente, por obra de Jeú, rei de Samaria, que não podia estar satisfeito com a presença no trono de Judá de uma descendente direta de Amri.

A Atália sucede o jovem Joás (835-796), que, por sua vez, é assassinado por seus oficiais. Mas consegue assumir o poder seu filho Amasias (796-781), que mata os oficiais assassinos do pai. Também ele, como o pai, morre assassinado; sucede-lhe o filho Azarias, chamado também Ozias, que inaugura um longo reinado (781-740), caracterizado por uma relativa prosperidade e por boas relações com o Reino de Israel. É no ano da morte de Ozias que Isaías coloca o início de sua missão profética (Is 6,1). Sucede-lhe o filho Joatão (740-736) e, depois dele, seu filho Acaz (736-716), que, como ficou dito acima, com a ajuda da Assíria consegue repelir a coalizão siro-efraimita que queria depô-lo. Depois dele, sobe ao trono o filho Ezequias (716-688), muito louvado pelo historiador deuteronomista, por causa de uma reforma religiosa que abole os santuários idolátricos e favorece a centralização do culto: embora se trate de um juízo teológico, todavia, é provável que ele reflita a lembrança de uma certa ação reformadora, estimulada sobretudo pelo movimento profético. Sob o aspecto político reanexa com sucesso parte do território filisteu e, aproveitando-se de uma temporária dificuldade assíria depois da morte de Sargon, alia-se ao Egito em função antiassíria. Fortifica o reinado e manda construir o túnel-aqueduto que traz a água da fonte de Gion até a piscina de Siloé no interior da cidade. Em resposta a essa política, o rei assírio Senaquerib, em 701, depois de submeter Tiro, invade Judá e fecha o cerco a Jerusalém. Improvisamente, porém, levanta o cerco à cidade e retorna para Nínive. Apesar das muitas hipóteses não se conhecem os reais motivos desse movimento; a Bíblia interpreta o fato como um sinal da intervenção divina (2Rs 18,13–19,36).

O seguinte reinado de Manassés (687-642) marca um período de profunda decadência, quer política – o Reino de Judá já está plenamente submetido à Assíria –, quer religiosa por causa da reintrodução do sincretismo cultual. Ao morrer Manassés, sucede-lhe o filho Amon (642-640), que, na provável oposição entre os partidos filoassírio e filoegípcio, é morto apenas dois anos depois.

O seguinte reinado de Josias (640-609) coloca-se num contexto internacional muito mudado. De fato, no decorrer desses anos, a Assíria inicia um progressivo declínio, que, com a conquista de Nínive por parte da Babilônia, em 627, há de levá-la ao desaparecimento definitivo. Judá passa para a influência egípcia, embora com uma relativa autonomia. O acontecimento mais importante que o relato bíblico (2Rs 22,3-20) marca é a redescoberta do *código deuteronômico* (Dt 12-26) durante os trabalhos de reestruturação do Templo, descoberta que dá início a uma profunda reforma religiosa: eliminação sistemática dos cultos não javistas, unicidade do Templo de Jerusalém e subsequente centralização da liturgia. Trata-se de um programa ambicioso, que encontrará muitas resistências não só no tempo de Josias, mas também depois, e que encontrará sua plena aplicação somente com a reconstrução pós-exílica. Do ponto de vista político, aproveitando o declínio assírio, Josias alarga sua influência em amplos territórios do Norte, sem chegar, porém, à reconstituição do reino davídico-salomônico, como sugeriria o texto bíblico na sua releitura teológica. O rei morre improvisamente em Meguido, em 609, por obra do Faraó Necao, durante a campanha que este empreendeu, talvez na tentativa de combater a expansão babilônica. As causas continuam obscuras; também o texto bíblico é lacônico: "O Rei Josias quis barrar-lhe (de Necao) a passagem, mas o faraó o matou no primeiro combate em Meguido" (2Rs 23,29).

Os últimos anos do reinado de Josias são marcados por uma profunda crise política. Necao depôs Joacaz, o filho mais velho de Josias, indicado para sucedê-lo, instalando ao invés um outro filho de Josias, Eliacim, com o nome de Joaquim (609-598). Este, apesar da oposição religioso-política de Jeremias, busca a aliança com Necao, que, em 605, é derrotado em Cárquemis por Nabucodonosor. Depois de um primeiro tributo forçado ao rei babilônico, Joaquim volta à aliança com o Egito, causando uma nova intervenção de Nabucodonosor, que, em 598, marcha sobre Jerusalém, conquistando-a.

O novo rei judaico, Joaquin, filho do falecido Joaquim, teve de render-se e, junto com alguns milhares de pessoas, toma o caminho do exílio na Babilônia. Em Jerusalém, Nabucodonosor nomeia um outro filho de Josias, de nome Sedecias (597-586), cuja política vacilantes e filoegípcia o leva a novas rebeliões, que determinam a intervenção final de Nabucodonosor, que, enfim, em 586, conquista Jerusalém. Sedecias é capturado na tentativa de fugir, cegado e enviado para a Babilônia, após ter visto seus filhos serem mortos na sua presença. Os muros de Jerusalém são demolidos; e o Templo, incendiado. Ao redor da cidade permanece só um pequeno território posto sob a autoridade de um governador judeu, Godolias. Três meses depois ele próprio é morto pelo partido filoegípcio, na tentativa extrema de restaurar a monarquia, tentativa, aliás, falida, porque os rebeldes tiveram de fugir precipitadamente para o Egito. Eles levaram consigo o Profeta Jeremias, que se opusera à sua rebelião. Assim, termina o Reino de Judá, que se torna uma simples província babilônica, administrada pelas autoridades residentes em Samaria.

Exílio e época persa

Exílio babilônico (586-531 a.C.)

Após a queda de Jerusalém, permanecem na Judeia só as classes mais pobres, porque o grupo dirigente mais representativo foi transferido para a Babilônia. O governo babilônico, diferentemente do assírio, não realiza transferências de populações e o grupo dos exilados não é reduzido à escravidão, mas vive num regime de relativa liberdade nos arredores de Babilônia, conforme garante Jr 29. Ao mesmo tempo, em Jerusalém continua o culto, embora de maneira reduzida, num templo readaptado da melhor forma, apesar do incêndio sofrido.

Mas é claro que, com a deportação do grupo sacerdotal, o centro espiritual se desloca para a Babilônia. Apesar do exílio, antes, exatamente como resposta às perguntas por ele despertadas, desenvolve-se nos círculos sacerdotais uma profunda reflexão sobre a identidade do povo de Deus. Assim, começa-se a recolher as antigas tradições religiosas, a reinterpretá-las à luz da nova situação e a recompô-las em complexos unitários. Paralelamente, uma corrente de cunho deuteronomista relê e reinterpreta a passada história de Israel em chave eminentemente religiosa e na plena consciência de que a ação salvífica de YHWH continua ainda na história presente. Essa obra de reflexão religiosa aconteceu por obra de sacerdotes, mas também de profetas, conforme testemunham particularmente as duas figuras do exílio babilônico: Ezequiel e o Dêutero-Isaías. Também o contato direto com a cultura e a religião babilônica produz como reação uma clara purificação da fé, que inicia por uma passada concepção henoteísta, acompanhada frequentemente por um difuso sincretismo, para uma fé monoteísta.

A reconstrução pós-exílica

A fraca gestão política do sucessor de Nabucodonosor, Nabônides (559-539), e a espetacular ascensão do poder persa por obra de Ciro o Grande (556-529) levam à derrocada do Império Babilônico e à imposição do Império Persa, que, no espaço de poucos anos, estende-se do Hindu ao Egeu, do Egito ao Cáucaso. A política religiosa liberal de Ciro, que se considera um restaurador dos cultos, permite que um primeiro pequeno grupo de exilados hebreus retorne para a pátria em 538, sob a guia de Sesbassar, provavelmente um membro da família real israelita.

Inicia assim a obra de restauração, porém, com a oposição de uma população local avessa a partilhar terras e casas com os novos chegados e talvez também perturbada com seu radicalismo religioso. De fato, os repatriados, considerando-se o verdadeiro "resto de Israel", assumem a orientação da comunidade e, mais tarde, a partir de 515, graças também à pregação profética de Ageu, de Zacarias e dos últimos discípulos de Isaías (o assim chamado Trito-Isaías), possam iniciar a reconstrução do Templo.

O período que vai de 522 a 445, sob os reinados de Dario (522-485), de Xerxes (485-465) e em parte de Artaxerxes I (465-423), constitui uma etapa obscura da história da província judaica, provavelmente um período de dificuldades tanto político-sociais como religiosas, como se pode deduzir das posteriores missões de Neemias e Esdras.

De fato, em 445, chega a Jerusalém Neemias, um judeu que se afirmara na corte de Artaxerxes I e que havia obtido o encargo de uma missão na Judeia a fim de remediar as graves dificuldades que ela atravessava; não sabemos com precisão quais foram as dificuldades, mas é provável que se tratava de tensões entre os exilados que retornavam e a população local, de lamentações pelas promessas de reconstrução não mantidas, de confrontos com as autoridades da Samaria, enfim, da situação de uma difusa pobreza. Durante doze anos, Neemias interveio com decisão, reconstruindo entre outras coisas também os muros de Jerusalém. Volta uma segunda vez em 432 a.C. e intervém com energia combatendo as profundas discriminações sociais, a corrupção do sacerdócio e o perdurante sincretismo da população local; enfim, proíbe os matrimônios mistos com mulheres pagãs, causa de compromissos e de abandonos.

Em 398, um sacerdote hebreu, bom conhecedor da "lei de Moisés" (Esd 7,1-6), Esdras, com autorização de Artaxerxes II (404-358), dirige-se a Jerusalém com um novo grupo de exilados com a intenção de continuar a obra de Neemias, sobretudo no campo religioso. Para preservar a pureza da fé e a unidade da comunidade emana ulteriores proibições contra os matrimônios mistos. Sobretudo depois – e é o aspecto mais importante que a tradição judaica lhe atribui – introduz a Lei mosaica como lei do rei, garantida, portanto, pela autoridade persa. Não se trata ainda do nosso Pentateuco, mas provavelmente só da lei cultural ligada ao Templo; todavia, ela é importante porque constitui não só o fundamento da comunidade (cf. Ne 8,1-12), mas também o núcleo da futura Torá. De fato, é nesse tempo que, graças à situação favorável criada pela monarquia persa, inicia-se a fusão das duas grandes tradições da história salvífica passada, a sacerdotal e a deuteronomista, e surge ao mesmo tempo a literatura bíblica sapiencial, objetivando descobrir e valorizar a presença reveladora do Deus de Israel na realidade da criação e da experiência cotidiana.

Assim, com a obra reformadora de Esdras, nasce o judaísmo, uma comunidade não mais baseada sobre uma terra politicamente independente, sobre uma monarquia regida por uma dinastia sacralizada e sobre um henoteísmo de fato, ainda que não declarado, mas fundamentada sobre a adesão à lei mosaica e sobre a celebração de uma liturgia legítima no único Templo de Jerusalém. É evidente que, nesse contexto, a autoridade da classe sacerdotal e, em particular, do sumo sacerdote, torna-se sempre mais forte, quase um substitutivo da autoridade real no campo religioso. Depois, isso terá importantes repercussões na posterior era helenista.

Enfim, no período persa começa a desenvolver-se sempre mais o fenômeno da diáspora, isto é, a presença de comunidades estáveis nas várias regiões do império, como recordam os livros de Ester e de Tobias. Talvez se deva a esse motivo a insistência de Neemias e de Esdras sobre a proibição dos matrimônios mistos e sobre a centralidade do culto no Templo de Jerusalém, precisamente para preservar e conservar uma unidade não mais política nem territorial. O coração religioso das comunidades da diáspora é constituído pela sinagoga, lugar de oração e de estudo da Lei e também lugar de agregação social.

Época helenista-romana

Alexandre Magno e os diádocos

Em 333, Alexandre Magno derrota Dario III em Isso e com uma ação fulminante subverte o Império Persa, fundando um reino que vai da Macedônia até a Índia. Com ele começa a impor-se no Oriente a cultura helenista, baseada sobre alguns dados fundamentais: uma indiscutível centralidade do homem, um espírito crítico baseado sobre o *lógos*, uma vocação artística de altíssimo nível, uma língua rica e culta, uma técnica muito desenvolvida. Assim, a comunidade judaica de Jerusalém começa a abrir-se à cultura helenista: um enriquecimento, mas também um grande desafio. No campo religioso, Alexandre foi muito tolerante com os povos conquistados; assim, reconheceu a autoridade do sumo sacerdote e da Torá; da mesma forma concedeu aos samaritanos a permissão de edificar um templo no Monte Garizim, seu lugar santo por excelência.

Após a repentina morte de Alexandre em 323, o império foi dividido entre seus generais: o Egito fica com Ptolomeu, a Macedônia e a Grécia com Antígono, a Ásia Menor e a região siro-palestinense com Seleuco. Ptolomeu consegue arrebatar de Seleuco a Judeia, que, assim, passa para os ptolomeus. Inicia para a Judeia um período de prosperidade econômica e também de abertura à cultura helenista: a administração é entregue a um governador civil, escolhido por longo tempo na eminente família judaica dos Tobíadas; no campo religioso é responsável o sumo sacerdote.

Em 200, o exército ptolomaico é derrotado em Paneio por Antíoco III e toda a Palestina passa para a influência dos seleucidas. Se no início as relações da Judeia com Antíoco III foram boas, depois da derrota deste por parte dos romanos, em 188, em Apameia, elas mudaram radicalmente, porque a imposição romana de um duríssimo tributo de 12 mil talentos esgotou as caixas do Estado e obrigou o sucessor Seleuco IV a aumentar as taxas e saquear os templos. Sua tentativa de confiscar o ouro do Templo de Jerusalém (embora falido, segundo 2Mc 3) foi considerada pelos judeus um gravíssimo sacrilégio e deu início a uma crescente oposição.

A revolta macabeia

A Seleuco IV sucedeu Antíoco IV (175-164); sob ele, as condições dos judeus pioraram muito, sobretudo por causa das lutas internas pelo sumo sacerdócio. Um sacerdote, Jasão, consegue mandar depor Onias III, legítimo sumo sacerdote, e comprar o encargo através do rei, iniciando, ao mesmo tempo, um forte processo de helenização na própria Jerusalém. Um certo Menelau, por sua vez, com uma grande soma de dinheiro consegue expulsar Jasão e tomar seu encargo para si, mandando matar, além disso, o último sacerdote legítimo, Onias III. Depois, retornando de uma falimentar campanha militar contra o Egito, Antíoco IV saqueia o Templo de Jerusalém, manda erigir um altar a Zeus Olímpico e instala uma guarnição militar no quarteirão alto da cidade, a Akra.

Esses acontecimentos de 167 a.C. ferem de modo irreparável o sentimento religioso dos judeus, que veem ali o triunfo por excelência do mal, o "abomínio da desolação" (Dn 9,26). Do ponto de vista grego, trata-se somente de motivações políticas e econômicas (totalmente legítimas para um soberano helenista); do ponto de vista hebraico são as causas da revolta macabeia.

Judas Macabeu reúne um grupo de rebeldes e, graças a hábeis ações de guerrilha e às dificuldades internas do reino de Antíoco IV, consegue obter notáveis sucessos. Sobretudo, reconquista o controle de Jerusalém, com exceção da Akra, e reconsagra o Templo. Morre, porém, num encontro armado contra o exército de Báquides, que Demétrio, sucessor de Antíoco IV, havia enviado para reprimir a rebelião macabeia.

A Judas sucedeu o irmão Jônatas (161-143), que, pouco a pouco, passa da luta armada à mais lucrativa luta diplomática: consegue obter o sumo sacerdócio de um dos pretendentes ao trono selêucida e obtém uma autonomia sempre mais ampla, até de cunhar moedas com seu nome. Vítima de suas próprias maquinações, Jônatas deixa o lugar ao irmão Simão (143-134), que não só consegue manter o cargo de sumo sacerdote através do rei selêucida Demétrio II, mas transforma-o sempre mais em cargo político, obtendo para a Judeia uma independência efetiva. Esse desvio político da família macabeia perde sempre mais as simpatias do povo e concorre para o nascimento de movimentos importantes, como o dos fariseus, dos saduceus e dos essênios.

A dinastia asmoneia

A Simão, assassinado por um parente seu, sucede o filho Hircano I (134-104), fundador efetivo da dinastia asmoneia. Ele realizou uma forte política de expansão para o Sul, invadindo a Idumeia, e ao Norte, invadindo a Samaria, onde destruiu o santuário samaritano de Garizim, tornando, assim, definitiva a separação entre judeus e samaritanos. Essa política de expansão prossegue ainda com a anexação da Galileia por parte do sucessor, João Hircano I (104-103), o primeiro a ser ornado com o título de rei.

Sucede-lhe o irmão Alexandre Janeu (103-76), que reprime no sangue a oposição farisaica. Com ele, a dinastia asmoneia atinge o apogeu, mas é sempre mais radicalmente contestada por todos os grupos religiosos que inicialmente haviam-se unido com entusiasmo à revolta macabeia: o reino asmoneu já não se distingue dos outros reinos da região. Sucede-lhe a mulher Alexandra Salomé (76-67), que realiza uma política de reconciliação com o grupo dos fariseus. Depois de sua morte estoura uma luta fratricida entre os dois filhos, Hircano II, sumo sacerdote, e Aristóbulo II, herdeiro ao trono: disso se aproveitam os romanos, que em 63 a.C., com Pompeu, entram em Jerusalém.

Pompeu confirma Hircano II como sumo sacerdote, mas redimensiona seu poder, deixando-lhe somente a Judeia, a Idumeia e a Pereia, como pequeno Estado vassalo de Roma. Seu filho Antígono toma-lhe o poder, fazendo-o prisioneiro e conquistando Jerusalém; mas é morto pelo astro nascente, Herodes, que dessa forma põe fim à dinastia asmoneia.

Herodes o Grande, e seus sucessores

Herodes (37-4 a.C.) mostra-se logo um tirano desconfiado e sem piedade. De fato, elimina todo o possível adversário, alguns membros do sinédrio, a mulher Mariana, os filhos Alexandre, Aristóbulo e Antípatro; mas é um político hábil e ambicioso. Com um programa grandioso de trabalhos públicos, não só dá trabalho a milhares de pessoas, mas sobretudo procura cativar a benevolência dos súditos e dos romanos. A obra mais imponente é a ampliação da área do Templo com a reestruturação inerente: os trabalhos, iniciados em 19 a.C., terminarão somente em 63 d.C., pouco antes de sua destruição. Reconstrói a cidade de Samaria; funda junto ao mar uma suntuosa cidade, chamando-a de Cesareia, em honra ao imperador; enfim, edifica uma série de fortalezas e de suntuosos palácios (o *Herodium*, o Maqueronte, Massada; em Jerusalém: a fortaleza Antônia, o palácio real, e em Jericó um palácio invernal). Se soube conquistar o favor dos romanos, não conseguiu conquistar o dos judeus, que lhe censuravam sobretudo a origem Idumeia e sua conivência com o mundo pagão.

Por volta do fim do reinado de Herodes, em 6-7 a.C., nasce Jesus[137]. Herodes morre pouco depois, no ano de 750 da fundação de Roma, isto é, no ano 4 a.C., deixando o reino em herança a três filhos: a Arquelau (com o título de rei) a Judeia, a Samaria e a Idumeia; a Herodes Antipas a Galileia e a Pereia; a Felipe a Transjordânia ao Norte do Jarmuc. Augusto, nomeado executor testamentário, respeita a vontade de Herodes, exceto a atribuição do título de rei a Arquelau, que o nomeia "tetrarca", para não causar inimizade com a classe dirigente de Jerusalém e os judeus da diáspora.

No ano 6 d.C., por causa de seu péssimo governo, Arquelau é deposto e substituído por um governador militar romano, com o título de prefeito e com sede em Cesareia Marítima; ao sumo sacerdote é deixado o poder religioso e um mínimo de poder civil. Nos anos seguintes, a animosidade dos judeus contra os romanos cresce constantemente, seja pela corrupção dos prefeitos, seja, sobretudo, pela total incompreensão da administração romana para com a mentalidade e os usos da religião hebraica. Paralelamente à documentação evangélica, uma lápide encontrada em Cesareia Marítima lembra o prefeito Pôncio Pilatos (26-36 d.C.), sob o qual aconteceu a crucificação de Jesus.

Felipe (4 a.C.-34 d.C.) governa pacificamente seu território transjordânio; às margens do Lago de Tiberíades funda a cidade de Betsaida, lembrada nos Evangelhos como pátria de Pedro, André e Felipe (Jo 1,44) e embeleza Banias (= Cesareia de Felipe), em cujo território os evangelistas colocam o episódio do primado de Pedro (Mt 16,13).

Por sua vez, Herodes Antipas (4 a.C.-39 d.C.), funda a cidade de Tiberíades, sobre o lago homônimo. É lembrado pelos Evangelhos por ter mandado decapitar João Batista (segundo Flávio Josefo na fortaleza de Maqueronte) (Mc 6,17-29). Na morte de Felipe tenta apoderar-se de seu território, mas em vão, porque é exilado pelo imperador para a Gália, onde morre pouco tempo depois, em 39 d.C.

---

137. Segundo o Evangelista Mateus (Mt 2) Jesus nasce quando Herodes ainda era vivo; assim também segundo Lucas 1,5.26. Partindo de um erro de interpretação de Lc 3,1.23, onde se afirma que no início de seu ministério, no ano 15 do Imperador Tibério, Jesus tinha cerca de trinta anos. Dionísio o Pequeno, por volta de 525 d.C. fixa a data do nascimento de Jesus no ano 754 da fundação de Roma, quatro anos depois da morte de Herodes, que, de fato, morre no ano de 750 da fundação. Talvez o motivo seja imputável à tradição, atestada por Clemente Alexandrino, segundo o qual Augusto reinou 43 anos; e por isso, Jesus teria vivido 15 anos sob o Imperador Augusto e, portanto, teria nascimento no ano 28 do imperador, isto é, no ano 754 da fundação de Roma, quatro anos depois da morte de Herodes.

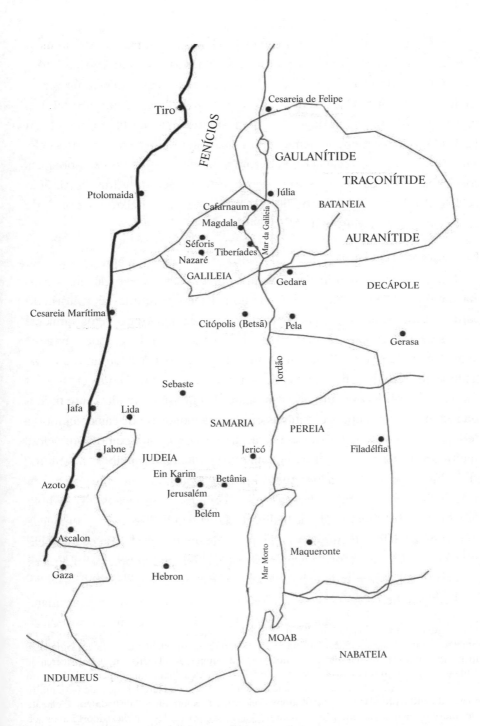

A PALESTINA DO TEMPO DE JESUS

Após a morte de Felipe e o exílio de Herodes Antipas, surge politicamente, naturalmente com o consenso dos romanos, Herodes Agripa I (41-44), um neto de Herodes o Grande, que consegue reunir mais uma vez os territórios do reino. Os Atos dos Apóstolos o mencionam como responsável pela morte do Apóstolo Tiago e pelo encarceramento de Pedro em 44 (At 12,1-11). Morre repentinamente depois de apenas quatro anos. Depois dele, a Judeia volta a ser província romana com uma série de prefeitos sempre mais corruptos, entre os quais os Atos dos Apóstolos recordam Marco Antônio Félix (52-60) e Pórcio Festo (60-62) no contexto do relato da prisão de Paulo em Cesareia Marítima (At 24,24-32).

As duas revoltas judaicas

Em 66 estoura a primeira revolta antirromana em Jerusalém, com o massacre da guarnição entrincheirada no palácio de Herodes: é a vitória do partido zelote sobre a ala pacifista, representada sobretudo pelos fariseus. Depois de um primeiro momento de sucesso e de controle de todo o território, também por causa das divisões internas, os revoltosos sofrem o contra-ataque dos romanos, desembarcados em Ptolemaida em 67 com cerca de 60 mil homens sob o comando de Vespasiano. Este retoma rapidamente toda a Galileia, mas logo depois cessam as operações militares por causa da morte de Nero. Em 69, as legiões orientais aclamam Vespasiano como imperador, que deixa ao filho Tito o prosseguimento da campanha militar. Já em 70, ele fecha o cerco a Jerusalém, que cai pouco depois, apesar da encarniçada resistência dos assediados. Jerusalém é incendiada e saqueada e o Templo destruído. Em 74 cai o último baluarte de Massada. No país, permanece uma população fortemente dizimada, presa de uma terrível crise econômica, privada de qualquer autoridade judaica e sem o Templo. Sobrevive a Lei: será ela a tornar-se o centro da fé hebraica e a consentir sua continuação.

A religião hebraica, porém, continua a ser praticada no império, enquanto *religio licita*, mas as tensões entre judeus e Roma continuam periodicamente em várias regiões do império, até que, na Judeia, em 132, estoura uma nova revolta, guiada por um cabeça carismático *Bar Kokhbah* [filho da estrela], por muitos considerado como o Messias. Os romanos foram pegos de surpresa, o que explica os sucessos iniciais dos revoltosos em toda a Palestina. Também nesse caso, a resposta dos romanos foi duríssima. Três anos depois, a revolta é reprimida completamente, deixando atrás de si uma situação catastrófica: inumeráveis mortos; a cidade de Jerusalém destruída e proibida aos judeus; reconstrução de uma cidade grega com o nome de *Ælia Capitolina*; mudança do nome da Judeia para *Palæstina*. O judaísmo sobreviverá sobretudo na diáspora como religião da Torá; paralelamente começará a se desenvolver o cristianismo, apesar de se desencadearem as perseguições, que cessarão apenas em 312 com o edito de Constantino.

Movimentos político-religiosos

Desde a época asmoneia surge um judaísmo muito mais variado do que se poderia pensar; surgem grupos sociais, políticos, religiosos, bastante diversos entre si, testemunhas de um judaísmo realmente pluralista; recordamos os principais deles, porque é sobre esse fundo que se move a narração evangélica.

Os fariseus

Não constituem tanto um partido fechado quanto uma corrente e uma orientação. O nome deriva provavelmente do termo hebraico *perushím*, cuja raiz significa "separar", para indicar um aspecto característico do movimento: a observância irrepreensível da Lei, com particular atenção a todas as normas que se referem à pureza ritual. Por esse motivo, consideravam-se separados, isto é, à devida distância de tudo aquilo que era impuro (alimentos, objetos, pessoas). Provavelmente nasceu do movimento chassídico, que inicialmente havia apoiado a causa macabeia, mas que depois afastou-se dela em polêmica com a política asmoneia.

No tempo de Jesus, os fariseus são em geral de condição social média-alta e não pertencem à classe sacerdotal. Mesmo sendo poucos em número (seis mil segundo Flávio Josefo), todavia são muito influentes na sociedade. O movimento caracteriza-se pela oração e por uma meticulosa fidelidade à Lei, transmitida e interpretada pela tradição oral, isto é, pelo conjunto de normas que foi se formando no tempo e que, nos inícios do século III d.C., confluirá na Mishná.

Precisamente por causa da concepção dinâmica da Lei, que não pode ser limitada ao escrito, do ponto de vista doutrinal, os fariseus são abertos ao acolhimento de novas posições teológicas, como, por exemplo, a fé na ressurreição e a existência dos anjos. Mas sua atitude de separação dos pecadores e dos pagãos, para evitar contaminações impuras, com frequência os induz ao desprezo e à soberba religiosa; daí a conotação particularmente negativa que emerge do Novo Testamento em relação a eles; mas, de qualquer forma, devidas também às ásperas controvérsias entre o judaísmo e o cristianismo nascente.

Sob o aspecto político são bastante dissimulados: se polemizam com os asmoneus e com Herodes, porque os consideram desviados da fé judaica, rejeitam a política extremista dos zelotes em relação aos romanos. Não sendo ligados ao Templo, mas à interpretação da Lei, não só sobrevivem à catástrofe de 70; mas, junto com os escribas, tomam em mãos as rédeas do judaísmo, garantindo sua sobrevivência.

Os saduceus

Seu nome deriva, provavelmente de *Sadoc*, o formador de uma antiga família sacerdotal (1Rs 2,35), que depois do exílio tornou-se a família sacerdotal mais importante, da qual era escolhido o sumo sacerdote. Com o advento dos asmoneus devem ceder seu privilégio do sumo sacerdócio, fato que inicialmente provoca uma forte reação, que, todavia, pouco a pouco (por motivos de *Realpolitik*), se enfraquece até tornar-se aliança. Os saduceus formam um grupo restrito muito influente, constituído pela aristocracia sacerdotal de Jerusalém, mas também por uma componente leiga; diferentemente dos fariseus e em polêmica com eles, rejeitam a tradição oral, atendo-se unicamente à autoridade da Torá; por isso, se opõem a concepções teológicas novas, como a ressurreição ou a existência dos anjos.

Como no campo religioso, também no político são conservadores e, por amor ao poder, aceitam compromissos e acordos com os governantes da vez, quer sejam os asmoneus, Herodes ou os romanos, recebendo em troca o privilégio do sumo sacerdócio. Com efeito, durante a dominação romana, os sumos sacerdotes são saduceus. Desse ponto de vista, compreende-se que sua oposição a Jesus seja devida não tanto por motivos religiosos, como para os fariseus, quanto por motivos políticos, isto é, pelo temor de uma pesada intervenção dos romanos, com os quais, porém, procuravam sempre um acordo.

Os escribas

Os escribas dos quais falam os escritos do Novo Testamento, em particular, os Evangelhos, em relação aos escribas do período pós-exílico, têm um caráter claramente religioso. São os estudiosos e os intérpretes da Lei, cuja tarefa não é simplesmente o estudo acadêmico dos textos sagrados e da tradição oral, mas a elaboração de normas que permitam a prática cotidiana da Lei.

Eles não constituem um movimento, como, por exemplo, o dos fariseus; normalmente não são sacerdotes, nem formam um grupo numeroso, mas sua influência é muito grande enquanto "doutores da Lei" (Lc 5,17; At 5,34). Não se chega a ser escriba por nascimento, mas depois do estudo numa escola rabínica, ainda mais se orientada por um mestre famoso, como Hilel ou Shamai; depois disso podiam ser interpelados pelo povo com o título de "rabi" [meu mestre]. O próprio Jesus é com frequência chamado com esse título (cf. Mt 23,6-7; Mc 12,38-39; Lc 11,43); Paulo se orgulha de ter sido instruído na escola de Gamaliel (At 22,3).

Foi sobretudo graças a eles que o judaísmo pôde sobreviver à dolorosa perda do Templo, tornando-se uma religião do livro; e é graças a eles que as tradições interpretativas, quer hagádicas quer haláquicas, se conservaram, confluindo nas coleções da Mishná e do Talmude.

Os zelotes

Como movimento organizado, eles nascem com a primeira insurreição antirromana, por volta de 66 d.C., mas sua ideologia já está presente a partir de 6 d.C., quando Arquelau foi deposto e a Judeia passou diretamente sob a administração romana. Inicialmente, eles provêm da ala extremista do grupo farisaico e, sob o estímulo das correntes apocalípticas, o movimento assume a luta armada como o único meio de apressar o advento do Messias e a consequente restauração do senhorio de Deus.

Pode ser que aquele Simão o Zelote, citado entre os discípulos de Jesus (Lc 6,15; At 1,13), seja um simpatizante dessa ideologia, mesmo que o adjetivo pudesse aludir simplesmente ao seu zelo pela Lei, como Paulo diz de si mesmo (Gl 1,14; Fl 3,6). Todavia, é claro que o movimento de Jesus, embora tenha sido acusado diante dos romanos como um agitador político, coloca-se no lado oposto do movimento zelote, como testemunha em sumo grau o relato da Paixão.

Os essênios

Trata-se de um grupo religioso, testemunhado por Fílon, por Flávio Josefo e talvez (mas a questão é ainda controversa) por Qumran, e caracterizado por um estilo de vida fortemente ascético. Os membros vivem em comunidades às margens do mundo habitado, reguladas por uma férrea disciplina interna, que prevê a obediência absoluta ao superior, a comunhão de bens e o celibato. Conhecemos melhor o movimento graças à descoberta dos manuscritos de Qumran em 1947; em particular, o manuscrito da *Regra da comunidade* descreve a vida de um grupo, regulada por uma minuciosa prática das prescrições rituais de pureza: a veste branca, a refeição em comum ditada por precisas regras alimentares, o banho ritual, a obediência absoluta ao Mestre de Justiça...

A comunidade de Qumran nasce de um grupo de sacerdotes em forte oposição à dinastia asmoneia e ao sacerdócio não sadocista por ela instaurado; motivo pelo qual eles abandonam o Templo e se instalam às margens do Mar Morto, à espera do iminente juízo escatológico, para o qual se preparam com um duro programa ascético. É possível que João Batista, no início de seu ministério, tenha conhecido e talvez temporariamente aderido ao movimento de Qumran (cf. Lc 1,80); certamente seu ministério no Jordão, como mais tarde o de Jesus, claramente se separa dele.

Os samaritanos

A tradição bíblico-judaica faz remontar a origem dos samaritanos à fixação na Samaria de uma população estrangeira por parte dos assírios logo após a queda do Reino do Norte (722), com a consequente perda da pureza étnica da população local (cf. 2Rs 17,24-41). A isso acrescentam-se outros fatores históricos: a recusa dos repatriados judeus da Babilônia em aceitar a colaboração dos samaritanos na reconstrução do Templo (Esd 4,1-5); a consequente não aceitação da ação reformista de Esdras; a concessão por parte de Alexandre Magno de edificar um templo sobre o Monte Garizim, perto de Siquém; a destruição desse templo por parte de João Hircano I em 128 a.C. e a devastação de Siquém em 107 a.C. A deterioração das relações entre os dois povos se acentua com a aliança política dos samaritanos com o poder ptolomaico primeiro e com o antioqueno depois e, enfim, pela oposição radical à política asmoneia. Tudo isso leva, e é o fator mais importante, à elaboração do Pentateuco samaritano no século II a.C., com a incorporação nele do preceito do culto sobre o Monte Garizim e com a restrição da Bíblia unicamente ao Pentateuco. Com isso, sancionava-se definitivamente a separação religiosa entre judeus e samaritanos.

Do ponto de vista doutrinal, os samaritanos são fervorosos monoteístas e se consideram os únicos portadores da verdadeira tradição israelita. Eles esperam um messias profeta como Moisés, o *tahéb* ("aquele que volta"; cf. Jo 4,25), aquele que restaurará a unidade do povo de Israel.

Jesus mantém boas relações com os samaritanos, como aparece na Parábola do Bom Samaritano (Lc 10,30-37), na cura do leproso samaritano (Lc 17,11-19) e, sobretudo, na conversão dos muitos samaritanos de Sicar (Jo 4,39-42), prelúdio da futura missão na Samaria do Diácono Filipe e dos apóstolos Pedro e João (At 8,5-25).

Instituições jurídico-religiosas

O Templo herodiano

Os trabalhos de restauração e de ampliação do Templo por parte de Herodes iniciam em 20 a.C., mas serão ultimados somente em 62 d.C., poucos anos antes de sua destruição em 70. Nosso conhecimento baseia-se, sobretudo, na descrição de Flávio Josefo[138] e sobre o tratado *Middót* da Mishná. O Templo herodiano consta de três partes: o pátio dos gentios, o Templo propriamente dito[139] e o santuário.

Ao *pátio dos gentios* podiam aceder os não hebreus; era cercado de muros altos, aos quais eram encostados, nos lados meridionais e oriental, respectivamente o suntuoso "pórtico régio" e o mais antigo "pórtico de Salomão" (cf. Jo 10,23; At 3,11; 5,12).

O *Templo* [*to hierón*] era delimitado por um alto recinto e dividido em duas partes: a Leste o *átrio das mulheres* e a Oeste o *átrio dos israelitas*; um majestoso portal, chamado a *porta bela* (At 3,2), indicava o ingresso principal; claras inscrições em hebraico, em grego e em latim ameaçavam a pena de morte aos não hebreus que ousassem entrar no Templo. Uma parte do *átrio dos israelitas* era reservada unicamente aos sacerdotes: o *átrio dos sacerdotes*, em meio ao qual surgia o *altar dos holocaustos*, onde aconteciam os sacrifícios.

---

138. FLÁVIO JOSEFO. *De bello Iudaico*, V,5,1-7.

139. Na acepção "Templo" são compreendidas duas realidades distintas: todo o complexo da área com todos os edifícios ligados com o culto, denominado em grego *to hierón* [o lugar sagrado], e o edifício onde se desenvolvia o culto e Deus estava presente, denominado em grego *naós* (santuário).

Enfim, o *santuário* era articulado em três partes: o *vestíbulo*, o *Santo* e o *Santo dos Santos*. No Santo eram colocados o *altar do incenso* (Esd 30,1-10), sobre o qual, de manhã e de tarde, um sacerdote oferecia incenso; a menorá, isto é, o candelabro de sete braços (Ex 25,31-40); a *mesa da presença* (Ex 25,23-30), sobre a qual, cada sábado, eram depositados em duas pilhas doze pães. Um *Véu* precioso separava o *Santo* do *Santo dos Santos* (Mt 27,51; Mc 15,38). O *Santo dos Santos* era o lugar da presença de Deus, o lugar mais sagrado de todo o santuário, acessível unicamente ao sumo sacerdote uma vez por ano, por ocasião do *Yom Kippúr*, quando realizava o sacrifício de reconciliação para todo Israel.

O sinédrio

No Novo Testamento, o termo designa o conselho supremo que governa o povo judaico (cf. Mt 26,59 e par.; At 4,15; 5,21-27); deriva provavelmente do grupo dos anciãos do tempo de Esdras, acima citado, mas com tarefas mais precisas e maiores responsabilidades, sobretudo a partir do advento da administração romana.

É formado por 71 membros (em analogia com Ex 24,1.9; Nm 11,16), presidido pelo sumo sacerdote e articulado em três grupos: os anciãos, representantes da aristocracia leiga; os sumos sacerdotes eméritos e os membros das famílias sacerdotais mais importantes; os escribas, pertencentes em geral, mas não exclusivamente, ao grupo dos fariseus.

Sua autoridade depende do grau de autonomia permitida pelos chefes políticos. Se, sob Herodes o Grande o sinédrio não tem muito poder, sob a administração romana readquire espaço e competências; regula os negócios religiosos e, em parte, civis do país e exerce também o papel de corte suprema de justiça, sempre em âmbito propriamente religioso. Discute-se se no tempo de Jesus tinha competência em matéria de pena capital; provavelmente podia emitir uma primeira sentença, que depois devia ainda ser ratificada pela autoridade romana.

O sinédrio sobrevive à catástrofe de 70 graças sobretudo ao Rabi Yochánan Ben Zakkái; depois transfere-se definitivamente para Tiberíades, até a supressão por parte de Teodósio II, em 425.

O bet din

O *bet din* é um tribunal rabínico que nasce depois da destruição do Templo. Trata-se de uma assembleia de sábios que define os princípios haláquicos que devem marcar a vida do povo. Ele não se ocupa só de discussões teóricas sobre questões religiosas, mas torna-se, pouco a pouco, um verdadeiro tribunal, com uma efetiva jurisdição sobre o povo, reconhecido, ao menos em parte, pelo governo romano. Assim, coloca-se ao lado do sinédrio, herdando parcialmente suas funções.

A sinagoga

O termo indica primeiramente a reunião periódica de uma assembleia para ler e comentar a Escritura. A seguir, designa também o edifício onde se desenvolvia, ainda que no início, os lugares destinados a tal uso não deviam distinguir-se das casas privadas. As atestações mais antigas de um edifício sinagogal não são anteriores ao século II a.C.; os Evangelhos mencionam as sinagogas de Nazaré e de Cafarnaum, e os Atos dos Apóstolos, as sinagogas da diáspora.

O costume de reunir-se ao sábado para ler e comentar a Torá é certamente antigo, mas é sobretudo durante o período asmoneu que a instituição sinagoga toma forma, em conexão com a atividade do movimento farisaico. Depois da destruição do Templo, a instituição adquire uma importância fundamental e é o sinal mais evidente da passagem do judaísmo da religião sacerdotal para a religião do Livro.

Não conhecemos com precisão o ritual da celebração sinagogal no tempo neotestamentário, mas pode-se supor com alguma certeza esta ordem: recitação do *Shemá* (Dt 6,4-9 + Dt 11,13-21 + Nm 15,37-41) e de outras orações; leitura de um trecho da Torá e de um trecho dos Profetas; uma homilia sobre esses textos; a bênção final de Nm 6,24-26. Encontramos um eco dessa celebração em Lc 4,16-30.

A sinagoga era administrada por um conselho de anciãos e era presidida pelo "arquissinagogo", que dirigia o serviço e escolhia o leitor e o homiliasta (Lc 13,14; At 13,15); um servente trazia o rolo sagrado ao leitor e o retomava (Lc 4,20), aplicava a pena da flagelação (cf. Mt 10,17; 23,34) e anunciava o sábado com o som da trombeta. A expulsão da sinagoga era uma medida grave e temida (cf. Jo 9,22; 12,42; 16,2).

O bet midrash

Ao lado da sinagoga surge e se desenvolve outra importante instituição: o *bet midrash*, isto é, a escola rabínica. Trata-se de uma escola de vida, onde os alunos, além de aprender do mestre o conhecimento da halacá e da *hagadá*, partilham com ele sua vida: serviço, acompanhamento, assistência nas suas funções judiciárias e nas obras caritativas. Na morte do mestre, os discípulos entram para a escola de outro mestre, ou prosseguem em sua escola sob a orientação de um novo mestre, ordinariamente o discípulo que mais se distinguia.

O evento Jesus

Incluir o evento Jesus na história de Israel não significa reduzir sua figura e seu movimento a uma simples expressão do variado judaísmo contemporâneo, mas respeitar o fato que, além das opções pessoais acerca de sua figura e de sua mensagem, Ele é um hebreu (cf. Mt 1,1-17), que nasce e opera na história da Palestina nos inícios do século I de nossa era. Ele é certamente o hebreu que mais marcou a história universal; exatamente por isso, a presente exposição da história de Israel não pode deixar de enfrentar uma pesquisa histórica sobre Jesus. Trata-se de uma questão muito estudada e muito vasta, que necessitaria de um tratado à parte. Todavia é necessário, no âmbito desta introdução geral à Bíblia, expor sinteticamente tal problemática.

É a partir dos anos '80 que floresce uma nova série de estudos sobre Jesus, a assim chamada "terceira pesquisa" [*The Third Quest*][140]. A figura de Jesus é estudada no contexto do judaísmo contemporâneo, com a relativização do critério de "descontinuidade" que caracterizava a precedente pesquisa, e também com a atenção ao contexto helenista; ninguém se demora sobre os episódios individuais ou sobre cada palavra, mas sobre a figura total de Jesus, graças à interdisciplinaridade e, em particular, às ciências sociais. Emergem diversas figuras de Jesus e, com frequência, unilaterais: um sábio itinerante, um carismático, um profeta social, um militante contra a injustiça e a opressão, um profeta da restauração de Israel. O êxito dessa pesquisa, embora com apreços, é problemático, porque Jesus aparece simplesmente

---

140. A "primeira pesquisa" histórica sobre Jesus inicia com H.S. Reimarus (1694-1768) e prossegue até R. Bultmann (cf. sua obra *Jesus*, de 1929); o objetivo dessa pesquisa histórica baseava-se nos pressupostos racionalistas e objetivava libertar-se do dogma cristológico para ser fiel à originalidade de Jesus. O êxito foi a apresentação de um Jesus portador de valores universais, mas desprovido de qualquer qualidade divina, ou, com Bultmann, a impossibilidade de conhecer o Jesus histórico, fato, aliás, irrelevante para a fé. A partir de 1950 até 1980 desenvolve-se uma segunda pesquisa, a assim chamada *New Quest*, uma crítica acerca da precedente impostação; evidencia a singularidade de Jesus em relação ao judaísmo contemporâneo, mas também em relação ao cristianismo primitivo, motivo pelo qual sua figura permanece como que suspensa na sua unicidade, sem raízes no judaísmo nem influências no cristianismo seguinte.

como um sábio mais ou menos contestador, onde a qualidade messiânica está praticamente ausente, com a consequente impossibilidade de aceder a qualquer pergunta cristológica.

O forte debate que essa terceira pesquisa provocou está orientando a busca para novos paradigmas: histórico, metodológico e teológico[141]. Do ponto de vista historiográfico, está-se superando o positivismo histórico e a presumida objetividade do método histórico-crítico, porque toda pesquisa histórica implica sempre também uma opção hermenêutica, que depende das pré-compreensões e das finalidades do historiógrafo: uma pesquisa não é científica porque é neutra, mas porque é controlável em todo o seu percurso. Consequentemente, se, por um lado, o Jesus real transcende sempre toda a sua reconstrução histórica, por outro, a pesquisa histórica, consciente desse limite, poderá sempre progredir sobre a base de novas documentações e metodologias. Nesse sentido, o estudo aprofundado do judaísmo contemporâneo nas suas variadas expressões e a tentativa de delinear um retrato global de Jesus são indubitavelmente um ponto positivo da atual pesquisa, mas na condição que apareça ao mesmo tempo a novidade e a singularidade absoluta desse personagem no panorama contemporâneo. Somente assim poder-se-á compreender o conflito que opõe Jesus a seus correligionários e, portanto, a fé cristológica atestada pelas primeiras comunidades cristãs.

Sob o aspecto metodológico, pode-se fazer algumas observações. Primeiramente, se é importante o alargamento para as fontes indiretas, que permitem um melhor conhecimento do contexto histórico em que Jesus vivia, é preciso reconhecer que as fontes diretas mais confiáveis são os Evangelhos canônicos, mais do que os escritos apócrifos[142] ou as fontes profanas. Acerca dos métodos: o histórico-crítico continua fundamental, mas com a atenção para não confundir o juízo literário com o histórico[143]; o uso do método so-

---

141. Cf. SEGALLA, G. "La terza ricerca del Gesù storico e il suo paradigma postmoderno". In: GIBELLINI, R. (org.). *Prospettive teologiche per il XXI secolo*. Bréscia, 2003, [p. 227-250] p. 242-247.

142. P. ex., não se pode pôr acriticamente no mesmo plano os Evangelhos canônicos, o Evangelho de Tomé e o Evangelho de Pedro, quer porque estes dois últimos são posteriores aos primeiros, quer porque, não tendo Jesus escrito nada, a tradição oral pode ter transmitido um dito seu de formas diversas.

143. Isso significa que é preciso distinguir entre a história (fatos e ditos originários na transmissão e interpretação das tradições) como referência dos textos literários e a interpretação dos redatores em seu atual entrelaçamento narrativo. P. ex., na fonte Q não existe traço de milagres;

ciológico é útil para o conhecimento da realidade contemporânea de Jesus, enquanto é desviante quando impõe modelos interpretativos (o carismático, o filósofo cínico, o zelote...) que aprisionam sua figura.

Sob o aspecto teológico, após as incompreensões da pesquisa passada, sente-se a necessidade de definir criticamente a relação entre pesquisa histórica sobre Jesus e concepção cristológica. Não pode haver confusão entre as duas, porque a pesquisa sobre o Jesus histórico continua uma disciplina histórica e não teológica, podendo oferecer somente uma aproximação ao Jesus real. E, todavia, é importante para o teólogo, porque, contra qualquer tentação docetista, oferece-lhe a profunda dimensão da encarnação: realmente, em sua humanidade, Jesus é um hebreu do século I da nossa era, inserido plenamente numa cultura, sociedade, religião e família. Dito isso, é igualmente verdadeiro que o historiador não pode assumir uma neutralidade absoluta em relação a Jesus; mais do que rejeitar uma pré-compreensão cristológica, deve aceitar que ele tem uma, mas utilizando-a conscientemente no respeito às regras da pesquisa histórica. Além disso, não deve rejeitar *a priori* a possibilidade de uma pré-compreensão cristológica, antes, deve examinar com correção se ela não pode ser útil como hipótese de leitura dos dados históricos.

Efetivamente, a pré-compreensão cristológica pode tornar-se um estímulo muito forte para a pesquisa histórica: A diferença "teológica" de Jesus não poderia explicar sua resistência a ser assemelhado aos modelos contemporâneos? Não poderia ser exatamente seu relacionamento filial com o Pai a explicar sua absoluta singularidade e também a rejeição que o judaísmo contemporâneo lhe opõe? Não poderia encontrar-se nesse relacionamento filial de Jesus com o Pai a resposta à pergunta fundamental: "Quem é este?" Até aqui o historiador; depois disso será tarefa do teólogo mostrar a continuidade entre a cristologia implícita na autoconsciência de Jesus e a cristologia explícita confessada pela Igreja primitiva.

Arqueologia e história

O nascimento de uma ciência

Já o primeiro historiador da Igreja, Eusébio de Cesareia (339), manifesta um explícito interesse pelos dados concretos que se referem ao país da Bíblia.

---

isso não significa que os redatores não atribuem a Jesus milagre algum – porque em várias passagem Ele é reconhecido como taumaturgo –, mas simplesmente porque queriam promover uma ética particular, fundamentada sobre a ação providencial e misericordiosa do Pai.

De fato, em seu *Onomasticon* oferece o elenco das localidades mencionadas na Bíblia, que ele verificou *in loco* e das quais indica as coordenadas geográficas. Assim Flávio Josefo na *Guerra judaica* (V,4), narrando o cerco e a conquista de Jerusalém por parte dos romanos, descreve com exatidão a topografia da cidade, deixando aos pósteros um testemunho de suma importância. É natural que o florescimento dos estudos bíblicos a partir do século XIX tenha feito surgir a exigência de identificar *in loco* as antigas localidades citadas pela Bíblia; nasce assim aquilo que no início foi chamado de "arqueologia bíblica".

Hoje, muitos preferem falar de "arqueologia palestinense", para evitar qualquer tentação "concordista", que visa a fazer enquadrar dados arqueológicos e dados literários bíblicos. É essencial que as duas ciências, a arqueológica e a bíblica, fundamentem desde o início seu percurso autônomo para, depois, mas só num segundo momento, confrontar as respectivas conclusões. Se a arqueologia palestinense nasce em estreita conexão com a Bíblia, antes em função dela, isto é, com o objetivo de demonstrar sua verdade histórica, faz uns trinta anos que ela adquiriu uma real autonomia e aquilo que foi um relacionamento privilegiado com a Bíblia, com frequência transformou-se num relacionamento conflitivo.

A ocupação de um lugar por parte do homem comporta determinadas opções, que se revelam praticamente constantes. Primeiramente o acúmulo das estruturas e dos objetos; quando necessita de uma nova construção, o homem antigo não destrói o material, nem o transporta para um depósito, mas o reutiliza em parte, ou mais frequentemente o arrasa até o solo, construindo por cima a nova estrutura. Além disso, o homem antigo dificilmente muda de lugar, preferindo o mesmo lugar já habitado. Tudo isso determina a existência de "estabelecimentos arqueológicos", onde, no subsolo, acumulam-se restos de construções e de objetos de inteiras gerações. Enfim, a tendência do homem ao progresso, isto é, a mudar parcialmente as formas das construções e do material habitativo, permite o nascimento de modelos culturais, de cujo confronto nasce a estratigrafia, isto é, a reconstrução das diversas fases de ocupação de um determinado lugar. A arqueologia é precisamente a ciência da Antiguidade que se propõe reconstruir as civilizações antigas através da escavação e do estudo dos objetos e das estruturas delas provenientes.

Se, no início, a arqueologia era uma espécie de caça ao objeto precioso, para enriquecer os museus europeus, mas sem poder qualificá-lo cronológica e culturalmente, hoje, graças à estratigrafia, o que emerge das escavações é estudado em seu ambiente natural e, portanto, compreendido a fundo; com efeito, a estratigrafia é a reconstrução das diversas fases de ocupação de uma cidade ou de um edifício mediante o estudo dos estratos sobrepostos.

As técnicas de escavação são essencialmente duas: a horizontal e a vertical. A primeira, mais antiga, consiste em pôr a descoberto grandes extensões do sítio; se, por um lado, ela oferece a possibilidade de verificar a estrutura urbanista e as condições de vida do lugar ocupado, por outro, apresenta somente um único período da história do sítio, com o risco de desconhecer ou confundir os estratos. A segunda, mais recente, consiste em fazer uma trincheira, isto é, um corte vertical de alto a baixo do sítio até chegar ao fundo rochoso ou ao terreno virgem: essa técnica tem a vantagem de mostrar a sucessão dos vários estratos de ocupação, mas com o risco de perder o horizonte habitativo e cultural de cada época. Para remediar essas dificuldades, hoje tende-se a usar ao mesmo tempo os dois métodos. Dado que as inscrições encontradas nas escavações palestinenses são poucas, é fundamental o estudo da cerâmica para determinar a sucessão dos estratos e, portanto, das épocas.

O estudo dos modelos, enfim, permite a correlação dos estratos de diversos lugares, e por isso o horizonte de conhecimento se alarga para regiões inteiras.

Institutos arqueológicos e escavações palestinenses

A história das escavações palestinenses é muito rica: parte do trabalho de E. Robinson (que de 1824 a 1852 classifica com o nome árabe todas as localidades da região) e de outros pioneiros, como: F. de Saulcy, T. Barclay, C. Clermont Ganneau, W. Wilson, C. Warren, M. Parker.

Durante o período turco (1890-1914) surgem importantes entidades promotoras da pesquisa arqueológica: o Palestine Exploration Found, o Deutscher Palästina Verein, a Deutsche Orient Gesellschaft, a École Biblique e a American School of Oriental Research.

Durante o mandato britânico (1920-1948) surgem alguns institutos importantes: o Palestine Department of Antiquities, o Museu arqueológico Rockfeller de Jerusalém, o Studium Biblicam Franciscanum por obra da Custódia da Terra Santa (que se dedica particularmente às escavações do período judeu-cristão e bizantino) e, enfim, a Jewish Palestine Exploration Society.

De 1948 a 1967, no novo Estado de Israel nascem o Department of Antiquities of Israel, a Israel Exploration Society e a Israel Oriental Society. A Custódia da Terra Santa promove as escavações da Basílica da Anunciação em Nazaré, o Instituto Lombardo de Ciências e de Letras restaura o teatro romano de Cesareia Marítima. Na Cisjordânia, administrada pela Jordânia, é fundado o Department of Antiquities of Jordan e são promovidas importantes escavações pela École Biblique em Qumran (1949-1956), pela British School of Archaeology em Jericó e pela Custódia da Terra Santa no Herodium perto de Belém.

Depois de 1967, a Israel Exploration Society escava ao redor da área do Templo e no quarteirão hebraico, enquanto a Custódia da Terra Santa promove as escavações na casa de Pedro em Cafarnaum e, na Jordânia, no Monte Nebo e no Maqueronte.

Algumas aquisições significativas

Objetos

Arquitetura urbana e camponesa – Quando se escolhe um sítio para uma escavação sistemática, o que emerge em primeiro lugar são os lugares de habitação e de trabalho e, com frequência, os muros ou os restos de muros defensivos. Por vezes, se está diante de uma destruição maciça por causa de um ataque militar, como no caso de Laquis, onde foi reencontrada a rampa de assédio construída pelos assírios no ataque à cidade em 701. É um dos casos, na verdade não muito frequentes, onde arqueologia, história e Bíblia se correspondem.

Cerâmica – É o elemento mais abundante. A tipologia é vasta: vasos para a conservação dos alimentos, vasos para guardar líquidos, vasos para cozinhar, vasos para a consumação dos alimentos, vasos para usos particulares (lâmpadas, suporte de jarras...). A constante evolução dos modelos implica na necessidade de preparar "vocabulários" que permitam classificações, datações, pertenças geográficas, elementos indispensáveis para a interpretação da escavação.

Objetos vários – A tipologia é vasta: objetos de pedra, característicos por sua polidura e sua forma, próprios de um laboratório; objetos de metal, como pontas de flechas ou de dardo e, sobretudo, utensílios; figurinhas de terracota, representando pessoas, animais ou divindades (especialmente divindades da fertilidade); por vezes, objetos com inscrições que trazem nomes ou conteúdo em questão. Quando as inscrições são um pouco mais extensas chamam-se "óstraco" e, excetuadas alguma inscrição de difícil interpretação, trazem em geral textos administrativos. Enfim, numerosos são os selos e os broches[144], às vezes com o nome de um rei (p. ex., "Ezequias [filho de] Acaz, rei de Judá"). Especialmente do século V d.C. em diante aparecem as moedas, que permitem precisar, embora com cautela, a datação do sítio em questão.

Topônimos e geografia histórica

A localização das cidades e das vilas bíblicas fundamenta-se sobre a estabilidade das instalações através dos séculos. Ora, um fenômeno notável da Palestina é a preservação da toponímia. Isso é devido a vários fatores: uma fonte de água que garante uma permanência estável no lugar; condições agrícolas favoráveis, em condições de consentir a alimentação a uma população estável; colocação estratégica em importantes vias de comunicação, que permite o controle do território, e também o pagamento de impostos.

Ao lado da estabilidade habitacional, a persistência dos nomes ao longo dos séculos é também devida ao fato que os grupos humanos que aos poucos se instalaram na Palestina falaram, quase sempre, uma língua semita (cananeu, hebraico, aramaico, árabe), fato que permitiu retomar os nomes antigos sem dificuldades, já que essas línguas são próximas entre si. Também no período helenista, as línguas locais semitas continuaram a ser usadas.

Mas é preciso reconhecer que, às vezes, o homem de uma localidade é transferido para outro lugar, não longe do primitivo. Se o nome árabe da antiga Jericó é *Tell es-Sultán*, o nome antigo na forma de "er-Riho" é conservado para a vila contígua ao *tell*[145]. Assim, se o tell antigo de *Betsã* agora se chama *Tell el-Hosn*, a vila árabe próxima conservou o nome de *Beisán*. Sobre 475 nomes de localidades bíblicas, Y. Aharoni[146] identifica com muita certeza 262 delas, isto é, 55%; desses 262 nomes, 190 são identificados em

---

144. Trata-se de estojos de forma lenticular, que contêm amuletos e se levavam ao pescoço como um medalhão.

145. O *tell*, literalmente "colina", é um tipo de sítio arqueológico que se formou pelo acúmulo e pela subsequente erosão de materiais depositados pela ocupação humana em longos períodos de tempo.

146. AHARONI, Y. *The Land of the Bible* – A Historical Geography. Londres: Burns & Oates, 1967, p. 94-117. Cf. tb. ELITZUR, Y. *Ancient Places Names in the Holy Land* – Presentation and History. Jerusalém /Winona Lake: Eisenbrauns/Magnes, 2004.

base à preservação do nome; desses 190, 158 conservam o nome antigo e 32 o conservam na vizinhança.

Identidade da população e inscrições reais

Hoje, tanto a história como a geografia colocam-se de bom gosto a pergunta acerca da identidade da população de uma região, problema nada fácil, porém; a arqueologia pode oferecer uma contribuição essencial, contanto que aperfeiçoe os instrumentos de pesquisa.

Quanto à Palestina, conhecemos a presença de cananeus, de israelitas e de filisteus; mas a própria identificação dos dois primeiros grupos e dos territórios por eles ocupados, torna-se particularmente difícil, especialmente para o período antigo. Não basta só o indício da ausência de alimentação de carne de porco para afirmar, como faz I. Finkelstein[147], que as novas populações das terras altas eram israelitas. Se o indício exclui que sejam filisteus, que, de fato, alimentavam-se de carne de porco, não exclui que sejam cananeus. Seria necessário acrescentar outros indícios, como a estrutura quadripartida das casas ou a presença de jarras com colar.

Como se acenou na precedente síntese histórica, a distinção entre israelitas e cananeus na época antiga é difícil e provavelmente refere-se só à distinção entre um pequeno grupo de novos chegados e a precedente população da região. Em todo o caso, a contribuição da arqueologia é útil, mas na condição de oferecer indícios múltiplos e convergentes.

Mais fácil é a determinação da população filisteia, um grupo étnico pertencente aos assim chamados "povos do mar", que se instalaram na costa meridional de Jafa por volta do início do século XII a.C. Os indícios pelos quais essa população se distingue dos cananeus e dos israelitas são muitos: primeiramente a presença de uma cerâmica de molde miceneu, mas com o acréscimo de caracteres próprios; a ausência da prática da circuncisão (cf. Jz 14,3; 15,18); uma clara superioridade técnica, visível, sobretudo, no armamento de bronze e de ferro (cf. 1Sm 17,5-7). Nos territórios a Norte do país, além da cadeia do Carmelo, a consistente presença de cerâmica cipriota-fenícia indica uma forte presença de população fenícia na época do Ferro até a época persa. Como aparece nos exemplos citados, a arqueologia fornece um

---

147. FINKELSTEIN, I. & SILBERMAN, N.A. *Le tracce di Mosè* – La Bibbia tra storia e mito. Roma: Carocci, 2002, p. 134 [orig. inglês: *The Bible Unearthed*, 2001] [trad. bras.: *A Bíblia desenterrada*. Petrópolis: Vozes, 2018].

contributo essencial para a determinação da identidade dos povos presentes na área palestinense.

Nos territórios dos dois reinos de Israel e de Judá não foi encontrada, ao menos até agora, nenhuma inscrição redigida em nome de um rei. Também a célebre inscrição de Siloé, que recorda o encontro das duas turmas que escavavam o homônimo túnel, não traz o nome de Ezequias, o rei a quem a Bíblia atribui a obra (cf. 2Rs 20,20; 2Cr 32,30; Eclo 48,17). Assim as importantes escavações da Samaria ofereceram marfins e óstracos, mas nenhuma inscrição real. As únicas inscrições reais que chegaram pertencem a reis não israelitas: a inscrição do rei moabita Mesa[148]; uma segunda inscrição moabita, da qual, porém, falta o cabeçalho com o nome do rei[149]; e, enfim, a inscrição de *Tell Dan*[150], onde o rei de Damasco não citado poderia ser Hazael (cf. 2Rs 8,7-15).

Desse breve resumo se evidencia que a arqueologia é uma ciência autônoma, dotada de métodos e instrumentos próprios e, todavia, bastante importante para a pesquisa do historiador. Da história, porém, mais do que os acontecimentos significativos, considera especialmente os aspectos que definem e ritmam a vida cotidiana: o *habitat*, a atividade agrícola e artesanal, a evolução da técnica, o tipo de alimentação e, enfim, alguns aspectos da vida religiosa. A arqueologia tem também um relacionamento, certamente não concordista, com a Bíblia, enquanto ela, embora com parâmetros próprios, é uma testemunha da história. Mas o ponto de partida da pesquisa arqueológica não é constituído pela Bíblia, mas pelo terreno a ser escavado.

A arqueologia e o Jesus histórico

A moderna pesquisa arqueológica ofereceu uma importante contribuição para o conhecimento do Jesus histórico, inserindo-se assim naquela apaixonada pesquisa (*Quest for the historical Jesus*) que caracterizou os estudos

---

148. Cf. p. 241.

149. Trata-se de uma inscrição pertencente a uma coleção privada, muito lacunosa, onde se menciona uma vitória de Moab sobre os Amonitas; poderia referir-se a um episódio acontecido depois da morte de Jeroboão II, por volta de 745.

150. Trata-se de uma inscrição descoberta recentemente nas escavações de 1993-1994 em *Tell Dan*, onde se atribui ao rei de Damasco a morte do rei de Israel Jorão, e do rei de Judá Ocozias (2Rs 9,14-29, ao contrário, atribui essas mortes a Jeú); a discutida expressão "casa de Davi" poderia referir-se à dinastia davídica de Ocozias.

modernos a partir da década de 1950 até hoje[151]. Entre os muitos dados recordamos: a descoberta em Cesareia Marítima de uma inscrição latina que menciona Pôncio Pilatos, qualificando-o como "prefeito"; a identificação do templo samaritano sobre o Monte Garizim nas suas duas fases construtivas do período persa (450 a.C. aproximadamente) e do período helenista (início do século II a.C.); a individuação exata do percurso da cinta murária da Jerusalém herodiana com as respectivas portas; os monumentais restos a Oeste do Templo; os muitos estudos que provam a autenticidade do Calvário tradicional e do sepulcro vazio, agora englobados na Basílica do Santo Sepulcro; o reencontro numa gruta a Norte de Jerusalém dos ossos de um homem morto por crucificação em 70 d.C., descoberta preciosa para o conhecimento da técnica de crucificação usada no século I d.C.; o reencontro em Jerusalém de uma casa queimada na destruição de 70 d.C., com a presença de ânforas de pedra para a purificação, correspondentes àquelas mencionadas por Jo 2,6; os estudos sobre as oliveiras do Getsêmani, resultados que remontam à época medieval, mas derivados de uma única planta antiga, provável testemunha da paixão de Jesus; a individuação em *Wadi Khárrar* do lugar do batismo de Jesus; o provável reencontro do túmulo de Herodes no *Herodion*.

São particularmente interessantes algumas escavações arqueológicas orientadas pelo Studium Biblicum Franciscanum, benemérita instituição da Custódia da Terra Santa. De fato, desde os primeiros anos de 1900, a reconstrução ou o restauro dos santuários cristãos foi precedida por uma precisa pesquisa arqueológica, com a intenção de oferecer aos peregrinos, e não só, um fundamento histórico confiável de sua piedade[152]. Recordamos três escavações significativas.

O lugar da Anunciação

Em 1955, por ocasião da construção da Basílica da Anunciação, o arqueólogo Bellarmino Bagatti chegou até os primeiros testemunhos da me-

---

151. Cf., p. ex., CHARLESWORTH, J.H. "Jesus Research and Archaeology – A New Perspective". In: CHARLESWORTH, J.H. (org.). *Jesus and Archaeology*. Grand Rapids: Eerdmans, 2006, p. 11-63.

152. Os resultados das escavações são publicados regularmente na revista do Studium Biblicum Franciscanum, *Liber Annus*, e nas coleções monográficas *Collectio Maior* e *Collectio Minor*, cuidadas pelo mesmo Studium. Com relação aos sítios aqui mencionados, cf. KASWALDER, P.A. *Galilea* – Terra della luce. Milão: Terra Santa, 2012. • PIZZABALLA, P. L'archeologia ci parla del Gesù storico. *Credere Oggi*, 34/5, 2014, p. 7-28.

mória cristã. Em vários edifícios de culto que se seguiram nos séculos (modernos, medievais, bizantinos, pré-bizantinos), os construtores tiveram sempre o cuidado de incluir no plano arquitetônico também uma gruta escavada na tenra rocha do lugar.

Essa gruta, que é venerada como o lugar da Anunciação (Lc 1,26-38), é o que resta de uma habitação antiga no interior de uma modesta vila. O resultado mais extraordinário aconteceu pela escavação feita sob a nave da igreja bizantina, onde estavam acumulados os restos de um precedente edifício constituídos de blocos cortados no mesmo modo que aqueles das sinagogas da Galileia dos séculos III e IV d.C. O caráter judaico do edifício foi confirmado pela descoberta ali ao lado de uma banheira ritual [*mikwéh*] entalhada na rocha. Uma qualificação mais precisa desse edifício veio pelo encontro sobre os blocos de símbolos e de grafites tipicamente cristãos e, em particular, pelo encontro de um grafite com a célebre invocação *Ch(aire) Maria*, a mais antiga atestação epigráfica de culto mariano que se conhece. Portanto, o edifício antecedente à igreja bizantina não era simplesmente uma sinagoga, mas uma igreja-sinagoga dos judeu-cristãos de Nazaré, que queriam recordar e venerar a casa de Maria.

Da vila circundante, o arqueólogo pôde trazer à luz outras habitações, com fornos, canais e cisternas para a água, banheiras, silos e depósitos para a estocagem dos produtos agrícolas, anéis para amarrar os animais e prensas para o vinho e o óleo, junto com muito material de uso comum, como vidros, panelas, copos e vasos de cerâmica, que indicam o período em que ele era habitado, isto é, entre o século I e o século II d.C. Trata-se, pois de um testemunho da vida cotidiana que se projeta diretamente para o tempo de Jesus, na vila de Nazaré, onde Ele viveu, e junto ao lugar sempre venerado em recordação de sua mãe Maria.

A vila de Cafarnaum

Dada a importância de Cafarnaum, trata-se do sítio mais escavado no Lago da Galileia, a partir das primeiras sondagens de H. Kohl e de C. Watzinger, de 1905, até as últimas escavações de V. Corbo e S. Loffreda (1968-1990). Sob o piso da monumental sinagoga bizantina em pedra branca (séc. V-VI d.C.), da qual restam centenas de elementos arquitetônicos, foi descoberto um edifício sinagogal em basalto preto do período romano (séc. I d.C.), isto é, a sinagoga do centurião de Cafarnaum (Lc 7,5), repetidamente mencionada nos relatos evangélicos.

Das escavações da vila apareceram doze complexos de casas, agrupadas em pequenos quarteirões delimitados por estradas. As casas, para mais famílias do mesmo clã, são constituídas de diversos quartos de habitação, também intercomunicantes (cf. Lc 15,1-13), dispostas ao redor de um pátio central descoberto, que costumeiramente é pavimentado em calçadas de pedra (cf. Lc 15,8-10) e conta com escadas de alvenaria para subir até os terraços. O telhado em terraço, construído com troncos e folhas misturadas com barro prensado (cf. Mc 2,3-12), servia não só para abrigar-se da chuva, mas também para dormir nas noites quentes, para enxugar as redes, para secar ao sol os peixes ou os frutos locais. É evidente quanto essa tipologia de vila se revela importante para compreender determinados episódios do Evangelho e em geral a vida cotidiana que se desenvolvia nesses pequenos aglomerados.

É no interior de um quarteirão dessa vila que foi individuada a casa de Pedro. De fato, sob os belos mosaicos do século V d.C., que recobriam o octógono central da igreja bizantina, Corbo e Loffreda encontraram uma sala quadrangular entremeada de um arco mediano, de cerca de seis metros de lado. Essa sala, embora danificada pelas construções posteriores, mostra claros sinais de veneração. Seu reboco parietal sobre três estratos sobrepostos traz, de fato, restos de decoração em pintura policromática com motivos principalmente florais e geométricos; sobre eles são ainda visíveis os grafites de alguns símbolos, como a barca e a cruz, e centenas de inscrições em língua grega, aramaica, siríaca oriental e talvez também latina. Trata-se prevalentemente de orações dirigidas a Cristo[153], ou invocações contendo o nome de Pedro; sinal evidente que se tratava de um santuário cristão do século III-IV, intensamente frequentado por peregrinos provenientes de várias regiões[154].

As transformações do quarto principal foram muitas. O piso, por exemplo, foi refeito em cal batido e depois também pintado por ao menos seis ve-

---

153. P. ex.: Ó Senhor Jesus Cristo, ajuda; Cristo, tem piedade.

154. A peregrina Egéria, que visita Cafarnaum entre 381 e 384 d.C., anota em seu diário: "Em Cafarnaum, a casa do príncipe dos apóstolos foi depois transformada em igreja, [mas] suas paredes [originais] estão ainda hoje em pé. Aqui o Senhor curou o paralítico". Esse testemunho é precioso, porque precisa a tipologia do santuário, isto é, uma *domus ecclesia* [uma casa--igreja]; porque testemunha que, apesar da transformação, a habitação que pertencia a Pedro, conservava ainda de pé seus muros originais; enfim, porque destaca que nessa casa é colocado o episódio da cura do paralítico, identificando-a assim como a casa do Evangelho.

zes a partir dos primeiros anos do século II d.C., como atestam os materiais encontrados entre um estrato e outro. Além da sala principal, o santuário compreendia também um poderoso muro ao redor, do século II d.C., que o separava do restante da vila, e um corredor com vestíbulo de acesso. Apesar dessas transformações, foram conservadas as estruturas murárias mais antigas (séc. I a.C.-I d.C.): a sala principal preserva as paredes a seco por mais de 1,6m de altura. Além disso, parece ser somente um dos quartos de habitação no interior de uma casa mais ampla polifamiliar, desenvolvida ao redor de um pátio central em forma de "ele", do qual sobram, além dos pisos de pedra, também a soleira monolítica de ingresso.

Magdala

É a cidade natal de Maria Madalena. As escavações, iniciadas com V. Corbo e S. Loffreda (1971-1976) e continuadas depois com S. De Luca (2007-2012) estão revelando dados importantes para a compreensão do ambiente econômico e social do Jesus histórico e de seus seguidores[155]. No setor ocidental da cidade apareceram ricos quarteirões de habitação, organizados de maneira regular ao redor de um *decúmano* calcetado. Esse decúmano e o *cardo*, com mais de dez metros de largura, constituem o trecho urbano da Via Maris (a antiga artéria que ligava o Egito a Damasco), que Jesus e seus seguidores deveriam percorrer nos seus deslocamentos de e para Cafarnaum. A pesquisa aprofundada sobre as termas revelou algumas piscinas em degraus que restituíram ricos materiais de objetos inerentes tanto ao uso termal quanto ao uso comum.

Vai se delineando (as escavações ainda não terminaram) o quadro de uma *pólis* rica e com intensas relações comerciais, certamente favorecidas pela posição de seu porto. De fato, junto à praça em forma de quadripórtico foram descobertos restos de estruturas portuárias com as fundações de uma torre em forma de casamata, uma construção asmoneia com saliências elevadas, rampas para as barcas, degraus, uma bacia rebocada em "ele e seis blocos de ancoragem com furo passante *in situ*. Trata-se, certamente, do maior complexo portuário de época romana individuado nas costas do Lago de Tiberíades.

---

[155]. Cf. DE LUCA, S. La città ellenistico-romana di Magdala/Tarichaee – Gli scavi del Magdala Project 2007 e 2008: relazione preliminare e prospettive di ricerca. *Liber Annus*, 59, 2009, p. 343-562. • URBANI, G. Gesù e il suo lago, i porti e una barca. *Credere Oggi*, 35/5, 2014, p. 91-100.

Bibliografia comentada

Textos

PISANO, S. "Il testo dell'Antico Testamento". In: SIMIAN-YOFRE, H. (org.). *Metodologia dell'Antico Testamento*. Bolonha: EDB, 1995, p. 39-78 [Studi biblici, 25].

No contexto da metodologia bíblica da qual se ocupa o livro, a contribuição de Pisano refere-se ao estudo do texto do Antigo Testamento nas suas várias formas históricas: o texto (proto-)massorético, o Pentateuco samaritano, as várias formas do texto encontrado entre os documentos do Mar Morto e, por fim, as traduções gregas a partir daquela dos LXX. Seguem um parágrafo dedicado à prática da crítica textual e uma útil bibliografia para o aprofundamento dos temas. A contribuição pode parecer um tanto técnica para um leitor que, pela primeira vez, se confronta com esses problemas, mas uma leitura atenta ajuda a introduzir-se nesse universo que é o mundo do texto.

METZGER, B.M. *Il testo del Nuovo Testamento* – Trasmissione, corruzione e restituzione. Bréscia: Paideia, 1996 [orig. inglês: 1992] [Introduzione allo studio della Bibbia – Supplementi, 1].

O objetivo do livro é fornecer ao estudante uma informação adequada tanto sobre a ciência quanto sobre a arte da crítica textual aplicada ao Novo Testamento. Trata-se de um manual fundamental para o estudo do texto do Novo Testamento. Mostrando um completo conhecimento do assunto e da respectiva bibliografia, o autor fornece uma visão global e precisa dos exemplares gregos, das versões antigas e dos estudos críticos sobre as testemunhas do texto bíblico, oferecendo ao mesmo tempo uma visão clara das diversas escolas de metodologia filológica.

Pode-se, depois, consultar com proveito os ensaios de alguns manuais de introdução:
TREBOLLE BARRERA, J. & CHIESA, B. "Il testo della Bibbia". In: ALONSO SCHÖKEL, L. et. al. *La Bibbia nel suo contesto*. Bréscia: Paideia, 1994 [orig. espanhol: 1990], p. 371-512 [Introduzione allo studio della Bibbia, 1].

O volumoso ensaio faz parte do primeiro volume da Introdução à Bíblia[156] e é articulado em quatro capítulos referentes respectivamente às línguas e às escritas bíblicas, o texto e a crítica textual do Antigo Testamento, o texto e a crítica textual do Novo Testamento e, enfim, as versões dos dois testamentos. É um ótimo tratado, munido no fim de cada capítulo de uma rica bibliografia.

PASSONI DELL'ACQUA, A. & CHIESA, B. "Storia e critica del testo". In: FABRIS, R. et al. *Introduzione generale alla Bibbia*. 2. ed. Leumann: Elledici, 2006, p. 385-470 [Logos, 1].

Trata-se do primeiro volume da coleção *Logos*, completamente renovado[157]; ele oferece um tratado muito rico e qualificado da problemática relativa ao texto, com uma riquíssima bibliografia como introdução a cada um dos quatro capítulos do ensaio.

DUPONT-ROC, R. "Il testo del Nuovo Testamento e la sua storia". In: MARGUERAT, D. (org.). *Introduzione al Nuovo Testamento* – Storia – Redazione – Teologia. Turim: Claudiana, 2004, p. 509-531 [orig. franc.: 2001].

O ensaio de R. Dupont-Roc é muito sintético e relativo somente ao texto do Novo Testamento; útil para uma primeira aproximação a essa problemática.

Estética bíblica

ALONSO SCHÖKEL, L. *Trenta Salmi*: poesia e preghiera. Bolonha: EDB, 1982 [orig. espanhol: 1981] [Studi biblici, 8].

É um volume cronologicamente datado; mas, por certo, exegeticamente não superado, fruto das aulas dadas no Pontifício Instituto Bíblico de Roma

---

156. Cf. p. 120s.
157. Cf. p. 120.

e muito apreciado pelos estudantes. O autor se propõe três objetivos intimamente conexos entre si: em primeiro lugar, estudar as leis da linguagem poética, já que os salmos são sobretudo poesia; um segundo elemento de capital importância é constituído pelos símbolos, que nos salmos formam uma verdadeira "atmosfera", indispensável para sua compreensão; enfim, e é um traço característico dessa obra, os salmos são analisados enquanto oração, isto é, enquanto colóquio com Deus e experiência de sua ação salvífica, mas também de sua aparente ausência e distância. A aplicação desses princípios para a leitura de trinta salmos confere-lhe concretude e solidez exegética.

ALONSO SCHÖKEL, L. *Manuale di poetica ebraica.* Bréscia: Queriniana, 1989 [orig. espanhol: 1987].

A intenção primária da obra não é a simples informação sobre fenômenos, casos e autores, mas antes iniciar o leitor na análise estilística da poesia bíblica. Tudo o que existe de definição, de descrição e de classificação, é pensado como funcional para a análise. Por isso – e é uma característica da obra e também uma rica oportunidade para o leitor – muitos capítulos e parágrafos começam ou terminam com a análise prática de um texto bíblico; assim o leitor é convidado a ir em busca e à descoberta do momento em que aparece um determinado procedimento literário, a fim de compreender seu profundo significado exegético.

ALTER, R. *L'arte della poesia biblica.* Cinisello Balsamo/Roma: San Paolo/GBP, 2011 [orig. inglês: 1985].

O autor define sobretudo o funcionamento do sistema formal da poesia hebraica, a partir do verso poético, para chegar até as estruturas mais amplas; insiste na fundamental importância do paralelismo semântico mais do que nos aspectos sintáticos e fonéticos do sistema, já que esses dois aspectos não são perceptíveis na tradução e que, em todo caso, boa parte da fonética do hebraico bíblico permanece incerta. Depois, o autor passa em revista todos os gêneros poéticos contidos na Bíblia, dos Salmos aos oráculos proféticos, das invectivas de Jó ao "jardim da metáfora" que é o Cântico dos Cânticos. A intenção não é a de fornecer uma exegese exaustiva de cada texto examinado, mas de mostrar os princípios poéticos presentes na Bíblia.

SONNET, J.-P. *L'alleanza della lettura* – Questioni di poetica narrativa nella Bibbia ebraica. Cinisello Balsamo/Roma: San Paolo/GBP, 2011.

A obra recolhe alguns ensaios publicados pelo autor nos últimos vinte anos e revisados para a presente coleção. Na primeira parte, são tratados os temas relativos à poética narrativa: a qualidade do narrador bíblico; a relação entre a narração bíblica e a autoridade do narrador própria do pensamento moderno; a "aliança" que a Bíblia estabelece com seu leitor através de alguns elementos característicos do drama, como o enredo, os personagens, o ponto de vista e a repetição. Na segunda parte da obra, são examinadas questões de hermenêutica geral, para passar do relato bíblico para a teologia narrativa. Enfim, a terceira parte oferece dois estudos que evidenciam a continuidade entre *Midrash* e exegese narrativa contemporânea e destacam a importante influência que o relato bíblico teve sobre a literatura ocidental. A obra é rica em informações, esclarecimentos, provocações e sugestões.

Sobre o tema da estética bíblica pode-se ler também, com proveito, algumas contribuições de G. Ravasi, um discípulo de Alonso Schökel e um apaixonado pelo tema:

RAVASI, G. *Il bello della Bibbia*. 2 vols. Cinisello Balsamo: San Paolo, 2004.

_____. Per un'estetica biblica. *Rassegna di Teologia*, 30, 1989, p. 36-51.

_____. "Bibbia e cultura. I: Bibbia e arte". In: ROSSANO, P.; RAVASI, G. & GIRLANDA, A. (orgs.). *Nuovo Dizionario di Teologia Biblica*. Cinisello Balsamo: Paoline, 1988, p. 169-192.

Contexto literário

Oriente Próximo antigo

PRITCHARD, J.B. (org.). *Ancient Near Eastern Texts Relating to the Old Testament*. 3. ed. Princeton: Princeton University Press, 1969 [consultar ainda a 2. ed.].

Trata-se de uma obra muito conhecida e usada pelos estudantes do Antigo Testamento e do Oriente Próximo antigo, porque recolhe em tradução inglesa os textos mais importantes e significativos dessa antiga região médio-oriental. O Suplemento, editado em 1969, amplia notavelmente a precedente edição; cada seção é introduzida por uma excelente bibliografia. A expressão que qualifica o título, "Relating to the Old Testament", é muito apropriada, porque a coleção oferece não só os textos diretamente importantes para a história e a literatura do Antigo Testamento, mas também um rico repertório da restante literatura do Oriente Próximo antigo. O segundo volume oferece uma excelente seleção fotográfica dos achados relativos à história, à vida cotidiana e à religião desse Oriente Próximo antigo, do qual emergiram os textos literários trazidos no primeiro volume.

BARUCO, A.; CAQUOT, A.; DURAND, J.M.; LEMAIRE, A. & MASSON, E. *Scritti dell'antico Vicino Oriente e fonti bibliche*. Roma: Borla, 1988 [orig. franc.: 1986].

Trata-se de uma obra coletiva confiada a especialistas de cada área cultural. Após um primeiro ensaio sobre o nascimento e a evolução da escrita, são apresentados os escritos do Egito, da Mesopotâmia, da região hitita, de Canaã, da Fenícia e da região arameia, no quadro social, cultural e político da respectiva região. A intenção dos autores, mais do que trazer os textos (isso acontece esporadicamente, com textos breves, em relação a uma reflexão do autor), é sobretudo a de descrever seu gênero, o conteúdo e as particularidades; assim, o volume parece complementar a obra de J.B. Pritchard. Infelizmente não se faz menção alguma às possíveis referências bíblicas, e por isso o quadro de referência é só a região interessada; esse é provavelmente o motivo pelo qual não são citados determinados textos importantes do ponto de vista bíblico, como por exemplo, os textos egípcios de execração ou a Estela de Mesa.

Com referência à literatura egípcia antiga, pode-se consultar a ótima antologia presente em BRESCIANI, E. *Letteratura e poesia dell'antico Egitto – Cultura e società attraverso i testi*. Turim: Einaudi, 1969. A autora seleciona com rigor científico, mas com o olho atento às exigências do leitor não especialista, uma coleção de rara sugestão, verdadeiro espelho de uma civilização.

A respeito da literatura mesopotâmica pode-se consultar com proveito CASTELLINO, G.R. *Testi sumeri e accadici*. Turim: Utet, 1977. Trata-se de uma seleção de textos estritamente religiosos (hinos e orações, inclusive os rituais que com frequência as acompanham), recolhidos sistematicamente e em quantidade suficiente para um conhecimento adequado da religião mesopotâmica. Os textos estão divididos entre textos sumérios e textos acádicos e, depois, no seu interior segundo os vários gêneros literários. Além disso, pode-se consultar a obra de L. Cagni, *Crestomazia accadica* (Roma: Istituto di Studi del Vicino Oriente, Università degli Studi di Roma, 1971), uma antologia representativa de quase todos os gêneros da literatura acádica, com particular atenção aos textos de caráter histórico, épico-mítico, epistolar e religiosos.

Com relação aos textos de Ugarit pode-se recorrer utilmente para a obra de P. Xella, *Gli antenati di Dio – Divinità e miti della tradizione di Canaã* (Verona: Essedue, 1982). Ela apresenta os mais significativos poemas mitológicos de Ugarit, com uma rigorosa análise do culto que os produziu.

Em forma mais sintética, enfim, pode-se consultar os seguintes ensaios: ASURMENDI, J. "Il contesto letterario dell'Antico Testamento". In: ALONSO SCHÖKEL, L. et al. *La Bibbia nel suo contesto*. Bréscia: Paideia, 1994 [orig. espanhol: 1990], p. 327-351 [Introduzione allo studio della Bibbia, 1].

CAGNI, L. "Le letterature del Vicino Oriente antico ed ellenistico". In: FABRIS, R. et al. *Introduzione generale alla Bibbia*. 2. ed. Leumann: Elledici, 2006, p. 273-296 [Logos, 1].

Literatura hebraica não canônica

ARANDA PÉREZ, G.; GARCÍA MARTINEZ, F. & PÉREZ FERNÁNDEZ, M. *Letteratura giudaica intertestamentaria*. Bréscia: Paideia, 1998 [orig. espanhol: 1996] [Introduzione allo studio della Bibbia, 9].

O volume, redigido por três conhecidos especialistas do setor, fornece uma apresentação ordenada e aprofundada de literatura judaica, que convencionalmente é chamada "intertestamentária". Ele se subdivide em três partes: textos de Qumran; apócrifos do Antigo Testamento; literatura rabínica. De *per si*, só as obras recolhidas nas primeiras duas partes podem ser definidas intertestamentárias, porque a maior parte da literatura rabínica recolhida na terceira parte é posterior aos escritos neotestamentários. Uma introdução extremamente exaustiva consente que o leitor se aproxime de textos não familiares, mas significativos para a compreensão de numerosas passagens do Novo Testamento.

CIMOSA, M. *La letteratura intertestamentaria*. Bolonha: EDB, 1992. [La Bibbia nella storia, 6].

Trata-se de uma introdução sintética à literatura e à religião do período histórico que transcorre entre o retorno dos judeus do exílio babilônico e a destruição do Templo em 70 d.C. As grandes áreas aqui apresentadas são as da apocalíptica judaica, dos discursos de adeus, de Qumran, do judaísmo helenista, do judaísmo palestinense e da oração. A clareza e a sistematicidade do autor favorecem a conclusão e o estudo dessa obra.

NOFFKE, E. *Introduzione alla letteratura mediogiudaica precristiana*. Turim: Claudiana, 2004.

O livro oferece não só uma sintética apresentação da literatura que nasce no judaísmo que transcorre entre o século IV a.C. e o século II d.C., mas também uma panorâmica do período histórico a ela conexo, evidenciando os fatos que, principalmente, caracterizaram a vida do hebraísmo desses séculos. Trata-se de uma primeira introdução ao período histórico e às obras que nele foram compostas. Embora nascidos em ambientes sociais e culturais muito diversos, esses textos têm uma grande importância para o estudo do hebraísmo e do cristianismo.

SACCHI, P. (org.). *Apocrifi dell'Antico Testamento*. 2 vols. Turim: UTET, 1981-1989 [Classici delle religioni].

Trata-se de um texto fundamental para o público italiano. O primeiro volume é imponente (1.008 p.), fruto de uma dupla opção geográfica e cronológica: são aparentados os apócrifos de origem palestinense e os apócrifos antecedentes ao nascimento do cristianismo. O valor dessa edição consiste não só na cuidada tradução dos textos, mas também e sobretudo nas introduções e nas notas que os acompanham; particularmente importantes são as introduções de Sacchi, a geral e aquela aos livros de Henoc, dos Jubileus e do Testamento dos 12 Patriarcas, onde emerge seu profundo conhecimento do judaísmo palestinense antes de 70 d.C. O segundo volume, menos volumoso (660 p.) continua a impostação do primeiro, sobretudo com a finalidade tanto de oferecer obras particularmente importantes para a história do pensamento e da religião, como de aproximar à cultura italiana os textos judaicos não encontráveis em tradução italiana. Também aqui, à introdução geral, com rica e ordenada bibliografia anexa, seguem seis textos apócrifos, munidos todos de introdução e de notas.

CHARLESWORTH, J.H. *Gli Pseudoepigrafi dell'Antico Testamento e il Nuovo Testamento*. Bréscia: Paideia, 1990 [orig. inglês: 1983-1985] [Studi Biblici, 91].

A edição italiana do original inglês não se apresenta como uma simples tradução, mas como uma nova edição cuidada pelo próprio autor em colaboração com G. Boccaccini. A riqueza dos textos apresentados delineia um quadro vivo e rico do judaísmo nascente, que preenche o hiato aparentemente irrecuperável entre o Antigo e o Novo testamentos. O autor mostra quanto era variado o judaísmo entre o século II a.C. e o século II d.C., um judaísmo não identificável, como frequentemente acontece, com a expressão monolítica e normativa do rabinismo posterior.

GIANOTTO, C. "Letteratura ebraica non canonica". In: FABRIS, R. et al. *Introduzione generale alla Bibbia*. 2. ed. Leumann: Elledici, 2006, p. 341-383 [Logos, 1].

Geografia

KASWALDER, P.A. *Onomastica biblica*. Milão: Terra Santa, 2002 [Studium Biblicum Franciscanum – Collectio Minor, 40].

O volume compõe-se de duas partes principais. Na primeira parte são recolhidos os seguintes assuntos: a geografia do Antigo Testamento com uma breve apresentação das principais regiões bíblicas; a geografia do Novo Testamento, com particular atenção à cronologia e à geografia de Mt 2,1 e Lc 3,1; um exame da obra de Eusébio, o *Onomástico dos sítios bíblicos*; a apresentação de todas as fontes clássicas extrabíblicas. Na segunda parte apresentam-se assuntos mais variados: os diários de alguns célebres peregrinos da Terra Santa, as épocas históricas que mais do que outras marcaram as terras bíblicas no campo da religião, da língua e da cultura e, enfim, a apresentação dos sítios onde foram encontrados os primeiros testemunhos de edifícios sagrados.

KASWALDER, P.A. *La terra della promessa* – Elementi de geografia biblica. Milão: Terra Santa, 2010 [Studium Biblicum Franciscanum, Collectio Minor, 44].

O objetivo do volume é iniciar os estudantes no conhecimento da geografia bíblica, em particular na terminologia e na metodologia histórico-geográfica. O material refere-se em grande parte à geografia do Antigo Testamento; mas não faltam algumas referências ao período romano-bizantino. O esquema da exposição é linear: inicia com os primeiros testemunhos que remontam ao IV milênio a.C. para terminar com os períodos históricos da era cristã (séc. IV-VII d.C.). Particularmente importantes por seu testemunho são Flávio Josefo, o historiador geógrafo judeu do século I d.C., e Eusébio de Cesareia, historiador cristão do século IV d.C. O material é articulado em duas partes: primeiramente são expostos os conceitos extrabíblicos (Canaã, Amurru) e depois os temas específicos da geografia bíblica (gêneros literários e aspectos físicos das terras bíblicas). A segunda parte reflete sobre as mudanças da geografia histórica do período pós-exílico e chega à nova geografia histórica da época romano-bizantina.

KASWALDER, P.A. *Galilea, terra della luce* – Descrizione geografica, storica e archeologica di Galilea e Golan. Milão: Terra Santa, 2012 [Studium Biblicum Franciscanum – Collectio Minor, 45].

Partindo da recuperação histórico-teológica da Galileia realizada pelo Novo Testamento (cf. Mt 4,12-17), essa região torna-se realmente a terra da luz para todas as nações. Assim, o autor mostra o ambiente histórico-geográfico da Galileia, os territórios de suas tribos nas várias épocas, da Antiguidade aos períodos persa, helenista, romano e bizantino.

ARTUS, O. La géographie de la Bible. *Cahiers Évangile*, 122, 2002, p. 5-61.

Trata-se de um número monográfico da revista francesa muito interessante, todo dedicado ao tema da geografia bíblica, revisitada em seus aspectos mais significativos: geografia humana, econômica, social, histórica e teológica.

GALBIATI, E.R. & ALETTI, A. *Atlante storico della Bibbia e dell'antico Oriente:* dalla preistoria alla caduta di Gerusalemme nell'anno 70 d.C. Milão: Massimo/Jaca Book, 1983.

Esse atlas distingue-se pela riqueza dos mapas, que seguem o itinerário histórico-bíblico; de fato, a preocupação é prevalentemente histórica. Os comentários são muito vastos, mas também muito prudentes, até o ponto de ignorar o forte debate moderno sobre determinados acontecimentos bíblicos. Mas, no seu conjunto, a obra é uma das melhores e mais cuidadas.

ROGERSON, J. *Atlante della Bibbia*. Novara: de Agostini, 1988.

A impostação é de divulgar. O autor está especialmente atento à dimensão geográfica e arqueológica, que ocupa a terça parte do volume, a mais ampla. O material iconográfico é muito rico, diferentemente do cartográfico que é antes escasso.

MARIO, C. & PEREGO, G. *Nuovo atlante biblico interdisciplinare* – Scrittura, storia, geografia, archeologia e teologia a confronto. Cinisello Balsamo: San Paolo, 2012.

Trata-se da nova edição completamente revista e atualizada do *Atlante biblico interdisciplinare* de 1998. A nova edição mantém a estrutura originária, atualizando em poucas páginas a pesquisa bíblica, histórica e arqueológica sobre os vários livros da Escritura. Esse atlas coloca-se a meio-caminho entre os atlas bíblicos especializados, que privilegiam ora a história, ora a geografia, ora a arqueologia, e as diversas tipologias dos pequenos atlas bíblicos de conteúdo mais exíguo.

BAHAT, D. *Atlante di Gerusalemme* – Archeologia e storia. Pádua: EMP, 2015 [orig. inglês: 2011].

É a terceira edição revista e corrigida do *Atlante di Gerusalemme*. Ricamente ilustrado com mais de 400 imagens coloridas, o atlas percorre a história dessa cidade com mapas, fotos e reconstruções isométricas, atualizadas sobre a base das últimas descobertas arqueológicas. Um instrumento útil para quem está interessado na longa história dessa cidade.

São úteis, também por sua forma e estrutura mais reduzida:
AHARONI, Y. & AVI-YONAH, M. *Atlante della Bibbia*. Casale Monferrato: Piemme, 1987 [orig. inglês: 1977].

RHYMER, J. *Atlante del mondo biblico*. Turim: SEI, 1987.

História

História de Israel

SOGGIN, A. *Storia di Israele* – Introduzione alla storia d'Israele e Giuda dalle origini alla rivolta di Bar Kochba. 2. ed. Bréscia: Paideia, 2002.

Uma primeira edição apareceu em 1984, com notável sucesso tanto na Itália como no exterior. Essa segunda edição aparece com uma apresentação profundamente renovada; foram atualizados não só o texto e a bibliografia, mas também a impostação geral. Já o subtítulo "Introdução" testemunha a prudência de uma pesquisa que reconhece a existência de problemas difíceis e abertos. Além disso, a distinção de "Israel" e "Judá" reconhece a existência de duas entidades étnicas e políticas e também religiosas distintas, embora estejam unidas por muitos elementos comuns. É significativo que também o tratado sobre os reinados de Davi e de Salomão pertença ainda à segunda parte intitulada: "Tradições sobre a pré-história do povo", sinal de uma aproximação crítica, na linha do debate moderno sobre a história de Israel. Em todo o caso, retomando o juízo de Mazzinghi, entre as obras italianas, trata-se "talvez da melhor história de Israel composta depois de Ricciotti" (RICCIOTTI, G. *Storia di Israele*. 2 vols. Turim: SEI, 1932).

LIVERANI, M. *Oltre la Bibbia* – Storia antica di Israele. Roma/Bari: Laterza, 2003.

Em contraposição a um filão histórico muito seguido no passado, segundo o qual uma história de Israel deve necessariamente seguir o relato bíblico, essa obra pretende partir da época em que este último foi redigido, isto é, da época do exílio babilônico, interpretando seu conteúdo como o fruto da "invenção" ideológica da corrente sacerdotal judaica; daí a sintomática divisão das duas partes do livro: "Uma história normal" e "Uma história inventada". O autor mostra, assim, a "história normal" dos dois pequenos reinos de Judá e de Israel, análoga à de tantos outros pequenos reinos locais, e à "história inventada", que os exilados judeus construíram durante e depois do exílio na Babilônia, projetando para trás sobre sua história os problemas e as esperanças de seu tempo. Embora a negação de uma tradição pré-exílica bíblica seja muito opinável e, com frequência, fruto da "invenção" do autor, a leitura da obra é estimulante e frutuosa porque previne de uma reconstrução ingênua da história pré-exílica de Israel; de fato, a história bíblica é efetivamente o fruto de uma profunda releitura teológica das antigas tradições da parte da comunidade exílica e pós-exílica judaica.

FINKELSTEIN, I. & SILBERMAN, N.A. *Le tracce di Mosè* – La Bibbia tra storia e mito. Roma: Carocci, 2002, p. 134 [orig. inglês: *The Bible Unearthed*, 2001] [1ª trad. bras., sob o título *A Bíblia não tinha razão*, pela extinta Editora Girafa; atualmente retraduzido como: *A Bíblia desenterrada*. Petrópolis: Vozes, 2018].

Na mesma trajetória de M. Liverani coloca-se a obra de I. Finkelstein e de N.A. Silberman, partindo, porém, das aquisições arqueológicas mais recentes. Os dois arqueólogos, de fato, mostram ao público não especializado os resultados de decênios de escavações em Israel e no Egito, no Líbano e na Síria, e seu significado para a nossa compreensão do Antigo Testamento. Trata-se de uma fascinante viagem ao mundo do antigo Israel, que, se por um lado sacode antigas certezas, por outro ajuda a compreender melhor por que a força da mensagem da Bíblia vai muito além das concretas vicissitudes históricas que a viram nascer.

GRABBE, L.L. *Ancient Israel* – What do we know and how do we know it? Londres/Nova York: T.&T. Clark, 2007.

Neste ensaio, o autor nos oferece um útil instrumento acerca das fontes de nossas informações sobre o Israel antigo e sobre os métodos históricos para interpretá-las: uma verdadeira introdução à história de Israel. A articulação do material é cronológica, por épocas. Em cada capítulo, o autor discute as fontes históricas: o texto bíblico, os dados arqueológicos, os textos extrabíblicos e os métodos e modelos das ciências sociais. Após tê-los analisado e sintetizado, traz uma reconstrução histórica deles. Segundo ele, não existem testemunhos históricos seguros sobre o Israel antigo, dos patriarcas até a fixação. Segue-se que a confiabilidade histórica dos dados bíblicos é variada; alguns dados são historicamente confirmados; outros não o são, embora possam ser corrigidos; outros ainda não estão historicamente corrigidos; alguns dados históricos, enfim, são omitidos pela narração bíblica ou simplesmente estão ausentes. A análise de Grabbe é limitada ao Israel antigo, até o exílio, certamente a época mais difícil para a pesquisa histórica.

BROOKE, G.J. & RÖMER, T. (orgs.). *Ancient and Modern Scriptural Historiography/L'historiographie biblique ancienne et moderne*. Lovaina: Leuven University Press, 2007.

É uma obra coletiva, fruto da colaboração entre a Faculdade de Teologia e de Ciências Religiosas de Losanna e a Faculdade de Religiões e Teologia de Manchester. Recordamos em particular os três estudos fundamentais que abrem o debate: A relação entre fato e ficção na historiografia antiga e moderna; O problema da relação dos textos bíblicos com o passado; As poéticas da história de Israel na formação da história palestinense.

MAZZINGHI, L. *Storia di Israele dalle origini al periodo romano*. Bolonha: EDB, 2007, p. 30-36 [trad. bras. *História de Israel das origens ao período romano*. Petrópolis: Vozes, 2018].

O título fala da amplitude do projeto apesar da dimensão reduzida do volume (207 p.); projeto válido, seja porque o autor está a par da problemática atual sobre o uso da Bíblia como fonte histórica, seja pelo equilíbrio de suas posições. Simplicidade e clareza caracterizam essa obra, pensada como um "manual básico", mas que jamais cai na banalidade, nem na repetição de lugares-comuns, nem renuncia a enfrentar problemas mais complexos e atualmente debatidos. A dimensão reduzida dessa história, junto com as qualidades acima acenadas, faz dela uma referência ideal para os estudantes, sobretudo do ciclo institucional. Depois de uma breve síntese sobre o debate atual e uma introdução sobre o país da Bíblia, o autor segue a periodização clássica do relato bíblico: a emergência de Israel, a época real, o exílio e o período persa, o período grego e, enfim, o período romano até a segunda revolta judaica de 132-135 d.C. A obra é dotada de alguns instrumentos bastante úteis: ilustrações e mapas geográficos no curso da exposição; no fim: uma tábua cronológica e um glossário bastante útil e, enfim, uma breve, mas cômoda bibliografia comentada.

ABADIE, P. *L'histoire d'Israël entre mémoire et relecture*. Paris: Cerf, 2009 [Lectio Divina, 229].

Trata-se de um livro muito estimulante, porque não se propõe como uma enésima história de Israel com algum retoque novo, mas como uma exploração de novos caminhos que permitam qualificar a qualidade "histórica" da Bíblia, em particular do Antigo Testamento. Não está em jogo somente a concepção da história no Antigo Testamento, quando a própria concepção da elaboração de seu *corpus*, do Pentateuco ao profetismo apocalíptico. A conclusão a que chega o autor é que "em Israel a escritura da história é fortemente construída sobre releituras posteriores e sempre *produzidas por intenções teológicas*" (p. 183). À pergunta se a Bíblia é um livro de história ele responde que "*a Bíblia é um livro na história*" (p. 200); por isso, a resposta não deve tanto ser procurada no lado da verdade, mas antes no lado da intencionalidade histórica do escrito. Se o ponto de partida da obra era a verificação da confiabilidade histórica de um reino unido sob Davi e Salomão (cf. cap. 4-6), o coração da reflexão de Abadie leva já para a pergunta acerca de todo o projeto do *corpus* literário bíblico; para aquele "além da história" de M. Liverani, ao qual ele faz frequente referência.

Para uma panorâmica sintética, mas profunda, da evolução das "histórias de Israel", a partir de M. Noth até o debate atual do novo historicismo e o lado linguístico, pode-se ler, com proveito, o extenso artigo de J.-L. Ska, "L'histoire d'Israël de Martin Noth à nos jours" (in: DORÉ, D. (org.). *Comment la Bible saisit-elle l'histoire*? XXIe congrès de l'Association catholique française pour l'étude de la Bible (Issy-les-Moulineaux, 2005). Paris: Cerf, 2007, p. 17-56).

Pesquisa do Jesus histórico

A bibliografia sobre o tema do Jesus histórico é muito vasta e está fora do caráter da presente publicação; todavia, indicam-se aqui alguns ricos e aprofundados artigos, munidos de bibliografia e muito úteis para uma primeira orientação sobre a problemática acerca do Jesus histórico e as tendências atuais a respeito de tal pesquisa.

FUSCO, V. "La ricerca del Gesù storico. Bilancio e prospettive". In: FABRIS, R. (org.). *La Parola di Dio cresceva (At 12,24)* – Scritti in onore di Carlo Maria Martini nel suo 70º compleanno. Bolonha: EDB, 1998, p. 489-519 [Supplementi alla Rivista Biblica, 33].

MARGUERAT, D. La Troisième quête du Jésus de l'histoire. *Recherches de science religieuse* 87, 1999, p. 397-421.

SEGALLA, G. *La ricerca del Gesù storico*. Bréscia: Queriniana, 2010.

_____. "La terza ricerca del Gesù storico e il suo paradigma postmoderno". In: GIBELLINI, R. (org.). *Prospettive teologiche per il XXI secolo*. Bréscia 2003, p. 227-250 [Biblioteca di teologia contemporanea, 123].

BARBI, A. "Il dibattito sulla storiografia nel NT". In: FABRIS, R. et al. *Introduzione generale alla Bibbia*. 2. ed. Leumann: Elledici, 2006, p. 125-153 [Logos, 1].

Arqueologia

FRITZ, F. *Introduzione all'archeologia biblica*. Bréscia: Paideia, 1991 [orig. alemão: 1985] [Biblioteca di storia e storiografia dei tempi biblici, 7].

O objetivo desse trabalho é introduzir aos métodos e à pesquisa da arqueologia bíblica, entendida, porém, como história dos estabelecimentos e da cultura material da Palestina e dos territórios limítrofes, do Neolítico à idade helenista. Consequentemente, grande parte é deixada aos capítulos metodológicos e de história dos estudos; segue, depois, o tratado dos problemas e dos resultados do trabalho arqueológico segundo as diversas épocas e os diversos lugares. Enriquece o trabalho um extenso aparato iconográfico e fotográfico, que documenta as várias categorias monumentais e as diversas tipologias arquitetônicas com exemplos específicos. A obra, com sua clareza e com seu rigor, constitui um instrumento muito útil para ter um quadro geral e preciso da arqueologia bíblica.

ARATA MANTOVANI, P. *Introduzione all'archeologia palestinese – Dalla prima età del ferro alla conquista di Alessandro Magno (1200 a.C.-332 a.C.)*. Bréscia: Queriniana, 1992 [Leggere oggi la Bibbia, 3.13].

Segundo os parâmetros da coleção, a autora oferece uma síntese atenta da arqueologia palestinense, que vai da época do Ferro I (1200-1000 a.C.) até o aparecimento de Alexandre Magno (332 a.C.). Do ponto de vista geográfico, a análise é antes articulada em quatro áreas, do Norte ao Sul, com o envolvimento da Transjordânia.

Aos dois ensaios precedentes pode-se acrescentar as seções relativas à arqueologia bíblica dos volumes de *Introduzione alla Bibbia* e dois interessantes artigos:

BRIEND, J. Le travail de l'archéologie. *Cahiers Évangile*, 131, 2005, p. 4-19.

GALBIATI, E.R. "Archeologia biblica". In: FABRIS, R. et al. *Introduzione generale alla Bibbia*. 2. ed. Leumann: Elledici, 2006, p. 205-235 [Logos, 1].

GONZÁLEZ ECHEGARAY, J. "Archeologia bíblica". In: ALONSO SCHÖKEL, L. et al. *La Bibbia nel suo contesto*. Bréscia: Paideia, 1994 [orig. espanhol: 1990], p. 59-99 [Introduzione allo studio della Bibbia, 1] [com rica bibliografia].

PIZZABALLA, P. L'archeologia ci parla del Gesù storico. *Credere Oggi*, 34/5, 2014, p. 7-28.

III

A MENSAGEM DA BÍBLIA

Premissa

A precedente análise do Livro divino-humano que é a Bíblia revelou-se longa e complexa, tanto de despertar a dúvida sobre sua unidade. Na realidade – e é exatamente essa a intenção desta última parte – a Bíblia, apesar dos longos séculos de seu processo de formação com a consequente riqueza, mas também pluralidade de conteúdo, não é uma biblioteca de 73 livros, mas um livro único. Daí surge nossa pergunta final: Qual é sua mensagem unitária? Pergunta difícil e, todavia, necessária, se quisermos crer realmente na unidade do Livro. A resposta a essa imensa pergunta será necessariamente sintética, mas não menos pontual e significativa.

Após a longa análise desta introdução à Bíblia, agora imaginamos folhear as seções desse livro: melhor ainda seria se o folheássemos não só depois de ter lido as várias introduções, mas depois de ter lido todo o texto. Por seções entendemos as grandes unidades constitutivas da Bíblia, acima analisadas, para descrever sua formação. Elas são: a Torá, os Livros Históricos, os Livros Poético-sapienciais, os Livros Proféticos, os Evangelhos, os Atos dos Apóstolos, as Cartas Apostólicas, o Apocalipse. Trata-se de oito seções, certamente muito diversas entre si sob o aspecto histórico-literário, unidas sob o aspecto canônico. De fato, é a disposição canônica que reconhece a elas uma unidade teológica, a da Palavra que Deus dirige ao homem. Essa Palavra, embora dada num longo lapso de tempo, fragmentariamente e em circunstâncias diferentes, tem em si a coerência de uma mensagem dirigida ao homem de todos os tempos. É essa mensagem que sinteticamente queremos ilustrar como conclusão das precedentes análises, forçadamente setoriais, e como testemunho de uma unidade de olhar e de acolhimento.

1

Deus se põe à busca do homem

A Bíblia se abre com um portal universal (Gn 1–11), onde Deus com sua Palavra entra em comunhão com o homem de todos os tempos e de todos os lugares: Adão, o habitante da terra (de *'adamáh* = terra, solo); não um homem mítico, mas o homem histórico marcado pelo pecado. E logo a Palavra divina se faz pergunta: "Adão, onde estás?" (Gn 3,9), sinal de um Deus que vai em busca de sua criatura ferida pela desobediência. Se no Poema de Gilgamesh, Siduri, a copeira dos deuses, ao herói cansado e desiludido pela morte do amigo Enkidu, diz: "Gilgamesh, onde estás andando? A vida que tu procuras, não a encontrarás. Quando criaram a humanidade, os deuses destinaram a morte para a humanidade, mantiveram a vida em suas mãos"[158], o Deus bíblico não só promete a vitória da estirpe humana sobre o mal (Gn 3,15), mas Ele próprio inicia essa obra de salvação fazendo para o homem e para sua mulher túnicas de peles e vestindo-os (3,21). O mal não tem origem num Deus ciumento, mas tem uma origem histórica, no homem. Todavia, o Deus bíblico é o Deus da vida, que Ele não guarda para si, mas a compartilha com o homem. Assim, faz-se irmão de Abel (Gn 4,1-16) e no relato do dilúvio salva o homem, apesar de seu pecado, e até exatamente por causa de seu pecado (Gn 8,20-22).

Para chegar a todos os homens, Deus escolhe uma família, para que um dia possa tornar-se bênção para todas as famílias da terra (Gn 12,1-3). Assim inicia a história da eleição de Israel, primeiro de seus antepassados

---

158. *Tabuleta de Berlim e de Londres*, X, 60. In: PETTINATO, G. *La saga di Gilgamesh*. Milão: Rusconi, 1992, p. 267.

(Gn 12–50) e depois do povo deles nascido (Êxodo-Deuteronômio). Num primeiro tempo, Deus liberta o povo da escravidão egípcia, dando-lhe no Sinai uma lei e erigindo em meio a ele a própria morada (Êxodo); organiza depois o campo de Israel para que ele possa comportar-se de acordo com sua presença (Levítico); enfim, guia-o até o Jordão (Números), onde Moisés comenta a Lei e morre no Monte Nebo (Deuteronômio). Não se trata simplesmente de uma viagem de libertação, nem somente de uma peregrinação de Israel, primeiro ao Sinai e, depois, à terra prometida, mas sobretudo da "viagem de Deus" para uma comunhão plena com Israel. A intenção de YHWH, com efeito, não é somente a de manifestar a própria soberania sobre Israel erigindo uma morada em meio a ele, mas a de oferecer-lhe uma morada no próprio ser (cf. "e vos trouxe a mim" [*wa'abí' 'etkém 'eláy*]: Ex 19,4)", isto é, uma comunhão íntima e pessoal, da qual a morada do deserto, como também a terra prometida e o futuro Templo de Jerusalém são somente sinal e instrumento. O plano do Pentateuco aparece assim como a expressão do paradoxal projeto de um Deus que vai em busca do homem até fazê-lo entrar na sua própria comunhão de vida.

2

Da ilusão da terra a uma comunidade de fé

O imperativo da conversão

Com Josué, é a *Profecia* que atravessa o Jordão e entra na história israelita como instância crítica da fidelidade à Torá. É emblemática a admoestação inicial de Deus a Josué:

> Apenas sê forte e muito corajoso para cuidares de agir conforme toda a Lei que Moisés, meu servo, te ordenou; não te desvies nem para a direita nem para a esquerda, a fim de que tenhas êxito por onde quer que andes. Que este Livro da Lei jamais se afaste da tua boca; medita nele dia e noite, para que tenhas cuidado de agir conforme tudo quanto nele está escrito, porque desse modo farás prosperar teu caminho e terás êxito (Js 1,7-8).

O que Deus dá a Josué não é um armamento militar, mas a Torá: é com um estilo de vida marcado por ela que é preciso "conquistar" a terra. Com isso é condenado qualquer projeto de domínio marcado pela ideologia real dos povos circunvizinhos; serão exatamente a infidelidade à Torá e os compromissos com as religiões dos povos que contaminarão a terra e trarão a sua perda.

A exigência fundamental, pois, é a conversão, o "retornar" [*shub*] a YHWH, como não cessam de recordar os profetas (cf. 2Rs 17,7-23). A maneira pela qual Ele intervirá em favor de Israel pertence unicamente à sua escolha; o importante é a conversão do coração.

Ao lado da condenação profética, porém, nasce também a esperança messiânica: quanto mais iludem os reis israelitas, tanto mais cresce o desejo de um rei bom, defensor dos pobres e garantia do direito e da justiça. Esse desejo não permanece simplesmente uma aspiração humana, contradita (salvo poucas exceções) pela realidade da história, mas é assumido pelo próprio Deus através da promessa feita a Davi pelo Profeta Natã:

> O Senhor te anuncia que te fará uma casa. Quando chegares ao fim de teus dias e repousares com teus pais, farei surgir depois de ti um descendente teu e confirmarei a sua realeza (2Sm 7,11-12).

Para uma comunidade de fé

O edito de Ciro, permitindo que os exilados voltem a Jerusalém e reconstruam o Templo, é interpretado como o dom de um Deus que quer restituir a terra a seu povo. A terra assume conotações propriamente religiosas: o povo que ali habita já não deverá ser uma comunidade nacional, nem a terra uma entidade política independente, dirigida por um rei israelita, mas uma comunidade de fé (*'edáh*) que vive num território governado por um rei estrangeiro. As medidas concretas para a realização desse programa são: a reconstrução de um templo não mais santuário político do rei, mas santuário onde Deus está presente e onde se celebra uma liturgia centralizada, purificada de qualquer elemento sincretista; a reconstrução de uma comunidade fundamentada na escuta e obediência à Torá (Ne 8,1-12); enfim, uma comunidade necessitada não tanto de muros defensivos quanto de justiça social (Ne 6).

Também em terra estrangeira Deus continua a acompanhar seu povo e, pessoalmente, cada um dos fiéis com sua amorosa providência. Se a fidelidade à Lei inclui com frequência para os hebreus piedosos a prova do sofrimento e da perseguição, estes mudar-se-ão logo em benefício para eles. Assim, a vida exemplar deles torna-se para os pagãos o testemunho do amor misericordioso do Deus de Israel.

A ilusão do reino terreno

Uma legítima luta pela liberdade religiosa transforma-se logo numa tomada do poder político e na refundação de um reino por obra da dinástica asmoneia: Mas o Reino de Deus pode realmente identificar-se com um reino terreno? A falência da monarquia asmoneia primeiro e o anúncio evangélico de Jesus, depois, darão claramente uma resposta negativa.

A resposta, aliás, já está implícita em 2 Macabeus, que deliberadamente limita a ação de Judas à restauração do Templo e do culto, e glorifica à luz da fé na ressurreição o testemunho dos mártires em relação à luta armada dos rebeldes hebreus de 1 Macabeus: uma clara admoestação contra qualquer tentativa de construir política e militarmente o Reino de Deus.

3

O sentido da criação e da existência

Depois de ter deixado falar a história, Deus dá a palavra à criação, guarda de sua presença preciosa e aberta a todos, sem distinção alguma. O sábio reconhece ali aquele *tob* [bom / belo] originário (cf. Gn 1), sinal da presença de Deus e de sua sabedoria, isto é, de sua oferta de sentido a todo homem.

A experiência dolorosa do sofrimento e da injustiça parece contradizer essa presença de Deus em suas criaturas, antes, parece contestar a própria figura de um Deus imparcial. A resposta de Deus a Jó não é a reivindicação de uma legítima arbitrariedade (Jó 1,21), nem a doutrina da retribuição (Jó 34,11), mas a contemplação de uma criação onde vige a absoluta gratuidade de sua ação e onde o homem deve reconhecer o mistério de um Deus que não pode ser contido nas categorias racionais, mas somente ser acolhido como dom. E se no Eclesiastes a existência aparece em toda a sua precariedade, existe, porém, uma realidade que não o é: o próprio Deus. Ele permanece no seu insondável mistério, mas também dá ao homem as alegrias cotidianas, que ele não deve mitizar, mas acolher com reconhecimento, como dom de seu amor.

A resposta sapiencial às angustiantes perguntas da vida torna-se então diálogo, súplica e louvor. De fato, Deus ensina ao homem uma oração que com certeza chega até Ele: Ele é um Deus que se recorda e se ocupa do homem (Sl 8,5). É nessa "memória" e "cuidado" de Deus que o homem pode encontrar uma resposta às angustiantes perguntas da vida, uma resposta sobretudo existencial, fundamentada sobre a comunhão com Ele. O Livro da

Sabedoria completa a resposta às perguntas do homem alargando a perspectiva para o horizonte escatológico: não é possível que Deus abandone o justo em poder do sofrimento e da morte, porque Ele o criou para a imortalidade (Sb 2,23). Não é, pois, em si mesmo, mas somente na fidelidade de Deus e no seu poder criador que o homem deve apoiar a própria existência.

4

Interpelação e promessa

A pergunta dirigida a Caim ("Onde está Abel, teu irmão?": Gn 4,9) ressoa com força particular na voz dos profetas. Através de sua voz, de fato, Deus pede contas ao rei e aos poderosos sobre a sorte do irmão necessitado. Diante das crescentes discriminações sociais, Deus denuncia sua liturgia hipócrita (Am 5,21-23), apontando em vez para uma liturgia fundamentada no direito e na justiça (5,24): porque YHWH é um Deus que ama imensamente o homem, especialmente aquele que é mais marginalizado e sofredor. Ele é um pai terno e afetuoso (Os 11,1), uma mãe inseparável do filho (Is 49,15), um marido perdidamente enamorado de sua esposa Israel (Is 62,4).

Diante da crescente falência da monarquia, o anúncio profético abre sempre mais o coração à esperança messiânica: a Palavra irradiada de Jerusalém para todas as regiões convencerá os povos a converter as armas em instrumentos de paz e a subir em peregrinação para Jerusalém (Is 2,2-4). O Messias é que realizará esse sonho, o Emanuel, o filho de uma virgem, graças ao Espírito de Deus (Is 11,5-8). A profecia veterotestamentária pode fechar-se assim com o anúncio da vinda de Elias, o precursor do Messias (Ml 3,23-24; cf. Mt 17,10-13; Mc 1,2).

5

Jesus, o revelador de Deus

Com Jesus explode a novidade absoluta[159], porque Ele não é somente o elemento terminal de uma série, mas também e sobretudo o cumprimento inesperado de um Deus que não se faz somente palavra, mas presença humana. Cumpre certamente as expectativas do Antigo Testamento, mas o faz de uma maneira absolutamente imprevisível (Mt 11,3).

De fato, Ele não veio "chamar os justos, mas os pecadores" (Mc 2,17). Se existe um traço característico do ministério de Jesus, um traço que atravessa todo o Evangelho, é exatamente sua proximidade e solidariedade com os pecadores. O primeiro ato público de Jesus não é um discurso, nem um ato cultual no Templo de Jerusalém, mas é pôr-se em fila com os pecadores que no Jordão recebem o batismo de João (Mt 3,13). Durante os três anos de seu ministério, Jesus acolhe os pecadores e come com eles (Lc 15,2). Enfim, sobre a cruz, morre em companhia de dois pecadores (Lc 23,33), não sem acolher mais uma vez um dos dois, prometendo-lhe o paraíso (Lc 23,43).

Em Cesareia de Felipe, Jesus põe a pergunta fundamental acerca de sua identidade (Mc 8,27-29): Ele é verdadeiramente o Messias e o Filho predileto; mas o sentido de tais expressões tornar-se-á claro somente à luz da cruz e da ressurreição. Com o constante acolhimento dos pecadores, Jesus revela o verdadeiro rosto de Deus e testemunha ser seu Filho predileto, a Palavra definitiva. Assim, a cruz já não aparece como a derrota do programa evangélico, mas como seu cumprimento: no Calvário, Jesus leva a cumprimento

---

159. Cf. esp. MAGGIONI, B. "Il messaggio delle Scritture". In: FABRIS, R. et al. *Introduzione generale alla Bibbia*. 2. ed. Leumann: Elledici, p. 565-573 [Logos, 1].

aquilo que havia feito durante todo o seu ministério, isto é, o acolhimento e o perdão dos pecadores. Se reduzirmos a cruz ao "preço" que o Filho deve pagar ao Pai para quitar a dívida do pecado do homem, ela não tem sentido e, pior, descreve a figura de um Deus juiz de tribunal, inflexível defensor das regras até o ponto de envolver dramaticamente o próprio Filho. Ao contrário, a cruz torna-se "boa notícia", o "evangelho" por excelência, porque narra o dom incomensurável e alegre do perdão divino, perdão garantido não pelo arrependimento (embora necessário) do homem ou por uma caminhada penitencial sua, mas pela própria oferta do Filho.

Essa oferta responde à dramática pergunta por que Deus não interveio com um gesto de poder para derrotar a injustiça de uma condenação (Mc 15,30-31). Jesus não aceita o desafio, porque testemunha um Deus caracterizado não pelo poder, segundo o esquema messiânico dos fariseus e dos sacerdotes, mas pelo amor, pelo dom de si. E quando Jesus se lamenta de ser abandonado ("Meu Deus, meu Deus, por que me abandonaste?": Mc 15,34), com seu silêncio, o Pai se abandona também Ele, isto é, expõe-se à incompreensão; entrega-se ao escárnio daqueles que pretendem ter razão contra Ele e que o negam; identifica-se com aquele que morre e sofre. Exatamente com sua recusa a reagir com poder, Jesus partilha a experiência mais dolorosa do homem, aquela que na história aparece como impotência do amor. Precisamente partindo daqui, Ele tem tudo iluminado: o amor pode ser recusado, mas não vencido; o silêncio de Deus não é ausência ou impotência, mas dom de vida e de salvação. De fato, o Ressuscitado é precisamente o Crucificado, como anuncia o anjo às mulheres: "Jesus, o crucificado, ressuscitou" (Mc 16,6). A ressurreição não fala somente da vitória sobre a morte, mas da vitória do amor sobre a morte: é essa a "boa-nova" e é essa a revelação do verdadeiro rosto de Deus.

6

Anúncio e vida cristã modelada sobre Cristo

O anúncio evangélico, baseado na ressurreição de Cristo, difunde-se rapidamente de Jerusalém para a Samaria, do Mediterrâneo oriental até Roma. Os operadores são os apóstolos, os discípulos e particularmente Paulo. Mas o verdadeiro sujeito é o Espírito Santo; é a Ele que se deve a prodigiosa caminhada de Jesus, o Ressuscitado, através dos povos, de Israel para todas as gentes. Assim, em torno ao nome de Jesus, constitui-se o novo povo de Deus, composto pelas comunidades espalhadas no império, mas que formam o único corpo de Cristo: a Igreja.

O anúncio do Evangelho cria as comunidades cristãs. Estas, porém, após o entusiasmo inicial, começam a experimentar o cansaço de traduzir o Evangelho em vida vivida e em estilo comunitário de vida. Daí nasce uma reflexão que aprofunda o sentido e a interpelação existencial do Evangelho, graças sobretudo à correspondência epistolar que o Novo Testamento conservou. É um novo capítulo da mensagem da Bíblia, importante porque interpela concretamente cada homem e cada comunidade que se compromete em acolher e realizar o Evangelho.

Graças às suas viagens apostólicas e às suas cartas, com uma mensagem forte e profunda, Paulo forja as novas comunidades cristãs: a fé de Abraão precede o dom da circuncisão (Rm 4,11) e da Lei (Gl 3,17); no sim de Cristo realizam-se todas as promessas (2Cor 1,20); em sua morte e ressurreição inaugura-se a "nova criação" (Gl 6,15), entremeada pela ação do Espírito, que dá aos crentes a cidadania celeste (Fl 3,20), à espera do "dia do Senhor" (Fl 1,6.10; 2,16). Nunca se trata só de uma mensagem ou de um escrito, mas de uma pessoa: Jesus Cristo, crucificado e ressurgido. É a Ele que se conforma a vida de Paulo e que deve conformar-se a vida dos cristãos.

7

Vem, Senhor Jesus!

Diante das crescentes hostilidades do ambiente externo, mas também diante da deterioração da vida de fé e da demora da parusia, nasce a tentação da impaciência e também do abandono. Depois do evento Jesus, parece que a história continua como antes, e que o livro esteja fechado e selado (Ap 5,1). Aparece, porém, uma visão decisiva: "um Cordeiro, de pé, como que imolado" (Ap 5,6); parece morto, mas está de pé; é o Crucificado, mas sobretudo o Ressurgido; é Jesus, que com sua morte e ressurreição explicou o sentido de seu projeto acerca do homem e de toda a história. Não se trata de uma nova revelação, mas da centralidade hermenêutica do acontecimento pascal: a verdade da ressurreição, isto é, da vida plena e duradoura, é a cruz, quer dizer, o dom incondicionado do Crucificado. A história dos indivíduos, como a das comunidades, tem sentido somente se vivida como dom.

É essa a conclusão e a síntese da mensagem bíblica, daquela Palavra que, desde os albores da história, Deus quis dirigir ao homem para entrar em comunhão com ele; não uma Palavra doutrinal, mas de comunhão. Por isso, a Bíblia termina com um diálogo de amor: à promessa divina: "Sim, venho logo!" responde a apaixonada oração de todo o fiel: "Vem, Senhor Jesus" (Ap 22,20).

Epílogo

A mensagem bíblica e, em particular, o convite final "Vem, Senhor Jesus" (Ap 22,20), evidenciam a absoluta centralidade de Jesus: é Ele a Palavra que o Pai dirige ao homem através da longa história da revelação. De fato, só Ele, enquanto constantemente dirigido para o seio do Pai (*ho on eis ton kólpon tu patrós*: Jo 1,18), pode revelar-nos adequadamente o rosto de Deus, que ninguém jamais viu. Por sua vez, os mediadores da revelação bíblica não transmitiram um relatório árido, mas um testemunho vivo: de Moisés, que entra na nuvem e ali permanece quarenta dias e quarenta noites (Ex 24,18), ao discípulo amado, que, na ceia, está com a cabeça apoiada no peito de Jesus (*en to kólpo tu Iesú*: Jo 13,23.25; 21,20). É evidente então que sua intenção é o convite a uma resposta de fé, isto é, a acolher o Filho revelador do Pai, mesmo nas múltiplas modalidades que a longa história da revelação propõe[160].

No fim do seu Evangelho, João traz uma bem-aventurança de Jesus, que poderia ser o resumo e a exemplaridade de toda a Palavra bíblica: "Jesus disse a Tomé: 'Porque me viste, acreditaste. Felizes os que não viram e creram'" (Jo 20,29). Uma tradição messiânica proclamava o inaudito privilégio dos ouvintes de Jesus, que podiam contemplar com seus olhos o próprio Messias (Mt 13,16-17). Na passagem joanina, porém, Jesus dirige-se a todos os futuros destinatários do livro: eles não poderão ver o Ressuscitado; mas, em compensação, poderão dispor de um livro onde são conservados não só os "sinais", mas a experiência de fé que esses "sinais" despertaram no coração dos fiéis.

A bem-aventurança de Jesus tem um valor para todos os leitores da Bíblia. Também nós quereríamos ter sido testemunhas oculares dos aconteci-

---

160. Para essa reflexão final, cf. VIGNOLO, R. La forma teandrica della Sacra Scrittura. Op. cit., p. 435-437.

mentos e das palavras narradas nesse livro, talvez com a esperança de chegar mais facilmente à proposta de fé. Na realidade, nós somos mais felizes do que aqueles que foram contemporâneos e protagonistas da revelação divina, porque, se por um lado o escrito bíblico comporta forçosamente uma seleção e uma redução quantitativa dos fatos, por outro, oferece um lucro hermenêutico; de fato, através do testemunho dos escritores sagrados fornece uma chave de leitura mais transparente da experiência vivida, enquanto iluminada e orientada pelo Espírito[161]. Nesta perspectiva, a Bíblia aparece então em toda a sua grandeza de "sacramento" da Palavra encarnada, oferecido a todos os que "amam o Senhor, e mesmo sem o verdes agora, acreditais nele. Isso será para vós fonte de alegria inefável e gloriosa" (1Pd 1,8-9).

---

161. A referência é àquilo que se disse acerca da inspiração, às p. 66-95.

Bibliografia comentada[162]

Teologia bíblica do Antigo Testamento

VON RAD, G. *Teologia dell'Antico Testamento*. Vol. I: Teologia delle tradizioni storiche di Israele. Bréscia: Paideia, 1972 [orig.: 1957]. Vol. II: Teologia delle tradizioni profetiche di Israele. Bréscia: Paideia, 1974 [orig.: 1960]. [trad. bras.: *Teologia do Antigo Testamento*. São Paulo: Aste, 2006].

Baseando-se nos resultados da análise histórico-crítica dos textos bíblicos, o autor não se limita a uma exposição da história da religião de Israel e da evolução de seu pensamento, mas aprofunda a mensagem partindo do contexto vital em que são elaboradas as tradições do Antigo Testamento. Ele individua um querigma originário (Dt 26,5-9), sobre o qual se fundamenta a narração e a releitura da história de Israel; desse modo, evidencia e elabora as tradições principais mediante um processo de "revisitação", sobre o qual se fundamenta a identidade de Israel e sua resposta histórica diante da iniciativa de Deus. Trata-se já de uma obra "clássica", cuja leitura continua a ser um útil subsídio para todo estudante de teologia.

RENDTORFF, R. *Teologia dell'Antico Testamento*. Vol. I: *Sviluppo canonico*. Turim: Claudiana, 2001 [orig.: 1999] [Strumenti, 5]. Vol. II: I temi. Turim: Claudiana, 2001 [orig. alemão: 2001] [Strumenti, 6].

A característica dessa Teologia bíblica é a de seguir a estrutura canônica do texto bíblico; por isso, o autor, embora acolhendo e examinando os resultados da crítica bíblica moderna, deixa sempre a última palavra ao texto

---

162. Já que a presente coleção prevê um volume inteiramente dedicado à teologia bíblica, com amplas referências bibliográficas, aqui será dada somente uma bibliografia restrita para uma primeira orientação ao tema.

na sua forma atual, respeitando assim a intenção dos redatores últimos. No primeiro volume, Rendtorff repercorre os textos veterotestamentários passo por passo, do início ao fim do cânon. O segundo volume, porém, é dedicado aos temas principais do Antigo Testamento, seguindo seu desenvolvimento progressivo. Conclui o volume uma ampla seção dedicada à hermenêutica de uma teologia do Antigo Testamento e, em particular, à relação entre as teologias hebraica e cristã daquela que é chamada respectivamente Bíblia hebraica e Antigo Testamento.

NOBILE, M. *Teologia dell'Antico Testamento*. Leumann: Elledici, 1998 [Logos, 8/1].

A obra oferece uma boa compreensão e valorização do Antigo Testamento, considerado na sua legítima autonomia, respeitoso da leitura hebraica e, ao mesmo tempo, tendente ao evento Jesus como chave última de leitura. Na primeira parte, o autor evidencia a relevância teológica do texto veterotestamentário na sua tripartição clássica: Torá (à qual, porém, liga a obra deuteronomista), Profetas e Escritos. Privilegia-se a atenção ao texto canônico, que testemunha o vasto trabalho teológico dos redatores, em particular, do deuteronomista. A segunda parte, fruto da análise precedente, delineia o plano sistemático de teologia bíblica articulado sobre os grandes temas que caracterizam o diálogo Deus-homem. Enfim, num denso e estimulante epílogo, o autor focaliza a relação teológica entre o Antigo e o Novo testamentos.

BRÜGGEMANN, W. *Teologia dell'Antico Testamento* – Testimonianza, dibattimento, perorazione. Bréscia: Queriniana, 2002 [orig.: 1997] [BB, 27] [trad. bras.: *Teologia do Antigo Testamento* – Testemunho, disputa e defesa. Santo André/São Paulo: Academia Cristã/Paulus, 2014].

Levando em consideração o pluralismo que domina a exegese atual e, consequentemente, a variedade das interpretações, o autor elabora sua proposta teológica centralizando-a sobre o modelo do testemunho; segundo ele, de fato, o objeto primário de uma teologia do Antigo Testamento é Deus e, por conseguinte, o modo pelo qual se fala dele. Tal testemunho brota da análise dos verbos, dos títulos de Deus, das metáforas aplicadas a Ele. Emerge assim uma espécie de gramática da fé, não baseada sobre uma genérica noção de Deus, mas sobre o testemunho daquilo que Israel viveu e recebeu dele.

Mas o autor examina também o contratestemunho de Israel, cuja experiência vivida, de fato, parece contestar o testemunho de um Deus que organiza o mundo e lhe dá vida; daí o desenvolvimento dos temas do escondimento, da ambiguidade e da negatividade de Deus. Trata-se de um volume amplo, rico e comprometedor, que se tornou uma etapa importante na Teologia do Antigo Testamento.

Podem ser consultadas ainda outras teologias do Antigo Testamento, úteis para o conhecimento da história da pesquisa sobre a teologia do Antigo Testamento:

CHILDS, B.S. *Teologia dell'Antico Testamento in un contesto canonico*. Cinisello Balsamo: San Paolo, 1989 [Parola di Dio, II/9] [orig. inglês: 1985].

EICHRODT, W. *Teologia dell'Antico Testamento*. Vol. I: Dio e il popolo. Bréscia: Paideia, 1979 [orig.: 1957] [trad. bras.: *Teologia do Antigo Testamento*. São Paulo: Hagnos, 2004].

GUNNEWEG, A.H.J. *Comprendere l'Antico Testamento* – Un'ermeneutica. Bréscia: Paideia, 1986 [AT Supplementi, 5] [orig. alemão: 1977].

WESTERMANN, C. *Teologia dell'Antico Testamento*. Bréscia: Paideia, 1983 [AT Supplementi, 6] [orig. alemão: 1978] [trad. bras.: *Teologia do Antigo Testamento*. São Paulo: Paulinas, 1987].

Teologia bíblica do Novo Testamento

BULTMANN, R. *Teologia del Nuovo Testamento*. Bréscia: Queriniana, 1985 [Biblioteca di teologia contemporanea, 46] [orig. alemão: 1977] [trad. bras.: *Teologia do Novo Testamento*. Santo André: Academia Cristã, 2008].

Apesar de seus 40 anos, essa Teologia do Novo Testamento continua um clássico, como obra da maturidade de Bultmann, exegeta e teólogo; sobretudo os capítulos centrais sobre Paulo e João continuam um ponto de referência importante para a pesquisa bíblica. A tradução italiana é feita sobre a sétima edição, cuidada por O. Merk. Ao método histórico-crítico mais rigoroso, que lhe permite a reconstrução histórico-literária da teologia do Novo Testamento (alargada até Irineu), Bultmann une uma forte sensibilidade hermenêutica: a autocompreensão de si através de uma fé que quer ter com as próprias fontes uma relação ao mesmo tempo crítica e apaixonada. Apesar dos limites e das críticas que lhe possam ser movidas por sua reconstrução por vezes arbitrária ou prejudicial, e por sua pré-compreensão subjetiva e individual, Bultmann escreve uma obra de grande respiro teológico e de alto proveito, com o qual devemos nos medir.

CONZELMANN, H. *Teologia del Nuovo Testamento*. Bréscia: Paideia, 1972 [Biblioteca Teologica, 5] [orig. alemão: 1967].

Discípulo de Bultmann, o autor pretende atualizar e, em parte, corrigir a obra de seu grande mestre. Reavalia as componentes históricas do querigma do Novo Testamento, abandonando a tese bultmanniana que o único princípio interpretativo do Novo Testamento seja a compreensão da fé em sentido existencial. Conzelmann faz emergir as componentes históricas da história da tradição; graças a ela são recuperadas as primitivas confissões de fé cristológica e o "Credo"; ele retorna assim do "sujeito" para o "objeto", isto é, para o texto, e da antropologia para a cristologia. O retorno para a história, porém, chega só até a metade, porque não chega ao Jesus histórico. Conzelmann já não tem o respiro hermenêutico do mestre, mesmo que leve a cumprimento seu projeto de "teologia querigmática".

JEREMIAS, J. *Teologia del Nuovo Testamento*. Vol. I: La predicazione di Gesù. Bréscia: Paideia, 1976 [Biblioteca Teologica, 8] [orig. alemão: 1971] [trad. bras.: *Teologia do Novo Testamento*. São Paulo: Hagnos, 2008].

Se para Bultmann a pregação e a mensagem do Jesus histórico eram só um pressuposto da teologia do Novo Testamento, para Jeremias tornam-se seu centro e coração. Essa obra é a síntese mais madura da pesquisa apaixonada de toda uma vida. Ele parte do problema crítico e metodológico se é possível chegar à *ipsissima vox Jesu*. Trata-se de uma síntese do método que Jeremias preparou em tantos anos e de uma justificação científica dos resultados. Essa obra é ao mesmo tempo altamente crítica e apaixonada na pesquisa da voz e da pessoa de Jesus, de sua singularidade entre as "vozes" de seu tempo. O pressuposto desse gigantesco esforço é que "nada e ninguém mais do que o Filho do homem, de suas palavras... podem conferir plenitude de autoridade à nossa pregação". Jeremias morreu antes de escrever o segundo volume de sua obra; mas este primeiro era certamente para ele o mais importante e essencial.

GOPPELT, L. *Teologia del Nuovo Testamento*. 3 vols. Bréscia: Morcelliana, 1982-1983 [orig. alemão: 1975-1976] [trad. bras.: *Teologia do Novo Testamento*. Petrópolis/São Leopoldo: Vozes/Sinodal, 1988].

É uma das melhores realizações de uma Teologia do Novo Testamento em chave de "história da salvação". Devido à morte do autor, o segundo volume foi completado por um discípulo seu, F. Roloff. O autor procura unir as duas características das teologias bíblicas de Jeremias e de Bultmann, de maneira a realizar um diálogo crítico entre a hermenêutica histórico-cristológica do primeiro e a existencial do segundo; assim une, em sadio equilíbrio, reconstrução histórico-literária e interpretação teológica. Em sua *Teologia do Novo Testamento*, Goppelt acolhe a teologia de Jesus (Jeremias), a do querigma (Bultmann) e a das redações (Conzelmann). Exatamente por essa sua abertura a um diálogo ecumênico, científico e teológico, ele é o mais próximo da sensibilidade católica.

SEGALLA, G. *Teologia del Nuovo Testamento*. Leumann: Elledici, 2006 [Logos, 8/2].

É o volume conclusivo do Curso de Estudos Bíblicos "Logos" e é também a obra de uma vida, porque Segalla trabalhou mais de trinta anos sobre a temática da Teologia bíblica do Novo Testamento. Após uma primeira parte introdutória, que propõe uma história da disciplina em termos de modelos e contramodelos, o autor desenvolve sua reflexão articulando-a em três princípios fundamentais: *heurístico*, *teorético* e *metodológico*. O primeiro evidencia a unidade da teologia bíblica do Novo Testamento, fundamentando-a sobre a memória de Jesus, entendida tanto no sentido objetivo (= memória histórica) como no sentido subjetivo (= relação dos apóstolos e dos primeiros fiéis com a pessoa de Jesus). O princípio *teorético* revê a Bíblia e, portanto, o Novo Testamento, destacando que ela deve ser considerada na sua totalidade; com efeito, ela é história, literatura e cânon. Enfim, o princípio *metodológico* evidencia o entrelaçamento da memória do Jesus histórico com sua memória querigmática; essas duas memórias, profundamente unidas entre si, revelam, por um lado, a riqueza e a multiplicidade da teologia neotestamentária, por outro, sua unidade firmemente ancorada no cânon. Essa obra de Segalla é indubitavelmente a melhor no panorama bíblico italiano e também um desafio para todo o estudo sobre essa disciplina.

Outras teologias do Novo Testamento são:
LOHSE, E. *Compendio di teologia del Nuovo Testamento*. Bréscia: Queriniana, 1987 [Strumenti, 13] [orig. alemão: 1967].

Essa obra, nascida de uma intensa atividade didática, expõe em 40 parágrafos distribuídos em 6 capítulos didaticamente lineares os dados fundamentais da ciência neotestamentária. Trata-se de uma exposição histórico-genética mais do que teológica; sente-se ali a influência da teologia luterana e da tese de Käsemann sobre "evangelho" como fundamento da variedade das Igrejas.

SCELKLE, K.H. *Teologia del Nuovo Testamento*. Vol. I: Creazione: cosmo, tempo, uomo. Bolonha: EDB, 1969. Vol. II: Dio era in Cristo: rivelazione, cristologia, soteriologia e fede. Bolonha: EDB, 1980. Vol. III: Ethos cristiano. Bolonha: EDB, 1974. Vol. IV: Ecclesiologia, escatologia. Bolonha: EDB, 1980 [orig. alemão: 1968; 1973; 1970, 1974].

É uma obra de grande fôlego e de orientação sistemática; com efeito, o autor estrutura a obra segundo os tratados de teologia sistemática: criação, Deus em Cristo, *ethos* cristão, escatologia e eclesiologia; e pretende oferecer um ponto seguro de referência bíblica ao teólogo sistemático.

KÜMMEL, W.G. *La teologia del Nuovo Testamento* – Gesù, Paolo, Giovanni. Bréscia: Paideia, 1976 [orig. alemão: 1969] [Suppl. al Nuovo Testamento, 3].

O autor expõe a teologia de Jesus, de Paulo e de João, fundamentando-se rigorosamente no método histórico-crítico e, portanto, com pouca sensibilidade teológica.

Teologias dos dois testamentos

Alguns autores tentam uma aproximação unitária para fundamentar uma teologia bíblica dos dois testamentos, com perspectivas e sucessos diferentes; recordamos duas delas, particularmente significativas:
BEAUCHAMP, P. *L'uno e l'altro Testamento* – Compiere le Scritture. Milão: Glossa, 2001 [orig. franc.: 1990].

_____. *L'uno e l'altro Testamento* – Saggio di lettura. Bréscia: Paideia, 1985 [orig. franc.: 1977].

O autor parte de dois princípios hermenêuticos retomados da exegese tipológica da patrística: a "totalidade" da Escritura e seu processo de "releitura". Acerca do Antigo Testamento segue a tripartição canônica de Lei, Profetas e Escritos. À Lei pertence a categoria da "origem"; aos Profetas, a atualização da Lei; aos Escritos, a Sabedoria que confere à mensagem revelada um valor eterno e universal. Fecha o percurso teológico do Antigo Testamento a Apocalíptica, a qual, através de um processo de simbolização, anuncia a iminente realização messiânica e, ao mesmo tempo, anuncia um "novo início", marcado pela ideia de uma renovação do mundo e da fé na ressurreição final. Portanto, a Lei anuncia o "antes", os Profetas destacam o "agora", enquanto os Sábios confirmam o "sempre". Por força desse esquema interpretativo é possível elaborar uma teologia bíblica unitária enquanto o "outro Testamento", isto é, o Novo Testamento, parece ser a "reescrita" do Primeiro Testamento. Consequentemente, no Novo Testamento, os Evangelhos constituem o texto "fundamental" da teologia bíblica; as cartas paulinas representam a realização da nova Lei e a Apocalíptica do novo fecha o percurso sobre a perspectiva futura do mundo novo que virá. Em síntese, segundo Beauchamp o "Segundo Testamento" é o cumprimento do "Primeiro Testamento" e sobre essa base não só é possível, mas é necessário construir uma teologia bíblica unitária.

HÜBNER, H. *Teologia biblica del Nuovo Testamento*. Vol. I: Prolegomeni. Bréscia: Paideia, 1997 [Commentario teologico del Nuovo Testamento. Supplementi, 5]. Vol. II: La teologia di Paolo e la storia dei suoi effetti nel Nuovo Testamento. Bréscia: Paideia, 1999 [Commentario teologico del Nuovo Testamento. Supplementi, 7]. Vol. III: Lettera agli Ebrei, Vangeli e Apocalisse – Epilegomeni. Bréscia: Paideia, 2000 [Commentario teologico del Nuovo Testamento – Supplementi, 8] [orig.: 1990, 1993, 1995].

O ensaio de Hübner constitui uma aprofundada tentativa de delinear a relação teológica que une Antigo e Novo testamentos, partindo do significado teológico que o Antigo Testamento tem para cada um dos autores neotestamentários; daí o título de "Teologia *bíblica* do Novo Testamento". Em particular, no primeiro volume dos *Prolegômenos*, o autor esclarece que a recepção teológica do Antigo Testamento nos escritos neotestamentários pertence à própria essência da teologia do Novo Testamento, a ponto de tornar possível em seus traços fundamentais a teologia neotestamentária enquanto tal. No segundo volume, Hübner parte naturalmente de Paulo, o escritor mais antigo e, aplicando concretamente os princípios expressos nos Prolegômenos, mostra que a recepção do Antigo Testamento é constitutiva da teologia de Paulo. O terceiro volume é dedicado à Carta aos Hebreus, aos Evangelhos e ao Apocalipse, com a mesma intenção de evidenciar sua recepção do Antigo Testamento. Portanto, segundo Hübner, para escrever uma teologia bíblica global é preciso fazer uma teologia bíblica do Antigo Testamento, partindo do Novo. Assim, ter-se-ia uma "teologia neotestamentária do Antigo Testamento, teologicamente justificada pelo fato de Cristo ser o cumprimento da revelação histórica do Deus ao homem".

Índice

Sumário, 5

Apresentação da coleção original italiana – Manuais de introdução à Escritura, 7

Prefácio, 11

I – Um livro divino, 13

Introdução, 15

1 Um Deus que fala, 17

Uma Palavra criadora e salvífica, 17

Uma Palavra de comunhão, 19

Os profetas mediadores da Palavra, 20

As modalidades e o significado da mediação profética, 22

A tradição da Palavra, 25

A Palavra torna-se Escritura, 26

2 A autoridade normativa da Escritura, 30

Terminologia, 30

A consciência canônica na Escritura, 31

A formação do cânon bíblico, 35

A formação do cânon do Antigo Testamento, 35

A formação do cânon do Novo Testamento, 38

Dois testamentos e um livro único: a Bíblia, 40

As decisões magisteriais sobre o cânon, 42

3 O significado teológico do cânon, 45

   O cânon das Escrituras: o sentido de um fato, 46

   Natureza e estrutura do cânon, 49

   A Bíblia hebraica, 50

     A estrutura tripartite, 50

     Evidência teológico-literária, 51

       A Torá, 51

       Os Profetas, 52

       Os Escritos, 53

       Conclusão, 54

   A Bíblia cristã, 55

     A recepção cristã da Escritura hebraica, 55

     A estrutura do Novo Testamento, 58

       Os Evangelhos, 58

       Os Atos dos Apóstolos, 59

       As Cartas Apostólicas, 59

       O Apocalipse, 60

       Conclusão, 60

   Unidade e ordem hierárquica da Escritura, 61

   A forma canônica, 63

4 A inspiração, 66

   Canonização e inspiração, 66

   O fundamento bíblico da inspiração, 67

   Uma recepção inspirada dos textos inspirados, 71

   A relação entre Antigo Testamento e Novo Testamento, 73

   A reflexão da Igreja sobre o mistério da inspiração bíblica, 78

   A reflexão do Concílio Vaticano II, 81

   A verdade da Escritura, 85

Premissa, 85

A verdade bíblica segundo o Concílio Vaticano II, 86

A reflexão pós-conciliar, 87

    O texto bíblico, 88

    O longo processo redacional, 89

    Os novos conhecimentos científicos, 90

    O debate sobre a historicidade, 92

    As novas instâncias morais, 93

    O mistério da Escritura, 93

    Problemas abertos, 95

        A inspiração da Septuaginta (LXX), 95

        Os livros sagrados das grandes religiões, 98

5 A hermenêutica, 101

Premissa, 101

História da interpretação bíblica, 102

    A exegese antiga, 102

        No interior da Bíblia, 102

        O judaísmo intertestamentário, 103

        O Novo Testamento, 103

        Os Padres da Igreja, 103

    A exegese medieval, 105

    A época moderna, 106

    A hermenêutica moderna, 107

Os sentidos da Escritura, 109

Para uma síntese hermenêutica, 111

    Autor, 112

    Texto, 113

    Leitor, 114

Um livro das muitas faces, 116
   Unidade e pluralidade, 116
   Um livro para todos, 118
Bibliografia comentada, 120
   Introduções gerais à Bíblia, 120
   A Bíblia enquanto Palavra de Deus (cânon, inspiração, hermenêutica), 121

II – Um livro humano, 125

Introdução, 127

1 O texto da Bíblia, 129

   Línguas, material de escrita, manuscritos, 129

   As testemunhas do texto hebraico da Bíblia, 130

      O Texto Massorético (TM), 130

   As versões da Bíblia hebraica, 132

      A versão da LXX, 132

      As outras versões gregas, 133

      As versões aramaicas, 133

   As testemunhas do texto do Novo Testamento, 134

      Papiros, 135

      Códices maiúsculos, 135

      Códices minúsculos, 136

      Lecionários, 136

      Citações dos Padres, 137

      Recensões, 137

   As versões do Antigo e do Novo testamentos, 138

      Versões latinas, 138

      Versões siríacas, 139

      Outras versões antigas, 139

2 A crítica textual, 140

  Premissa, 140

  As alterações do texto, 140

    Erros de omissão, 141

    Erros por acréscimo, 141

    Erros por confusão e por inversão de letras ou de palavras semelhantes, 141

  Causas das alterações, 142

    Causas involuntárias, 142

    Causas intencionais, 143

  Princípios e métodos da crítica textual, 144

3 A formação literária do Livro, 146

  A formação literária da Bíblia hebraica, 146

    A formação da Lei (Pentateuco), 147

    A formação dos Livros Proféticos, 150

      Os profetas anteriores, 150

      Os profetas posteriores, 152

    A formação dos Escritos, 154

  A formação literária do Novo Testamento, 154

    As cartas paulinas, 155

    Evangelhos sinóticos e Atos dos Apóstolos, 157

    A obra joanina, 160

    As cartas católicas, 161

4 O grande código, 163

  Premissa, 163

  O vocabulário da estética bíblica, 165

  Os cânones estéticos da Bíblia, 166

    Uma leitura fiel ao texto original, 167

    As técnicas sonoras, 167

      O paralelismo, 168
      As técnicas de montagem, 169
      Os símbolos, 169
  A poética narrativa, 171
  A poética do Novo Testamento, 172
  Os gêneros literários, 174
  Um mandamento antiestético?, 175
5 O contexto literário da Bíblia, 179
  Textos literários e epigráficos do Oriente Próximo antigo, 179
  Literatura hebraica não canônica, 180
    Comentários bíblicos, 180
      Livro dos Jubileus, 180
      Genesis Apocryphon (1QGenAp), 181
      Liber Antiquitatum biblicarum, 181
      Vida de Adão e Eva, 181
    Escritos apocalípticos, 181
      Henoc etiópico, 182
      Henoc eslavo, 183
      Testamento (Assunção) de Moisés, 183
      Testamento de Abraão, 183
      Quarto Livro de Esdras, 183
      Apocalipse siríaco de Baruc (2 Br), 183
      Apocalipse de Abraão, 184
      Oráculos Sibilinos, 184
      Apocalipse de Baruc (3 Br), 184
      Literatura testamentária, 184
      Testamentos dos Doze Patriarcas, 185
      Testamento de Jó, 185

    Textos filosóficos, sapienciais e poéticos, 185
        Terceiro Livro dos Macabeus, 185
        Quarto Livro dos Macabeus, 185
        Carta de Aristeias, 185
        José e Asenet, 186
        Pseudo-Focilides, 186
        Pseudo-Menandro, 186
        Outros escritos, 186
    Literatura profética, 187
        O martírio de Isaías, 187
        Crônica de Jeremias, 187
        Vidas dos profetas, 187
    Literatura devocional, 188
        Salmos de Salomão, 188
        Oração de Manassés, 188
    Historiografia, 188
        Flávio Josefo, 189
        Fílon de Alexandria, 190
    Literatura qumrânica, 190
        Regras, 190
        Interpretação bíblica, 191
        Textos poéticos e litúrgicos, 192
    Literatura rabínica, 192
6 A geografia da terra da Bíblia, 194
    A geografia física, 194
        O contexto médio-oriental, 194
            A Mesopotâmia, 196

  O Egito, 197
  A depressão libanês-palestinense, 198
 O país da Bíblia, 198
  O nome, 198
  Descrição física do país, 199
A geografia humana, 202
 Cidades e populações, 202
 Os povos circunvizinhos, 203
  Os fenícios, 203
  Os filisteus, 203
  Os arameus, 203
  Os amonitas, os moabitas e os edomitas, 204
A geografia econômica, 204
 Estradas e comércio, 204
 Agricultura, pecuária e artesanato, 206
 Organização social e circuitos econômicos, 207
A geografia histórica, 210
 Tradição patriarcal, 210
 Época dos juízes, 210
 Época monárquica, 211
 Época pós-exílica, 211
 Época romana, 212
A geografia teológica, 212
 O significado da terra no Pentateuco, 212
  Uma concepção pluralista, 212
  Uma coabitação pacífica, 213
  Uma terra conquistada, 213
  Uma terra sagrada, 214

  Terra prometida e diáspora, 214

  Uma terra de várias memórias, 214

 A concepção simbólica da terra no Pentateuco, 215

  A geografia simbólica do ciclo de Jacó, 215

  A simbologia do deserto, 216

  O "além Jordão" do Deuteronômio, 217

 A geografia simbólica da terra no Novo Testamento, 218

  Mateus, 218

  Territórios hebraicos e territórios pagãos em Marcos, 219

  A geografia simbólica de Lucas, 219

  Jesus, novo templo, 220

7 O contexto histórico da Bíblia, 222

 O problema historiográfico, 222

 História de Israel, 225

  Época pré-monárquica, 225

   O problema das "origens", 225

    Duas tradições distintas: patriarcas e êxodo, 226

    A origem patriarcal, 228

    A origem mosaica, 230

    A integração das duas tradições, 230

    O fundamento histórico, 231

   Os patriarcas, 231

   A tradição do êxodo, 232

   Instalação em Canaã e época dos juízes, 235

  A monarquia, 237

   A monarquia unida, 237

   Os dois reinos, 240

    A divisão, 240

O Reino de Israel (930-722 a.C.), 240

O Reino de Judá (931-586 a.C.), 243

Exílio e época persa, 246

Exílio babilônico (586-531 a.C.), 246

A reconstrução pós-exílica, 247

Época helenista-romana, 249

Alexandre Magno e os diádocos, 249

A revolta macabeia, 249

A dinastia asmoneia, 250

Herodes o Grande, e seus sucessores, 251

As duas revoltas judaicas, 254

Movimentos político-religiosos, 255

Os fariseus, 255

Os saduceus, 256

Os escribas, 256

Os zelotes, 257

Os essênios, 257

Os samaritanos, 258

Instituições jurídico-religiosas, 259

O Templo herodiano, 259

O sinédrio, 260

O *bet din*, 260

A sinagoga, 261

O *bet midrash*, 261

O evento Jesus, 262

Arqueologia e história, 264

O nascimento de uma ciência, 264

Institutos arqueológicos e escavações palestinenses, 266

Algumas aquisições significativas, 267

  Objetos, 267

  Topônimos e geografia histórica, 268

  Identidade da população e inscrições reais, 269

  A arqueologia e o Jesus histórico, 270

  O lugar da Anunciação, 271

  A vila de Cafarnaum, 272

  Magdala, 274

Bibliografia comentada, 275

  Textos, 275

  Estética bíblica, 276

  Contexto literário, 278

  Oriente Próximo antigo, 278

  Literatura hebraica não canônica, 280

  Geografia, 282

  História, 285

  História de Israel, 285

  Pesquisa do Jesus histórico, 288

  Arqueologia, 289

III – A mensagem da Bíblia, 291

Premissa, 293

1 Deus se põe à busca do homem, 294

2 Da ilusão da terra a uma comunidade de fé, 296

  O imperativo da conversão, 296

  Para uma comunidade de fé, 297

  A ilusão do reino terreno, 297

3 O sentido da criação e da existência, 298

4 Interpelação e promessa, 300

5 Jesus, o revelador de Deus, 301

6 Anúncio e vida cristã modelada sobre Cristo, 303

7 Vem, Senhor Jesus!, 304

Epílogo, 305

Bibliografia comentada, 307

    Teologia bíblica do Antigo Testamento, 307

    Teologia bíblica do Novo Testamento, 309

    Teologias dos dois testamentos, 312

Coleção Introdução aos Estudos Bíblicos

- *Livros Proféticos*
Patrizio Rota Scalabrini
- *Introdução geral às Escrituras*
Michelangelo Priotto
- *Cartas Paulinas*
Antonio Pitta
- *Livros Históricos*
Flavio Dalla Vecchia

CULTURAL
- Administração
- Antropologia
- Biografias
- Comunicação
- Dinâmicas e Jogos
- Ecologia e Meio Ambiente
- Educação e Pedagogia
- Filosofia
- História
- Letras e Literatura
- Obras de referência
- Política
- Psicologia
- Saúde e Nutrição
- Serviço Social e Trabalho
- Sociologia

CATEQUÉTICO PASTORAL
Catequese
- Geral
- Crisma
- Primeira Eucaristia

Pastoral
- Geral
- Sacramental
- Familiar
- Social
- Ensino Religioso Escolar

TEOLÓGICO ESPIRITUAL
- Biografias
- Devocionários
- Espiritualidade e Mística
- Espiritualidade Mariana
- Franciscanismo
- Autoconhecimento
- Liturgia
- Obras de referência
- Sagrada Escritura e Livros Apócrifos

Teologia
- Bíblica
- Histórica
- Prática
- Sistemática

REVISTAS
- Concilium
- Estudos Bíblicos
- Grande Sinal
- REB (Revista Eclesiástica Brasileira)

VOZES NOBILIS
Uma linha editorial especial, com importantes autores, alto valor agregado e qualidade superior.

VOZES DE BOLSO
Obras clássicas de Ciências Human em formato de bolso.

PRODUTOS SAZONAIS
- Folhinha do Sagrado Coração de Jesus
- Calendário de mesa do Sagrado Coração de Jesus
- Agenda do Sagrado Coração de Jesus
- Almanaque Santo Antônio
- Agendinha
- Diário Vozes
- Meditações para o dia a dia
- Encontro diário com Deus
- Guia Litúrgico

CADASTRE-SE
www.vozes.com.br

EDITORA VOZES LTDA.
Rua Frei Luís, 100 – Centro – Cep 25689-900 – Petrópolis, RJ
Tel.: (24) 2233-9000 – Fax: (24) 2231-4676 – E-mail: vendas@vozes.com.br

UNIDADES NO BRASIL: Belo Horizonte, MG – Brasília, DF – Campinas, SP – Cuiabá, MT
Curitiba, PR – Fortaleza, CE – Goiânia, GO – Juiz de Fora, MG
Manaus, AM – Petrópolis, RJ – Porto Alegre, RS – Recife, PE – Rio de Janeiro, RJ
Salvador, BA – São Paulo, SP